LES HÉLICOS DU DJEBEL

Du même auteur :

Voici la dernière guerre, Editions du CEF.
Les hommes peints, Pensée Moderne, Jacques Grancher.
Le rire des « Grands », Pensée Moderne, Jacques Grancher.
Les Commandos, Balland, Livre de Poche.
Les Beaux-Arts de la guerre, Pensée Moderne, Jacques Grancher.
L'exilée de Babylone, J.-C. Lattès.

En collaboration :

Piste sans fin, Pensée Moderne, Jacques Grancher.
Aucune bête au monde..., Pensée Moderne, Jacques Grancher.
Les Dieux meurent en Algérie, Pensée Moderne, Jacques Grancher.
Appelés en Algérie, Pensée Moderne, Jacques Grancher.
Toledo, Editorial Everest. (Prix du Tourisme International, Vienne 1968. Prix du Tourisme Espagnol.)
Provincia de Toledo, Diputacion Provincial de Toledo.
Toledo romantico, Excmo. Ayuntamiento de Toledo.

Ouvrages pour la Jeunesse :

Dis-moi comment tu marches, Bibliothèque Verte (Prix Guy Hachette).
Série *Fils de la flibuste,* Bibliothèque Verte, Hachette.
Série *Il était une fois le Far-West,* Bibliothèque Verte, Hachette.

MARC FLAMENT

LES HÉLICOS DU DJEBEL

Algérie 1955-1962

Collection « Troupes de choc » dirigée par JEANNINE BALLAND

PRESSES DE LA CITÉ
PARIS

DANS LA MÊME COLLECTION

La Bataille des convois de Mourmansk, Jean-Jacques Antier.
La Bataille de Malte, Jean-Jacques Antier.
La Bataille des Philippines, Jean-Jacques Antier.
L'Aventure Kamikaze, Jean-Jacques Antier.
Corsaires en béret vert, René Bail.
La Légion au combat, Erwan Bergot.
Bataillon Bigeard, Erwan Bergot.
Les 170 jours de Diên Biên Phu, Erwan Bergot.
La 2e D.B., Erwan Bergot.
La Guerre des appelés en Algérie, Erwan Bergot.
La Coloniale, du Rif au Tchad, Erwan Bergot.
Le 1er Bataillon de Corée, Erwan Bergot.
Le Régiment de marche de la Légion, Erwan Bergot.
Les Gendarmes au combat en Indochine, Erwan Bergot.
11e Choc, Erwan Bergot.
Les Escorteurs de la France libre, Michel Bertrand.
Les Chasseurs de la R.A.F., Jean Bourdier.
Normandie-Niémen, Yves Courrière.
Paras de la France Libre, colonel Roger Flamand.
Le Royal Étranger, Alain Gandy.
Spahis, Alain Gandy.
Les Corps francs 1939-1940, Patrick de Gmeline.
La 1re D.F.L., Yves Gras.
La Bataille des Ardennes, Michel Hérubel.
La Bataille de Midway, Michel Hérubel.
Soldats perdus et Fous de Dieu, Jean Lartéguy.
Le Commando du 6 juin 1944 – Commando nº 4, Raymond La Sierra.
Les Forces spéciales en Birmanie, Jean-Claude Lauret.
La Division Brandebourg, Éric Lefèvre.
Les Panzers de la garde noire, Jean Mabire.
Les Paras du matin rouge, Jean Mabire.
Commando de chasse, Jean Mabire.
Le Tombeau des paras allemands, Crète 1941, Jean Mabire.
Les Chasseurs alpins, Jean Mabire.
Les Chasseurs alpins T. 2 – La Bataille des Alpes, Jean Mabire.
Le 1er Bataillon de Choc, Raymond Muelle.
Le 1er Bataillon de Choc en Indochine, Raymond Muelle.
Les Sous-marins de la France libre, Maurice Pasquelot.
Bataillon RA.S. Algérie, Jean Pouget.
La Légion saute sur Kolwezi, Pierre Sergent.
Paras-Légion 2e B.E.P. en Indochine, Pierre Sergent.
Le 2e R.E.P., Pierre Sergent.

ISBN 2-258-01065-9

AVANT-PROPOS

L'histoire des hélicoptères durant la guerre d'Algérie n'est pas seulement une affaire de technique ou de recherche, c'est avant tout une histoire d'hommes. Pour la faire revivre, il suffit de découvrir ce qu'ont été les grands faits d'armes et la vie quotidienne des équipages des hélicos des trois Armées. Aviateurs, Marins et Soldats se retrouvent confondus dans ces pages comme ils le furent au combat dans les djebels. Bon nombre d'entre eux ont disparu, certains sont cités, d'autres pas. Ce livre est un hommage qu'on leur devait, et qui leur est rendu.

M.F.

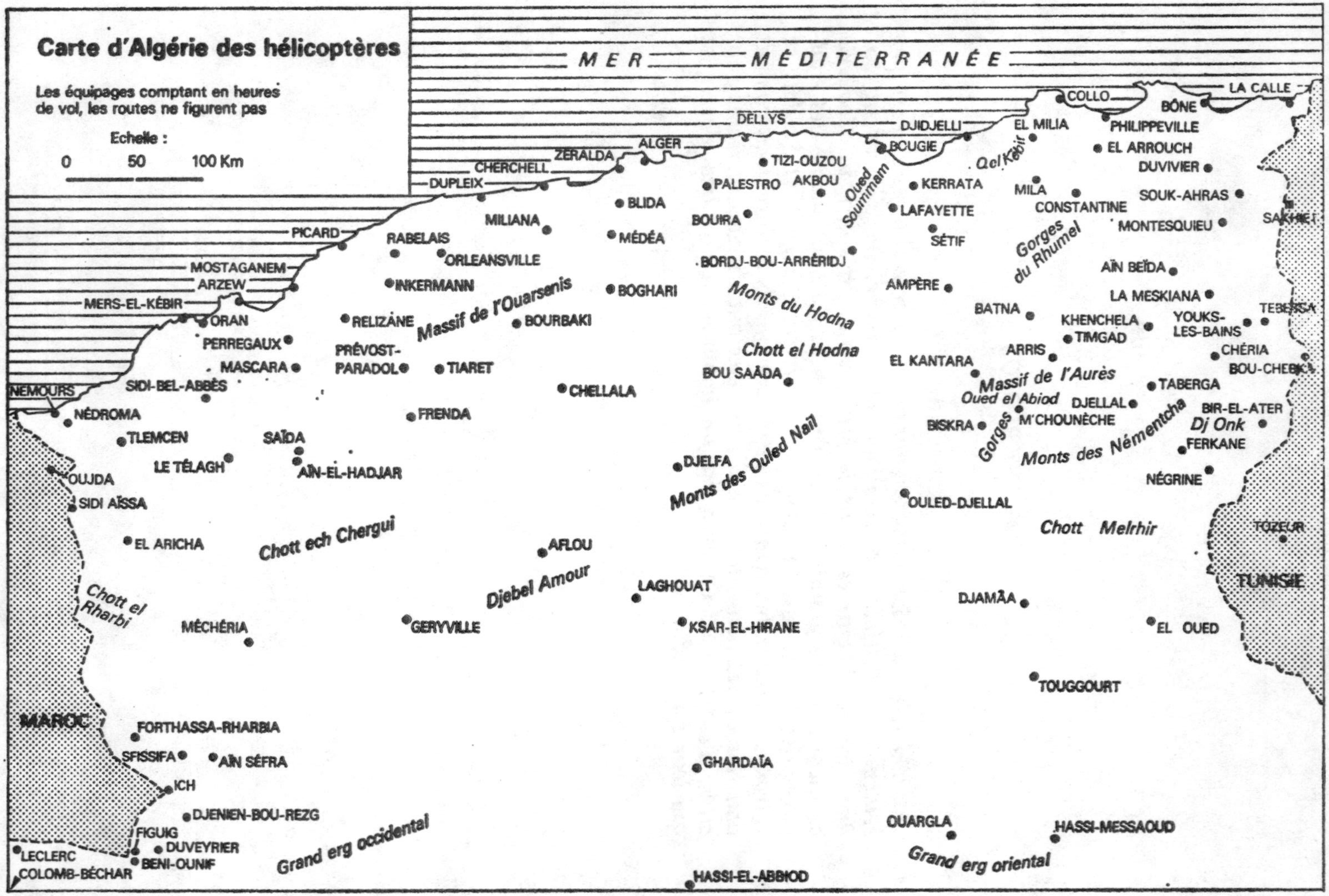
Carte d'Algérie des hélicoptères
Les équipages comptant en heures de vol, les routes ne figurent pas
Echelle :
0 50 100 Km
MER MÉDITERRANÉE
LA CALLE
BÔNE
COLLO
PHILIPPEVILLE
EL MILIA
DJIDJELLI
BOUGIE
DELLYS
ALGER
ZERALDA
CHERCHELL
DUPLEIX
PICARD
MOSTAGANEM
ARZEW
MERS-EL-KÉBIR
ORAN
NEMOURS
NÉDROMA
TLEMCEN
OUJDA
SIDI AÏSSA
EL ARICHA
Chott el Rharbi
MAROC
MÉCHÉRIA
FORTHASSA-RHARBIA
SFISSIFA
AÏN SÉFRA
ICH
DJENIEN-BOU-REZG
FIGUIG
DUVEYRIER
BENI-OUNIF
LECLERC
COLOMB-BÉCHAR
Grand erg occidental
SIDI-BEL-ABBÈS
PERREGAUX
MASCARA
LE TÉLAGH
SAÏDA
AÏN-EL-HADJAR
Chott ech Chergui
FRENDA
PRÉVOST-PARADOL
TIARET
RELIZÂNE
INKERMANN
RABELAIS
ORLEANSVILLE
MILIANA
Massif de l'Ouarsenis
BOURBAKI
CHELLALA
AFLOU
Djebel Amour
GERYVILLE
BLIDA
MÉDÉA
BOGHARI
BOUIRA
PALESTRO
TIZI-OUZOU
AKBOU
Oued Soummam
BORDJ-BOU-ARRÉRIDJ
Monts du Hodna
Chott el Hodna
BOU SAÂDA
DJELFA
Monts des Ouled Naïl
LAGHOUAT
KSAR-EL-HIRANE
GHARDAÏA
HASSI-EL-ABBIOD
KERRATA
LAFAYETTE
SÉTIF
AMPÈRE
Oued el Kébir
MILA
CONSTANTINE
Gorges du Rhumel
EL ARROUCH
DUVIVIER
SOUK-AHRAS
MONTESQUIEU
SAKHIET
AÏN BEÏDA
LA MESKIANA
TEBESSA
YOUKS-LES-BAINS
CHÉRIA
BOU-CHEBKA
KHENCHELA
TIMGAD
BATNA
ARRIS
EL KANTARA
Massif de l'Aurès
Oued el Abiod
DJELLAL
TABERGA
BIR-EL-ATER
Dj Onk
M'CHOUNÈCHE
BISKRA
Gorges
Monts des Némentcha
FERKANE
NÉGRINE
OULED-DJELLAL
Chott Melrhir
TOZEUR
TUNISIE
DJAMÂA
EL OUED
TOUGGOURT
OUARGLA
HASSI-MESSAOUD
Grand erg oriental

PREMIERE PARTIE

UN NOUVEL OUTIL DE COMBAT

(1955-1958)

L'hélicoptère n'est plus seulement un engin de liaison ou d'aérotransport, il est un précieux outil de combat et l'appareil idéal pour l'atterrissage d'assaut.

BIGEARD, *Contre-guérilla.*

CHAPITRE PREMIER

FACE A LA REBELLION

— Il est impossible que les rebelles puissent vivre dans les Némentcha et l'immense forêt des Beni Melloul, affirme péremptoirement un administrateur civil en poste dans le Constantinois. Je connais bien le pays, il n'y a pas une source, personne n'y vit. C'est le désert...

Apparemment, il n'a pas dû s'éloigner beaucoup de sa résidence.

Quatre mois après la Toussaint Rouge [1], l'insurrection prend des proportions alarmantes. Pourchassés dans leurs repaires des Aurès et de la Haute Kabylie, les premiers éléments rebelles éclatent au printemps dans toutes les directions. Leurs zones préférées restent les reliefs boisés favorables à l'implantation des maquis. La nuit, ils descendent pour égorger les troupeaux, incendier les fermes, couper les câbles téléphoniques et massacrer quelques notables afin d'acquérir les indécis à « la cause ».

— Cueillez-moi ces « bandits » qui se dressent contre la France !

Avec leurs godasses à clous et leur barda sur le dos les soldats pleins de bonne volonté escaladent quelques pitons sous le soleil d'Afrique. Mais leur conviction est vite faite. Cette « poignée de rebelles » sera plus difficile à prendre qu'une famille de lièvres au gîte. Amers, les fantassins constatent :

— Sous notre chapeau en peau de locomotive [2], nous n'avons pas fini d'en baver !

Ça, c'est le bon sens populaire.

Avec ses 340 000 km², l'Algérie est tout à la fois le désert, la montagne, la forêt. Ses massifs montagneux sont de véritables gruyères. Les hommes d'Abd el-Kader s'en servaient comme repaires,

1. 1er novembre 1954.
2. Lire : casque lourd.

caches et tours de guet durant la conquête — et la guérilla moderne réinventé avec facilité l'Histoire. Les djounoud [1] dissimulent l'entrée des grottes avec des branchages, transforment les éperons calcaires de l'Aurès et du Hodna en citadelles invisibles.

— Bah, dans le Sud, nous tiendrons tous les puits ! énonce alors un stratège d'Alger. Ensuite, nous affamerons le rebelle.

Dans le M'Zab, le nombre de puits dépasse 3 000, et l'on peut déjà deviner que là-bas ce ne sera pas non plus une petite affaire.

La première difficulté rencontrée en Algérie est donc tout d'abord le terrain. La seconde est la dispersion de l'adversaire toujours fluide, manœuvrier, et les difficultés à le fixer dans ce terrain qui est le sien. Les voies d'accès sont insuffisantes, les distances énormes. Dans le paysage chaotique des djebels, l'Armée aurait besoin d'un moyen efficace et rapide pour forcer le rebelle au combat et le détruire. Elle ne le possède pas.

D'ailleurs, rien n'est adapté.

La Loi appliquée en Algérie est totalement inefficace pour lutter contre des menées subversives. Accompagné d'un gendarme, l'homme de troupe doit par exemple faire les sommations réglementaires avant de riposter sur un rebelle qui vient de lui tirer dessus, du moins s'il est encore en vie, les premiers « morts pour la France » s'étant fait tuer bêtement. A Batna, Eugène Cochet, jeune brigadier-chef du 2/4e R.A. a été abattu sans qu'il ait eu le temps de charger son arme, ses cartouches étant enfermées dans des sachets de toile cousus, selon le sacro-saint règlement. André Marquet, lui, blessé lors de l'attaque de Khenchela, n'a pu être soigné sur place. Faute d'hélicoptère, on l'a évacué par la route jusqu'à Batna, à 100 kilomètres. Il est mort dans la journée.

Premières vies perdues. Mais très vite, l'Armée va mettre en place des moyens de transport et de sauvetage efficaces.

En Indochine, le meilleur outil s'est révélé être l'hélicoptère [2]. En spécialisant des personnels et en développant le parc, il devrait être possible de faire face rapidement.

Dès la fin de la guerre d'Indochine (cessez-le-feu le 21 juillet 1954), la plupart des personnels du groupement des formations d'hélicoptères de l'armée de Terre ont quitté l'Extrême-Orient. Installé à Satory depuis le 1er mai 1954, le Groupe d'Hélicoptères n° 1 (GH 1), commandé par le chef d'escadron Razy, est chargé d'assurer la formation des pilotes et des mécaniciens nécessaires aux futures missions.

Quelques matériels ont pris le chemin du retour d'Indochine. Au vu des événements d'Algérie, il est décidé de rassembler des aéronefs à Sétif. Trois Bell décollent également de Tunisie et sont mis en place, l'un à Sétif, l'autre à Batna, le troisième à Biskra.

---

1. Pluriel de djoundi : soldat de l'Armée de libération nationale.
2. Voir les photos légendées en hors-texte.

Débarqué de France le 20 mars en provenance du GH 1 de Satory, le lieutenant Cannet est désigné par le capitaine Henner pour prendre le commandement du petit détachement de Batna, avec également sous ses ordres celui de Biskra. Celui-ci est installé en pleine ville, le terrain d'aviation se trouvant trop éloigné. Tous les soirs, l'appareil est entreposé dans un garage civil. Le matin, on arrête la circulation, on sort le Bell au milieu de la rue et le pilote décolle pour sa mission du jour.

C'est vraiment l'époque héroïque.

Mais le terrorisme se développe. Le 20 août 1955, il frappe à Philippeville et à Bône. La wilaya 1 [1] s'active dans le massif des Némentcha. Les fellaghas se déplacent très rapidement :

« Le guérillero doit être insaisissable comme une anguille dans l'eau, mouvant comme un papillon dans l'espace, prompt comme un tigre affamé [2]. »

Escortés de leurs gendarmes, les troubades français traînent toujours leurs godasses à clous sans conviction dans les djebels. Et la même question revient en leitmotiv dans les grands coups de gueule :

— Mais nom de Dieu, qu'est-ce qu'ils foutent en France ?

***

A Issy-les-Moulineaux, le général Blanc, chef d'état-major de l'armée de Terre, assiste à une démonstration d'hélicoptère. Lors des événements de septembre 1954, conséquence de l'arrestation de Bourguiba en janvier 1952, le général Blanc avait accordé l'envoi de deux Bell en Tunisie. Transportés en pièces détachées par Nord 2501, ils accomplirent dès le lendemain leur première mission évasan (évacuation sanitaire).

Sur le terrain d'Issy, tout un aréopage d'officiers de l'armée de Terre entoure le général Blanc. L'appareil dont les possibilités vont être présentées est un Hiller 360 [3]. Les officiels se tiennent respectueusement à une vingtaine de mètres, le pilote met son moteur en route et décolle. Quelques secondes après, c'est l'accident, l'appareil s'écrase au sol, le pilote est tué sur le coup.

A peine le premier instant de saisissement passé, le général Blanc demande d'une voix neutre :

— Vous n'en avez pas un autre ?

---

1. Province politico-militaire dans l'organisation FLN.
2. Extrait de l'Instruction tactique théorique sur la guérilla, calquée sur le Viet-minh. Ce document de l'ALN sera découvert dans l'Atlas blidéen par le 3e RPC du colonel Bigeard.
3. Poids à vide : 660 kg. En atmosphère standard et avec son moteur Franklin 180 cv, il peut s'élever avec un poids maximum de 1020 kg. Compte tenu des 107 litres d'essence de son réservoir, de l'huile et du poids des deux civières équipées, il ne reste plus que 240 kg de disponibles pour le pilote et les deux blessés transportés. Pour les hélicoptères utilisés en Algérie, voir leurs caractéristiques en Annexe I.

Un silence gêné s'installe. Des regards s'évitent, on fixe avec intérêt le pli de son pantalon, le général Blanc insiste :

— Je vous demande si vous avez un autre hélicoptère. C'est pour moi. Je veux décoller tout de suite. Pour voir les possibilités réelles de cet engin...

Quelques minutes plus tard, il décolle à bord d'un autre Hiller et tourne au-dessus d'Issy-les-Moulineaux. A sa place, un autre chef d'état-major se serait peut-être contenté de désigner une commission technique chargée de suivre l'affaire. Mais le Hiller 360 ne sera pas retenu, ses performances s'avérant insuffisantes pour accomplir des missions dans les conditions très particulières rencontrées en Algérie : conditions climatiques, zones montagneuses, boisées...

Parallèlement à l'armée de Terre, l'armée de l'Air a pour sa part mis en 1954 quelques hélicoptères en œuvre au sein des escadrilles de liaison en AFN [1]. Dès le début de l'année 1955, devant l'ampleur des troubles, il est décidé, le 29 mars, de grouper tous ces appareils, des Bell, sur la base de Boufarik et de créer, le 1er avril, une escadrille d'hélicoptères légers portant le n° 57. Constituée en unité sans administration distincte et rattachée à la compagnie de l'Air 2/142, cette escadrille est subordonnée au général commandant la 5e Région aérienne, pour être employée dans le cadre des missions de sauvetage, de maintien de l'ordre et éventuellement au profit du CIEES de Colomb-Béchar. Peu après, quelques hélicoptères moyens S 55 sont mis en place à Boufarik.

Les opérations de maintien de l'ordre et les « actions de nettoyage » se multiplient, les évacuations sanitaires aussi. Dans le djebel, où il faudrait parfois un chirurgien, il n'y a souvent même pas un infirmier. Sans l'hélico, la mort est assurée. C'est alors la période où les trosols [2] découvrent l'hélicoptère avec l'apparition dans le ciel de ce petit appareil qu'est le Bell [3]. Très vite, cet engin, qui se pose partout, deviendra le support moral de chaque unité, du plus petit poste, de la moindre ferme isolée.

La section, qui se croit abandonnée du reste du monde, lance parfois un appel angoissé à la radio :

— C'est pour un évasan, il faudrait faire vite...

— O.K., bien reçu. On vous envoie un hélico tout de suite !

L'appareil décolle. Il arrive que les conditions météo soient alors catastrophiques, la visibilité très réduite. Qu'importe. Le pilote fait l'impossible pour ne pas se perdre ou se crasher en zone « non contrôlée ». Il vole « au pif », aperçoit enfin les bâtiments, la petite DZ marquée de pierres blanchies à la chaux. Quelques gars en calot,

---

1. Voir le tableau de filiation et l'implantation des unités d'hélicoptères de l'armée de l'Air de 1951 à 1962 en Annexe II.
2. Troupes au sol, en terme aéronautique.
3. Le Bell porte le nom de son constructeur, Lawrence D. Bell, président de la Bell Aircraft Corporation à Buffalo (Etat de New York). Mais le nom de son inventeur véritable est Arthur Middleton Young.

les mains dans les poches, le nez en l'air, regardant le ciel. Souvent, ils ne pensent pas à mettre un fumigène pour indiquer la direction du vent au sol... Tant pis. L'appareil se pose, l'un d'eux s'approche avec une petite valise, le pilote ouvre sa porte et crie :

— Dépêchez-vous, ça se bouche au nord ! Où est le malade ?

— C'est moi !

— C'est...

— Oui ! J'ai l'impression que j'ai un début de crise d'appendicite !

— Montez.

Le pilote ne peut s'empêcher de penser qu'on l'a peut-être fait venir pour rien, Il crispe les mâchoires, s'apprête à redécoller.

Un sous-officier accourt vers l'appareil, un colis à la main. Pour se faire entendre, il hurle par la porte entrebâillée :

— C'est le courrier ! Vous pouvez le mettre à la poste ?

Le pilote ne répond pas mais acquiesce de la tête.

Au nord, maintenant, c'est complètement bouché. La poisse...

L'emploi des hélicoptères en Algérie naît ainsi d'un besoin que personne ne met en doute, l'évacuation sanitaire. Comme en Indochine, le terrain difficile va rapidement l'imposer.

Il intervient un second impératif, aussi évident, compte tenu de la fluidité de l'adversaire, le bouclage. La nécessité de transporter des fantassins dans les délais les plus courts trouvera sa solution dans l'hélitransport.

Cet emploi tactique des hélicoptères fut réalisé pour la première fois au monde par les Américains lors de la guerre de Corée, le 21 septembre 1951, au cours de l'opération « Summit ».

Ce jour-là, les « Marines » devaient relever la 8e Division coréenne et tenir un front de neuf kilomètres plus étendu. Comme en Algérie ou en Indochine, le terrain était extrêmement difficile, très accidenté. Il se trouvait sous le feu de l'ennemi. La cote 884, pic rocheux hérissé d'énormes blocs aux arêtes vives, n'avait pu être atteinte par les Coréens qu'au bout de neuf jours de marches harassantes. Un hélitransport de « Marines » fut décidé.

Arrivés vingt jours plus tôt, le 31 août 1951 à Fusan, les quinze Sikorsky HRS de l'escadrille HMR GI se trouvaient sous les ordres du colonel G.W. Herring. Après reconnaissance du sommet, deux points de poser possibles furent identifiés. Deux équipes déposées en stationnaire durent les aménager. Ce travail s'effectua en 1 h 20.

L'hélitransport commença aussitôt. En quatre heures seulement, 224 « Marines » entièrement équipés furent transportés sur la cote 884, avec huit tonnes de vivres, d'armes et de munitions, et les hommes du bataillon coréen ramenés aux voyages de retour. Quatre heures remplaçaient soudain neuf jours d'efforts surhumains fournis par des montagnards coréens entraînés ! Le général Thomas, commandant la 1re Division de Marine, déclara avec enthousiasme :

« L'opération Summit, la première opération tactique dans l'histoire d'une unité transportée par hélicoptères, s'est effectuée avec un succès qui dépasse tous nos espoirs. A tous ceux qui y prirent part, je dis « c'est bien joué ».

De son côté, le général Sheperd, commandant local[1], télégraphia à Washington :

« Aucun effort ne doit être épargné pour avoir tout de suite des hélicoptères, des hélicoptères de n'importe quelle conception, sur le théâtre des opérations et avec une priorité plus importante que celle de toute autre arme. »

La voie était désormais tracée. Malheureusement, les Français ne purent jamais la suivre en Indochine, par manque flagrant de matériel[2].

Que possédaient-ils en effet pour mener là-bas leur interminable guerre ?

Dans son livre *l'Aviation Indochine*[3], le général Chassin écrira : « L'armée de l'Air se trouvait dans l'impossibilité de consacrer le moindre sou à leur achat ! »

Les rares appareils alors en service furent « offerts » au Corps Expéditionnaire, grâce à des souscriptions, comme celle lancée par exemple par la ville de Bordeaux. Avec ces précieux engins, les premiers pilotes firent des prodiges, en particulier le médecin Valérie André et le capitaine Santini, de l'armée de l'Air.

Le contre-amiral Jubelin interrogeait un jour le capitaine Santini sur les nombreux exploits qui avaient fait sa réputation en Indochine, en particulier ses évasan courageuses :

— Avez-vous rencontré des conditions atmosphériques qui vous interdisaient le vol ?

— Je ne m'en souviens pas.

Pour qui connaît un peu le Sud-Est asiatique, régi par le régime des moussons et souvent balayé par quelque typhon...

Enfin, à Noël 1952, une mission part de Saigon pour la Corée, composée du commandant Brillault, commandant la base aérienne de Vientiane, du capitaine Tarride, de l'ALAT[4], et parachutiste d'essais, du capitaine Mayer et d'un autre officier, le capitaine Martin, dit « Mimile », officier mécanicien de l'armée de l'Air. La mission consiste à observer auprès des Américains les possibilités de leurs matériels sur le terrain, en vue d'achats pour l'Indochine. Mieux vaut tard que jamais.

Après passage à Séoul et Pan Mun Jon, c'est la visite des tranchées, type 14-18, puis une démonstration des « Marines » qui effectuent un hélitransport de matériels divers et de commandos par

1. Il deviendra plus tard le chef des « Marines » aux Etats-Unis.
2. Une seule opération similaire d'hélitransport de troupe fut réalisée à la fin de la guerre d'Indochine, montée par le commandant du Puy-Montbrun, de l'armée de Terre.
3. Amiot-Dumont, éd.
4. Aviation légère de l'armée de Terre.

H 19. A la suite de cette mission, l'armée de l'Air achète douze appareils dont les derniers modèles arrivent en caisses à Saigon.

Deux H 19 sont affectés au GATAC[1] nord à Gia-Lam et entrent aussitôt en service. Premier crash, l'appareil du capitaine Pillivuyt[2] en panne de pression hydraulique s'écrase sur des bambous géants. Ordre est donné au capitaine mécanicien Martin :

— Martin, vous allez louer un éléphant et ramener les pièces de ce piège, afin de savoir ce qui s'est passé !

« Mimile » débarque à Lao Bao avec 2 000 piastres mais il ne trouve pas un seul éléphant à louer. Il part à pied dans la brousse avec une quinzaine de Méos. La première nuit, un courrier arrive (avec le bambou, la plume pour dire qu'il allait vite, le charbon de bois pour montrer qu'il se déplace de nuit). Le message est clair : si les hommes continuent leur chemin, les « macouis » les tueront. Comme il n'est pas question de jouer avec ces mauvais esprits, la plupart des Méos rebroussent chemin. « Mimile » apprendra six mois plus tard que le danger venait surtout de celui qu'ils prenaient de traverser la piste Ho Chi Minh. Mais « Mimile » ne rencontre rien et continue sa mission. Il retrouve l'épave du H 19 et ramène à dos d'hommes la tête de rotor, la boîte de transmission. Malheureusement, l'avertissement viet sera exécuté. Le Phu-ban (maire) de Ban Calin, petit village sur pilotis, sera crucifié huit jours plus tard sur le bord de la piste, pour avoir demandé un peu d'essence et parlé aux gens de l'équipe Martin.

***

Les quelques hélicos alors en service en Indochine auraient été insuffisants pour faire face à la demande à la fin de la guerre. A Diên Biên Phu, le premier pilote à tenter une évacuation sanitaire est l'adjudant-chef Barnier, avec son H 19. Au décollage, un obus de mortier frappe de plein fouet son cargo, qui explose et brûle. Parmi les blessés malheureux de cette évasan se trouve le fils du général Gambiez. Le pilote Barnier y perd une jambe. S'obstiner à de nouvelles tentatives dans la cuvette serait de la folie. Pourtant.

— Sauvez les blessés de Diên Biên Phu par hélicoptères ! Après tout, c'est votre travail, non ?

L'ordre vient d'en haut. Le message arrive à Muong-Xai, poste brûlé, avec une petite pagode en haut, piste dakotable. Il y a là le chef de l'état-major de l'armée de l'Air, un médecin-général, des hommes de l'armée de Terre, le capitaine Martin. On annonce à celui-ci :

— Vous, Martin, qui êtes le spécialiste des hélicoptères, il faut que vous trouviez quelque chose !

---

1. Groupement aérien tactique.
2. Tué en opérations le 5-5-1959 dans le djebel Nesmoth.

Le général Navarre est formel, si l'armée de l'Air n'est pas capable d'évacuer les blessés de Diên Biên Phu, le général commandant l'Air en Indochine sera renvoyé en France !

— Diable, diable, il faut réfléchir ! répond « Mimile ». Valse de grand patron ou pas, le problème est important. Il est même intéressant.

Martin arrive rapidement à la conclusion que seules des évacuations de nuit seront possibles. Pour cela, il faudra cacher le tuyau d'échappement des appareils aux flammes trop visibles, poser les engins avec le moins de bruit possible, peut-être en autorotation, enfin, n'utiliser que des DZ [1] non visibles depuis les positions viets.

— Que proposez-vous ?

— De creuser des trous au fond desquels seront disposées des lampes de poche. L'appareil les repérera en passant en altitude à la verticale, mais elles ne pourront pas se voir en oblique des montagnes avoisinantes.

— Parfait. Demandez à Hanoi un parachutage de lampes-torches pour faire des essais !

Elles sont larguées le jour même et tout est mis en place. Malheureusement, le H 19 du capitaine Fauroux qui va tenter l'expérience percute de nuit une montagne à moins de trois mètres du sommet et la tentative s'arrête là. D'ailleurs, les équipages sont au bout de leur rouleau et, à Diên Biên Phu, il est trop tard...

⁂

Le 19 avril 1955, les deux premiers cargos Sikorsky S 55 de l'ALAT appontent sur l'*Arromanches* au large de Toulon. Ils portent les numéros 824 et 838 et prennent le large à destination de l'Algérie.

Le 29 avril 1955, le GH 2 est créé à Sétif, et mis sous le commandement du commandant Crespin, baptisé par ses hommes « le Big ». Le matériel en place est composé de Bell 47 G et de Sikorsky S 55 (H 19).

L'ALAT a une mission « Terre » à remplir, que seuls des cadres connaissant bien le travail de fantassin peuvent assumer avec la « troisième dimension » en plus. Les personnels officiers et sous-officiers viennent de toutes les armes de l'armée de Terre. La direction du personnel Artillerie les prend en charge, l'ALAT étant née de l'ALOA [2].

En Algérie, la branche hélicoptères de l'ALAT va donc prendre un essor considérable. Par contre, l'observation aérienne par le PCV [3]

1. Zone de poser. Par analogie avec la zone de largage (dropping zone) des parachutistes.
2. Aviation légère d'observation d'Artillerie.
3. Poste de Commandement en Vol.

restera pour une bonne part un travail effectué en avion léger deux places, Piper L 21, Cessna L 19, pour des raisons d'économie et d'autonomie. D'hélicoptère ou d'avion léger, l'observateur avec ses moyens radio est alors un intermédiaire privilégié pour actionner les moyens au sol, et la qualité de ses transmissions est la meilleure. En altitude ses postes portent loin et il fait véritablement office « d'antenne sur le toit ». L'observateur passe souvent une grande partie de son temps à la retransmission des ordres. Enfin, l'avion léger et surtout l'hélicoptère donnent ce moyen « tout terrain total » aux troupes au sol. Avec l'hélicoptère, le combattant s'affranchit complètement des difficultés du sol, tout en restant à sa proximité immédiate.

En ce début d'année 1955, l'Armée va accélérer les achats de matériels appropriés (S 55 Sikorsky et leur version anglaise Westland) et la formation technique de ses personnels.

En juin 1956, à la suite d'une mission effectuée aux Etats-Unis, le chef d'escadron Razy décide de doter l'ALAT de H 21 Vertol (les fameuses « Bananes »), tandis que l'armée de l'Air s'équipera de Sikorsky H 34. La mise en place dans les djebels de ces hélicoptères cargos va permettre une grande expérience, elle sera le banc d'essai mondial pour l'emploi des appareils à voilure tournante comme engins d'assaut dans le combat moderne.

Certes, professionnellement, cette guerre fera beaucoup pour l'expérience des équipages, mais seulement pour ceux qui en reviendront.

Une grande aventure commence...

CHAPITRE II

PREMIER HELIPORTAGE

Deux S 55 de l'ALAT sont stationnés à Biskra. A cette époque de l'année, la région connaît 30° à l'ombre. Le patron des Sikorsky, le capitaine Petitjean, titulaire du brevet de pilote d'hélicoptère de l'armée de Terre n° 1, vole avec le lieutenant Pelège. L'autre piège [1] est piloté par le capitaine Clause faisant équipe avec le lieutenant Cannet. Deux sous-officiers mécaniciens, dont le sergent-chef Mathey, s'occupent de ces hélicoptères cargos 600 CV.

Les deux appareils font une série de ravitaillements de postes isolés, tel celui de Tadjmout le 30 avril, juste en bordure de l'Aurès et face au désert.

Une compagnie de Légion du 2e REP se trouve également en détachement à Biskra. L'idée de transporter ces combattants dans le djebel avec les Sikorsky et de les poser, tout frais, au-dessus des reliefs tenus par l'adversaire, est discutée chaque soir entre les paras et les gens de l'ALAT. Encore faut-il en faire l'expérience en testant les possibilités des appareils dans le climat si particulier de l'Algérie.

— Nous irons nous poser tout en haut du Chélia !

Afin que la démonstration soit éclatante, le sommet le plus élevé d'Algérie est choisi. Ce djebel culmine avec ses 2 328 mètres, au milieu de l'énorme massif de l'Aurès. Le sommet du Chélia est heureusement bien dégagé, arrondi, recouvert d'une herbe presque rase. Il fera une DZ idéale.

Pour cette opération, le djebel est « bouclé » le 4 mai 1955 par les troupes amenées de Khenchela, Batna, Timgad, ainsi que des postes environnants.

Partant de Médina, les rotations d'hélicoptères, commencées avec deux légionnaires, puis trois, puis quatre, au fur et à mesure de

1. Avion, hélicoptère, en jargon aéronautique.

l'allègement des pleins d'essence, dureront deux heures. Une centaine de légionnaires est ainsi héliportée, ne représentant à peine que l'effectif d'une petite compagnie. Quelques coups de feu sont tirés de part et d'autre, mais le bilan est nul.

Cette opération restera une démonstration, celle des hélicoptères comme engins de transport capables de poser des combattants sur tous les pitons d'Algérie.

L'expérience du Chélia est probante. Pour les fellaghas, cette grande première n'est pas comprise ; elle est portée au crédit des bizarreries des Français qui se laissent piéger dans cette drôle de guerre, dont personne ne peut encore dire combien de temps elle durera, ni deviner quelle en sera l'issue.

*
**

Son nom était Thamugadi. En y créant une ville au début du IIe siècle, les Romains l'appelèrent Timgad. On la surnomme aujourd'hui le Pompéi africain car ses ruines portent, sur chacune de ses pierres, les traces lisibles de la vie d'autrefois.

Durant le mois de mai 1955, les opérations héliportées se succèdent dans les montagnes toutes proches. Ce sont les premières occasions pour les rebelles d'accrocher dès le poser les troupes déposées dans le djebel. Les bilans restent cependant encore insignifiants.

Deux Siko S 55 de l'ALAT sont à pied d'œuvre. Le lieutenant Cannet du GH 2, qui vient d'être créé en regroupant les équipages rentrant d'Indochine avec ceux en place en Algérie depuis six mois, profite de quelque répit pour faire un peu de tourisme culturel. Le conservateur du Musée archéologique de Timgad lui a dit :

— Pour un promeneur peu sensible, le site peut paraître quelconque lorsque le soleil tombe à la verticale sur les ruines. Les pierres sont alors écrasées de lumière et perdent leur relief. Mais venez un matin de bonne heure, ou un soir à la tombée du jour, à cet instant privilégié l'arc de triomphe de Trajan se dresse dans toute sa beauté, face à la route de Lambèse. La lumière rasante sculpte ses trois baies et ses niches, lui redonnant d'un seul coup toute sa majesté.

Le conservateur est un homme passionné par son travail. Fort sympathique, il aime le pays et les gens. En plus, il connaît parfaitement toute la région et son histoire.

— Au début du Ve siècle, Timgad devint la proie des Maures insoumis de l'Aurès. Profitant de la faiblesse de Rome, les nomades franchirent les *limes* de l'Empire, fondant sur les villes gardées par des soldats de même ethnie qu'eux et que la peur transformait rapidement en complices. Il faut constater qu'aujourd'hui...

Aujourd'hui, c'est un peu la même histoire qui recommence. Les rebelles de la wilaya 1 se piquent d'audace et tirent sur les Siko.

Ce 31 mai, les deux appareils ont héliporté des légionnaires sur le Bou Arif, la montagne située au nord de Timgad. L'opération s'achève, c'est le retour des éléments vers la vallée.

A la dernière rotation, l'un des appareils, trop chargé, manque son approche et s'écroule en finale. La puissance disponible est insuffisante pour assurer le vol stationnaire. Le choc est dur et les deux petites roues du train avant sont enfoncées. L'appareil rebondit, le pilote met alors sa commande plein avant, toute la puissance de son moteur, et parvient à reprendre l'air en plongeant dans la vallée et en suivant la pente qui s'offre devant lui.

A bord, se trouvent le groupe de renseignement et le conservateur du musée embarqué avec les troupes pour servir de guide. Les soldats réagissent selon les consignes reçues en cas de crash et, sans attendre, sautent de l'appareil qui risque de s'enflammer en quelques secondes. Les premiers légionnaires à sortir ne sautent pas de très haut. Malheureusement, l'altitude et la vitesse augmentent pour les suivants et ils se blessent en arrivant au sol. Ejecté le dernier, le conservateur se tue sur le coup.

L'hélicoptère a repris de l'altitude, il orbite au-dessus des ruines. A la radio, il appelle Cannet à bord de l'autre piège en vol.

— J'ai eu un crash. Je ne connais pas l'état de mon train...

— D'après ce que je vois, ton train avant est complètement replié. Continue de tourner comme ça.

— C'est parfait, mais... après ?

— Moi, je vais me poser. Avec Gabriel, nous allons entasser des cailloux, sur lesquels tu pourras venir poser l'avant de ton appareil. Les pierres remplaceront ainsi ton train avant et le piège ne s'écroulera pas.

— O.K. !

Cannet et son copilote l'adjudant Gabriel se posent rapidement au milieu des ruines. Les espaces dégagés ne manquent pas, les architectes de Rome avaient vu grand. Voici le *cardo,* voie principale orientée nord-sud avec ses larges dalles posées en biais, creusées de l'empreinte profonde des chars romains. Le *decumanus* coupe l'artère à angle droit et file jusqu'aux portes de la ville. Voici enfin le forum, de 50 mètres de long, entouré d'un portique, tout à côté du théâtre qui contenait près de 3 000 places.

Le S 55 se pose, Cannet coupe le moteur, les deux hommes bondissent dans les ruines pour chercher des cailloux.

C'est l'échec total.

Aussi incroyable que cela puisse paraître, il est impossible de trouver un seul caillou dans les ruines de Timgad ! Rien que des pierres imposantes, des fûts de colonnes monumentales ; les Romains bâtissaient pour durer, et les deux hommes ne parviennent pas à remuer une seule pierre !

— Bon, on laisse tomber ! Il faut que l'autre se pose ; nous empilerons n'importe quoi !

— Vous croyez que...

— Nous verrons bien !

A présent, il faut faire vite, car la nuit tombe rapidement. L'appareil accidenté commence son approche, il se pose sur son train arrière, reste cabré en équilibre. Cannet et Gabriel entassent alors la seule chose qui leur tombe sous la main, des jerricans d'essence. Ils en font deux piles de trois sous le train avant, le pilote baisse le pas avec précaution pour s'appuyer dessus en souplesse.

En vol stationnaire à pleine puissance, l'énorme pot d'échappement du Sikorsky projette une grande flamme, juste au niveau du train avant. C'est l'instant critique ; sous la masse de l'appareil, les jerricans d'essence s'aplatissent et s'écrasent les uns après les autres. Ils fuient par toutes leurs coutures, l'essence coule de tous les côtés, à moins d'un mètre de la flamme du pot d'échappement. Cannet et Gabriel sont persuadés que l'explosion est inévitable. Son appareil à peine assis, le pilote a heureusement le réflexe de couper le moteur aussitôt.

Le hurlement du moteur s'arrête, le sifflement des pales se tait. Au milieu des ruines, c'est à présent le silence. Près des jerricans qui continuent à répandre leur essence, à côté de deux fûts de 200 litres, Cannet pense qu'ils ont tous failli être transformés en son et lumière dans ce site grandiose.

« Cela aurait été une belle fin », se dit-il. Mais l'heure n'était pas arrivée.

Ce sont peut-être Jupiter, Junon et Minerve, le dieu et les déesses du Capitole, édifié dans le faubourg ouest, qui les ont protégés. S'il ne s'était tué parmi les pierres qu'il affectionnait tant, le conservateur du Musée de Timgad aurait aimé raconter cette histoire. Car pour lui tout était lisible dans le passé :

« Regardez ce jeu curieux, gravé sur cette marche de pierre, disait-il quelques jours plus tôt à Cannet. Les Romains y jouaient, mais il est difficile d'en découvrir aujourd'hui la règle. Et les mots *Venari. Lavari. Ludere. Ridere. Hoc est vivere,* gravés dans la pierre sont encore lisibles. Chasser, se baigner, jouer, rire, c'est vivre. Les habitants de ce pays ont toujours aimé cela. »

***

— Voici une belle machine, les gars ! Avec ça, nous allons voler comme des chefs !

A la mi-juin 1956, les deux premiers H 34 de l'armée de l'Air, arrivés en caisses à Alger-Maison-Blanche depuis les USA, sont remontés par les mécanos dans les ateliers. Maintenant, tout est prêt. Sur le parking devant les hangars, le lieutenant pilote Boursier et un officier mécanicien qui vont procéder aux essais en vol, un radio, un mécanicien équipement et le sergent mécanicien Mahier regardent le nouvel engin.

— Allez, moteur en route !

Dès le début du premier essai, le H 34 commence à bouger, il danse sur une roue, puis sur l'autre, une fois, deux fois, quatre fois. Un mécanicien et le radio effectuant des réglages à bord cognent les parois de l'appareil. La porte étant ouverte, ils sont éjectés sur la piste. Le H 34 fait alors un saut, s'élève, puis se crashe sur la tranche. Une pale qui s'est détachée retombe quelques secondes après sur l'épave. Mauvais débuts.

En fait, les pilotes français ne sont pas encore familiarisés avec le phénomène d'entrée en résonance au sol des hélicoptères. Il faut remédier à cela et un chef pilote américain de *Sikorsky Aircraft Corporation* est demandé pour venir les entraîner.

Les procédures pour sortir l'appareil des effets de ce phénomène sont simples. Si le pilote a atteint le régime normal, il décolle, sinon il doit immédiatement couper le moteur et mettre le frein rotor.

***

Mais voici que la rébellion née dans le Constantinois fait rapidement tache d'huile. A Sétif, le GH 2 bat le rappel de tous les appareils et des pilotes confirmés, encore rares en Algérie. L'armée de l'Air commence timidement à s'équiper [1]. Que fait la Marine ?

— Capitaine, l'hélicoptère qui vous est confié est très précieux pour la Marine ! Il faudra en prendre soin et le ramener plus tard en France en bon état...

Rue Royale à Paris, l'amiral, chef du service central Aéro, fait ces « recommandations particulièrement importantes » au lieutenant de vaisseau Daguzan. Celui-ci est désigné pour prendre livraison du premier hélicoptère H 19 à Toussus-le-Noble. Il a connu ce type d'appareil lors d'un stage au Texas et devra l'amener à Sétif, en renfort près de l'armée de Terre.

La Marine a acheté aux Etats-Unis deux exemplaires du Sikorsky H 19 pour ses expérimentations de lutte anti-sous-marine, mais ils seront bien plus utiles dans les djebels ! Malheureusement, les opérations de dédouanement sont longues, la bureaucratie ne perd pas ses droits et la Douane refuse catégoriquement qu'une pièce défectueuse soit remplacée par une autre, prélevée sur un autre appareil en caisses.

Parfait officier de marine, le LV Daguzan remet une nouvelle fois son mariage à plus tard. Le 17 juin 1955 avec le maître pilote Le Glas, le maître mécanicien Goriau et le quartier-maître Rustan,

1. Engin nouveau, l'hélicoptère n'est pas encore une arme nouvelle. Le chef d'état-major de l'armée de l'Air « n'y croit pas ». Il est axé sur l'avion à réaction, reste à 40 000 pieds, ne se préoccupant pas — ou peu — de ce qui se passe au ras des djebels en Algérie. Et les officiers représentant les hélicoptères au ministère de l'Air se gardent bien de faire trop de remous à Balard...

il appareille de la base mère de Saint-Raphaël avec le Sikorsky 10 S 26 flambant neuf. L'appareil étant chargé au maximum, le quartier-maître Charpentier rejoindra à Sétif avec les pièces de rechange.

Perpignan, Barcelone, Valence sont les principales escales. Ensuite, les équipages de l'armée de l'Air et de l'ALAT ont l'habitude de continuer leur voyage par le long trajet de Gibraltar et du Détroit. Mais Daguzan n'oublie pas quc s'il cst pilote il n'en reste pas moins marin avant tout, alors cap au large ! A partir de Murcie, il « met le bout », ainsi que l'on disait dans la marine en bois, sur Oran, deux heures trente de vol en monomoteur, seul au-dessus des flots. Tout se passe bien et le 22 juin, l'appareil arrive à Sétif.

Daguzan se présente au commandant Crespin, sourire charmeur et un cœur sous des dehors bourrus. Le marin va retrouver la même camaraderie qu'il avait rencontrée avec le colonel Brunet de l'armée de l'Air, lorsqu'il servit sous ses ordres à Haïphong-Cat-Bi.

L'ambiance de la base d'Aïn-Arnat est excellente. Daguzan partage une chambre avec le lieutenant Scherrer, ancien d'Indo comme lui et appartenant à l'armée de Terre.

Le 23 juin, il transporte le gouverneur général Soustelle, le général Parlange, le préfet de Constantine et le sous-préfet de Batna. C'est la découverte des Aurès et des difficultés du vol en montagne. Le lendemain, il effectue une opération en double avec Scherrer dans la région de Batna-Mac-Mahon, une autre le 26 près de Philippeville avec le capitaine Petitjean.

Les équipages commencent à se connaître, à se souder. C'est la période de rodage sur la doctrine opérationnelle d'emploi des hélicoptères où le travail, quoique harassant, reste passionnant.

⁂

En juin-juillet 1955, les équipages des hélicos font ce qu'ils appellent du « brouettage » ; le manque d'imagination concernant l'emploi des hélicoptères en Algérie restant total. Le lieutenant Cannet du GH 2 reconnaît :

— C'est encore du « petit train ». On transporte des gens sur les pitons, sept rotations à Timgad, cinq à Taberdga, on saupoudre les djebels ; on prétend ainsi surprendre l'adversaire. Mais le déploiement des forces mises en place, l'aspect processionnel du transport éventent la moindre manœuvre. Les rebelles, qui ne sont pas bornés, ont le temps de s'évanouir et de se diluer dans un paysage qu'ils connaissent parfaitement. Or, le combat de contre-guérilla repose sur la surprise, la rapidité d'action. L'hélicoptère peut alors être l'outil le plus précieux qui soit, mais encore faut-il savoir l'utiliser ! A quoi sert en effet de déposer des éléments en cinq minutes sur le haut d'un djebel, s'il a fallu deux heures pour prendre la décision, et s'il faut ensuite à l'unité vingt minutes pour se réorganiser ?

Le plus grave reste encore cette conception périmée de mener les opérations, la décision, a priori, de déposer par hélicoptère tant d'hommes à tel endroit, le lendemain à 8 heures, tant d'autres à 9 heures, et ainsi de suite. Enfin, le système de commandement est si lourd que, quels que soient les événements, la manœuvre se poursuit, ou n'est modifiée qu'avec une telle lenteur que les rebelles, avec leurs pataugas, restent toujours les plus rapides...

L'expérience ne pouvant s'acquérir qu'avec la pratique, la mauvaise utilisation de l'hélicoptère, en tant qu'engin de mouvement et de combat, durera presque un an.

La méconnaissance des hélicoptères est totale ! Et les histoires que l'on raconte sur cette époque héroïque sont nombreuses...

Lors d'un héliportage avec deux Siko dans la région d'Aïn-Beïda, au sud de Bône, le colonel commandant le secteur (qui deviendra plus tard un grand général) descend du S 55 du lieutenant Lefort de l'ALAT.

A peine les pieds posés à terre, il s'assoit sur la roue arrière de l'appareil, ainsi qu'il a sans doute l'habitude de le faire avec le marchepied de sa jeep. Papier en main, il commence à rédiger des ordres. N'ayant rien vu, le pilote décolle. Le colonel n'a que le temps de saisir la roue à deux mains et de se cramponner du mieux qu'il peut. L'image qu'il offre alors est assez celle du baron du Münchhausen chevauchant son boulet de canon. Le frein n'étant pas serré, la roue ne tarde pas à tourner, lentement, inclinant puis désarçonnant notre officier avant que l'altitude ne soit trop grande. Il s'en tire seulement furieux et couvert de poussière.

Un autre exemple de méconnaissance des hélicoptères est l'histoire du lieutenant Cannet.

Celui-ci se trouve en détachement avec deux Sikorsky à Batna. Au briefing du soir préparant l'opération du lendemain, il précise :

— A chaque rotation, je pourrai transporter quatre gars.

— Comment cela, quatre hommes seulement ?

— Oui.

— Pas plus ?

— Non, ce sera le maxi.

Les patrons de l'opération ne sont pas satisfaits. Le soir, au terrain, le lieutenant Cannet voit surgir dans le petit bureau qu'il occupe un colonel hors de lui, plus rouge qu'un burnous de spahi :

— Tout à l'heure, lieutenant, vous nous avez raconté des histoires qui ne tiennent pas debout !

— Mais, mon colonel...

— Tss, tss ! J'avais un doute, et je tenais à le lever. C'est ce que je viens de faire. Je suis allé voir votre appareil et...

— Oui... ?

— Eh bien, dans la soute de votre cargo, je vous garantis que je suis capable d'y faire tenir quinze tirailleurs sans aucun problème !

Comment expliquer qu'en aéronautique, le volume n'a rien à voir avec la puissance ? se demande Cannet.

Décidément, l'hélicoptère n'est pas un matériel très bien perçu ! Une autre histoire court encore les mess des pilotes :

Détaché en Terre Adélie avec un Djinn [1], le capitaine Petitjean de l'ALAT fera lui aussi l'expérience de cette grande méconnaissance. Se plaignant de la faible vitesse de son appareil avec des vents de 140 km/h, un officier du 4e Bureau lui fera superbement remarquer :

— Mais enfin, pourquoi ne met-on pas deux appareils ?

— ... ?

— Eh bien oui, avec 2 Djinn : 90 km/h + 90 km/h = 180 km/h !

Durant cette période de tâtonnements, l'armée de l'Air regroupe tous les anciens pilotes et mécaniciens d'Indochine et crée à Boufarik, dès le mois d'avril, une escadrille équipée de Bell. Le 1er août 1955, le groupe mixte d'hélicoptères n° 57 est constitué avec les Bell de cette escadrille et des H 19 récupérés auprès des forces aériennes américaines en Allemagne.

A Sétif, tout va très vite, il faut « jouer serré » à l'ALAT.

Le commandant du GH 2, appelé la « Crespine Air Force », annonce sans ambages à l'occasion d'un briefing :

— Alors, les gars, le premier qui m'abîme un appareil, je le fiche au trou.

Le lieutenant de vaisseau Daguzan, avec l'expérience aéronautique de ses 1 700 heures de vol, réplique :

— Mon commandant, je vous demande de me considérer d'ores et déjà aux arrêts ; les conditions dans lesquelles nous travaillons ne me permettent pas d'y parer à coup sûr.

La réflexion du marin jette un froid mais « le Big » lui expliquera le soir même, en tête à tête à la table d'un restaurant :

— Comprenez-moi, Daguzan, pour l'ALAT, c'est une nécessité impérieuse de réussir ! Je prends des risques, c'est certain, mais nous devons nous faire rapidement une place au soleil ; l'armée de l'Air voit d'un très mauvais œil la mise en service en dehors d'elle des hélicoptères, surtout les « lourds »...

Mais la Marine est en renfort auprès de l'armée de Terre, pas pour lui créer des problèmes. Ayant appris les conditions bien particulières du vol en montagne et par forte température, Daguzan prend place parmi les chefs de bord opérationnels du GH 2. Les opérations se succèdent et son activité aérienne se poursuit jusqu'à ce que son appareil atteigne sa première visite de 120 heures. Crespin demande alors au lieutenant de vaisseau :

— Pour vous reposer un peu, Daguzan, vous allez me faire un petit travail dans la pénombre de votre chambre d'hôtel. Rédigez-moi un *Guide d'utilisation des hélicoptères à l'intention des unités de*

1. Appareil inventé par M. Morain, père également de l'*Ariel* et du Farfadet.

l'armée de Terre. Expliquez bien là-dedans quelles sont nos possibilités réelles, mais aussi nos contraintes : l'influence de la température, de l'altitude, de l'humidité sur la charge utile. Précisez qu'un appareil avec ses pleins complets, à 2 000 mètres et par 35 à 40°, ne peut pratiquement décoller qu'avec son équipage. Nous diffuserons ce *Guide d'utilisation* jusqu'à l'échelon compagnie aux troupes du Constantinois. Peut-être les commandants de secteur nous feront-ils faire moins de bêtises...

***

Depuis trois jours, dans le secteur de Philippeville, les Siko du GH 2 n'arrêtent pas : Khenchela, Taberdga, Seïar, Grarem, Tamalous. Le 21 juillet 1955 au soir, les équipages sont encore en opération près du barrage de Zardézas avec les troupes du secteur d'El-Arrouch, beaucoup plus au nord. Un officier du 2e Bureau de Philippeville arrive et annonce :

— De très sérieux renseignements nous laissent supposer que les chefs fellaghas de la région se réuniront et passeront la nuit près de la ferme Vallée à proximité du terrain d'aviation. Serait-il possible de venir les cueillir avec vos hélicos ?

— Faut voir...

Chef du dispositif, le LV Daguzan part en jeep reconnaître le terrain. Bien sûr, il n'est pas question d'approcher et il est impossible, même à la jumelle, de pouvoir juger des possibilités de poser au plus près de la petite maison, repaire supposé des rebelles.

— Nous allons emprunter un avion à l'aéro-club. En faisant d'innocents tours de piste, nous y verrons plus clair !

La maison située à flanc de montagne est entourée d'une abondante végétation, pas de DZ possible à proximité. Pour jouer de la surprise à plein et surprendre les fellaghas au nid, il n'y a qu'une mince possibilité, un jardinet surplombant un à-pic, devant la maison.

— Ce sera délicat, annonce Daguzan, nous ne pourrons poser que les deux roues avant des H 19, un seul appareil à la fois. Les paras du colonel Mayer devront sauter de l'hélicoptère deux mètres en contrebas. A la première rotation, la charge maximum sera de quatre hommes et...

— C'est bien peu ! Si l'ennemi est sur ses gardes, le premier groupe devra se battre à un contre trois ou quatre. Les hélicos seront vulnérables en finale et il sera nécessaire d'amener des renforts en vitesse. Une fois au sol, les paras devront s'éjecter coûte que coûte, les Siko n'ayant pas assez de puissance pour redécoller en charge ou faire du stationnaire.

— On tente tout de même le coup ?

— Oui.

Le 22 juillet, six H 19 décollent à l'aube d'un terrain situé à une vingtaine de kilomètres de là et se mettent en ligne de file derrière le LV Daguzan. Chacun sait parfaitement ce qu'il doit faire.

Arrivés sur le terrain de Philippeville, tout se passe alors très vite, en moins de dix minutes : une innocente approche comme pour atterrir sur la piste, puis 90° à droite, un vol très rapide face au relief, un fort cabré et les deux roues avant du leader se posent sur le jardinet !

Les paras bien entraînés sautent, le dernier lève le pouce et Daguzan redécolle à la verticale et latéralement. Le lieutenant Scherrer est déjà en finale derrière lui, il atterrit au milieu des coups de feu et des rafales de mitraillette. Les huit paras déposés font à eux seuls le bilan de l'opération.

L'après-midi, au débriefing, le colonel Mayer et le commandant Le Morillon confirment que ce « coup de commando » a été un succès complet grâce au poser réussi sur l'objectif à traiter.

Le 1er août 1955, l'escadrille d'hélicoptères légers n° 57 de l'armée de l'Air est transformée en « Groupe mixte d'hélicoptères n° 57 ». Elle reste constituée en unité sans administration distincte.

Le même jour, les marins détachés au GH 2 de Sétif volent avec les équipages de l'ALAT en direction de Biskra. Après avoir suivi à travers les Aurès l'ancienne voie romaine empruntée par les Légions, le paysage chaotique fait de roches tourmentées laisse la place à une profonde vallée où le vert des palmiers apporte çà et là une vivante touche de couleur. Le lieutenant de vaisseau Daguzan aperçoit sur tribord le vieil hôtel Transatlantique puis, au débouché d'une dernière gorge, la mer de sable. Dans Biskra, la nuit sera étouffante.

Le lendemain 2 août, l'opération prévue doit se dérouler à la limite sud des Aurès, autour du djebel Rhéliss. Le LV Daguzan vole avec le maître Le Glas, copilote. Toute la journée les rotations se succèdent, à raison de cinq commandos, le maximum qu'autorise la température élevée en cette région. Assis au-dessus des moteurs, les équipages sont un peu comme ces chauffeurs et soutiers du temps de la chauffe au charbon, tous les thermomètres moteurs dépassent le trait rouge, mais il doit bien y avoir une petite marge de sécurité ? Le mercure des thermomètres de bord, pourtant bien protégés, a sauté à 55° sous abri...

La Royale aux portes de l'enfer. Ici, la hiérarchie s'efface. Avec le quartier-maître mécanicien Charpentier, le lieutenant de vaisseau chef de bord et le maître pilote manient la pompe Japy, roulent les fûts de 200 litres pour compléter les pleins toutes les deux rotations.

Rapidement, les troupes au sol manquent d'eau et il faut trouver de grands récipients, des jerricans, des touques, puis la noria recommence. Touché par le tir des fellaghas, le Piper d'observation fait un atterrissage forcé hors de la zone contrôlée. Daguzan se porte rapidement sur les lieux et évacue les deux passagers.

Mais malgré les difficultés climatiques l'opération commandée par le colonel Janot se déroule favorablement. En fin de journée la bande rebelle, encerclée dès le début des héliportages, n'a pu sortir de la nasse qui lui était tendue. A présent, elle est détruite.

Les Siko rentrent sur Sétif, prisonniers et armement récupérés. Lourdement chargés avec les pleins et l'échelon mécanicien d'accompagnement, les appareils ne peuvent franchir les lignes de crête à travers les Aurès, ils vont devoir suivre les vallées. « Sentant » probablement mieux les vents grâce à sa pratique du vol à voile acquise neuf ans plus tôt, Daguzan demande à quitter le détachement. Il profite des ascendances, gagne avec Le Glas de l'altitude au ras du versant exposé au vent.

Les marins se posent à Sétif avec une demi-heure d'avance sur le reste de la formation. Après huit heures trente de vol dans la même journée les moteurs sont coupés. La nuit tombe.

A Biskra, certains pilotes ont perdu plus de deux kilos.

***

En cette fin d'année 1955, les premiers hélicoptères implantés en Algérie ne peuvent pas encore être liés à la notion d'assaut héliporté.

Pour cela, il faut une troupe aguerrie, giclant des appareils, offensive dès le poser. Comme pour le coup de main de Philippeville avec les deux H 19 de Daguzan, le renseignement est le point de départ indispensable. Celui-ci sera le véritable facteur, déterminant la conduite de l'opération. S'il donne par exemple la présence d'un groupe de hors-la-loi dans tel thalweg, on n'héliportera plus une ou deux sections sur un piton choisi au hasard sur la carte, mais le poser se fera au-dessus de la position de l'adversaire, pour le coiffer. L'expérience ne peut être le fruit que de nombreux tâtonnements.

Convoqué le 6 décembre 1955 pour un briefing à El Milia, le lieutenant-colonel Bigeard doit participer à une opération d'envergure avec son bataillon. Le but est de nettoyer un massif boisé d'environ 600 km² au nord d'El Milia et à l'ouest de Philippeville. L'opération baptisée « Eventail » débutera le 8 à l'aurore.

Le général commandant l'opération expose sa manœuvre dans un style très Ecole de Guerre. La bataille est gagnée d'avance : cinq mille hommes sur le terrain, de l'artillerie, de l'aviation, les hélicoptères de Crespin, le tout pour localiser et écraser une compagnie rebelle de 120 hommes environ, commandée par Si Messaoud.

— Messieurs, avez-vous des questions à poser ? demande le général.

Un silence religieux lui répond, puis le colonel Bigeard se lève :

— Mon général, vous lancez une opération au lever du jour à

cinquante contre un en mettant vos unités en bouclage. Si j'étais à la place de Si Messaoud, je serais déjà parti. Aussi je vous demande de m'infiltrer de nuit, avec mon bataillon, en zone rebelle, avant que vous ne déclenchiez votre affaire à l'aurore. Peut-être aurai-je ainsi la chance de surprendre Si Messaoud dans une mechta au pied de la cote 701.

Et c'est ce qu'il entreprend. De nuit, il franchit l'oued Kébir avec son bataillon, accroche plusieurs rebelles laissés là par le chef fellagha, récupère quelques fusils de chasse. Mais le gros de la bande s'est envolé. L'artillerie, l'aviation et les quelques Siko mis en place n'ont servi qu'à « faire du volume ».

En fait, la manœuvre de l'hélicoptère ne deviendra opérationnelle qu'à partir du moment où des patrons comme Bigeard auront fait comprendre, et imposé l'idée, qu'elle n'est rentable qu'avec une troupe de valeur commandée par des chefs ayant parfaitement maîtrisé l'outil de la 3ᵉ dimension.

Cet apport important dans le combat de contre-guérilla sera le fait marquant des premiers mois de l'année qui vient.

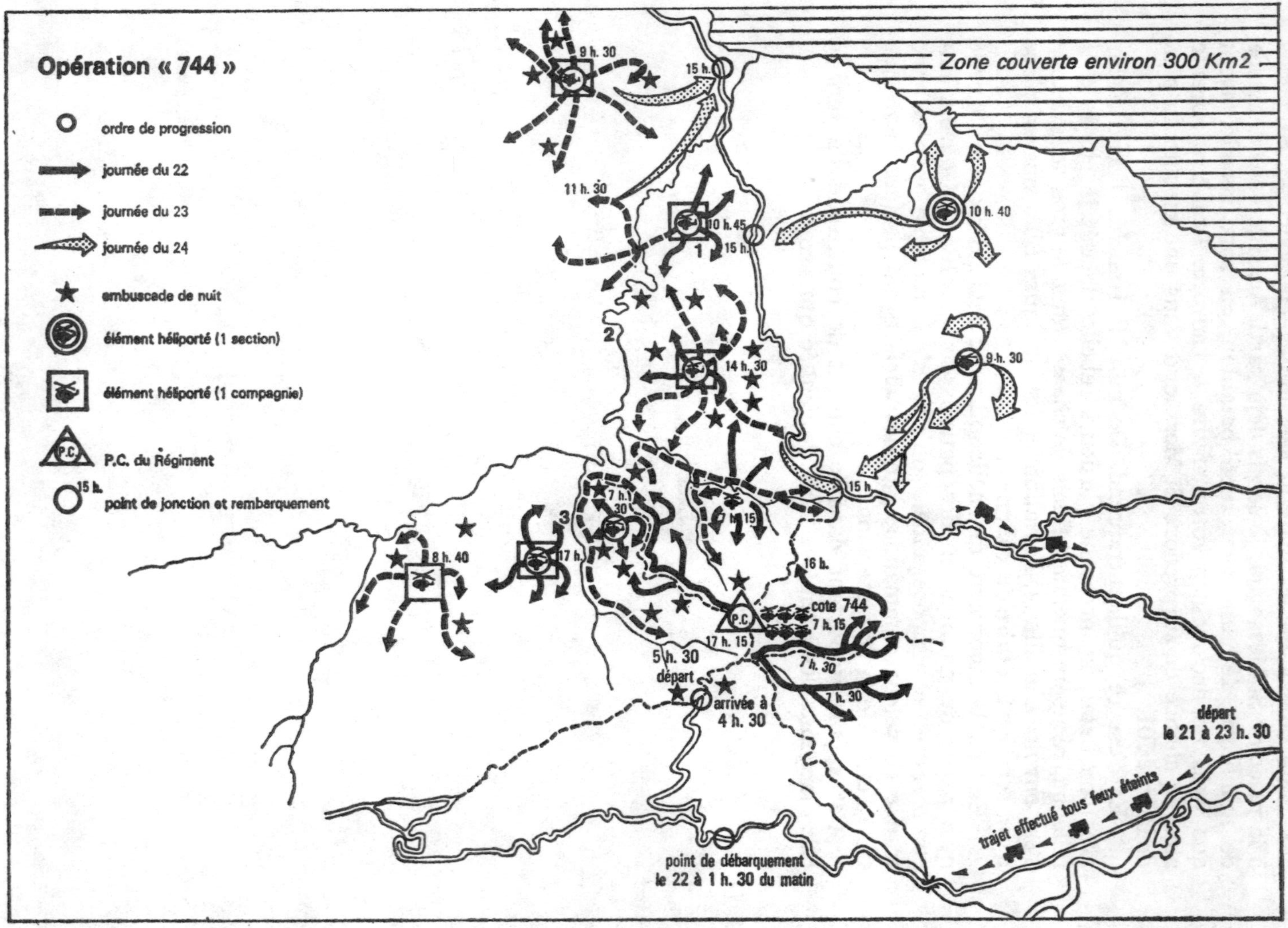
Opération « 744 »
ordre de progression
journée du 22
journée du 23
journée du 24
embuscade de nuit
élément héliporté (1 section)
élément héliporté (1 compagnie)
P.C. du Régiment
15 h.
point de jonction et rembarquement
Zone couverte environ 300 Km2
9 h. 30
15 h.
11 h. 30
10 h. 45
1
15 h.
10 h. 40
2
14 h. 30
9 h. 30
15 h.
3
17 h.
8 h. 40
7 h. 15
16 h.
cote 744
7 h. 15
17 h. 15
5 h. 30
départ
arrivée à
4 h. 30
7 h. 30
7 h. 30
départ
le 21 à 23 h. 30
trajet effectué tous feux éteints
point de débarquement
le 22 à 1 h. 30 du matin

CHAPITRE III

LA DOCTRINE DE BIGEARD

Il est sept heures du matin le 22 février 1956, à Djebel Ifri. Après cinq heures et demie de marche sous une pluie fine, les cinq compagnies du 3e RPC se sont disséminées dans le djebel. Le lieutenant-colonel Bigeard atteint avec son élément de commandement la cote 744, les radios déploient leurs grandes antennes. Le « patron » de l'opération fait un clin d'œil au commandant Lenoir, son adjoint :

— Tu vas voir, « la Vieille », ça va marcher comme sur des roulettes !

— Tu as raison, « Bruno [1] », comme sur des roulettes.

Arrivé le 24 octobre 1955, cela fait à peine quatre mois que Bigeard est en Algérie, mais quel travail déjà réalisé ! Il forge un outil magnifique, le 3e RPC, cherchant à « éviter les pertes, obtenir des victoires qui vont doper les hommes, les rendre supérieurs à ces fellaghas qui sont loin d'égaler nos petits Viets de Diên Biên Phu [2] ».

« Bruno » a commencé à roder sa boutique dans le massif de l'Edough à l'ouest de Bône, El Milia et la cote 701. Il calque sa méthode de combat sur celle des rebelles et en vivant continuellement sur le terrain, ses hommes deviennent « résistants comme le cuir, durs comme l'acier ».

Bigeard s'est assis en tailleur, devant sa carte étalée sur le sol. Près de lui, deux postes radio SCR 300. Sur l'un, toutes ses compagnies calées sur le même canal, sur l'autre, l'aviation, canal 16.

Les compagnies en progression donnent leurs positions. Le terrain est chaotique, la mission difficile, le ciel couvert. Le but de l'opération est de déceler et de détruire les rebelles ayant pour base

---

1. Indicatif radio de Bigeard en opération : il prit ce nom de guerre lorsqu'il fut parachuté en août 1944 dans les maquis de l'Ariège.
2. Bigeard, *Pour une parcelle de gloire*, Plon.

une série de villages kabyles situés dans les djebels Ifri ou Erzen, à l'ouest de Bougie. Le plafond reste bas. Tout va-t-il se dérouler comme prévu ?

A 7 h 30, « Bruno » établit la liaison radio avec le détachement en vol des hélicoptères arrivant sur la zone. Outre le but opérationnel recherché, cette action doit permettre la mise au point de la liaison entre les unités d'infanterie agissant sur le terrain et les éléments héliportés utilisant des appareils mis en place au PC.

La cote 744 est balisée, quatre H 55 de l'armée de l'Air se posent. Le détachement est sous les ordres du commandant Sagot. Ce jour-là, une nouvelle formule du combat moderne va naître : l'opération héliportée. « Camion volant » ou ambulance, l'hélicoptère devient un engin offensif, apportant avec lui la 3e dimension, née du parachute.

Dès cet instant, tout va très vite. Le Morane d'observation survole la zone, les unités tourbillonnent à l'intérieur d'un secteur couvrant plus de 300 km². Héliportées sur des points culminants ou à proximité de villages, endroits choisis et étudiés pour constituer le centre de gravité de leurs actions, les compagnies éclatent dans le djebel. Voici enfin une mise en place extrêmement rapide d'unités coiffant les points principaux du terrain.

« Bruno », avec son PC opérationnel combiné Air-Terre installé au centre de la zone de travail, orchestre tout. Le commandant Sagot et ses hélicos travaillent en prise directe avec lui. Le Morane d'observation et les équipages des hélicoptères en vol signalent à tous moments les moindres mouvements des rebelles. Ces renseignements sont aussitôt exploités. Durant l'héliportage de la 2e Compagnie, le lieu du poser est modifié en cours d'action, à la suite d'un mouvement des fellaghas décelé par la première vague mise à terre. Cette initiative est prise par entente directe entre le commandant de la compagnie et le commandant de la formation d'hélicoptères en vol. Tout le monde étant sur la même longueur d'onde, cela se passe sans à-coups et fonctionne comme une mécanique bien huilée.

Au sol, les rebelles sont désorientés. Chacun de leurs axes de fuite se voit éventé du haut du ciel. Chaque fois, les « avions à plumes », ainsi qu'ils appellent les hélicoptères, viennent les coiffer au poteau. Des cols qu'ils croyaient libres, soudain, sont tenus. Les thalwegs deviennent incertains, les villages n'apportent plus aucune sécurité.

Pour « Bruno », l'opération « 744 » est un succès complet : 43 HLL tués, 96 rebelles locaux arrêtés, 92 fusils et 24 pistolets sont récupérés. Au cours des différents engagements, les paras n'ont pas un seul tué, ni blessé.

— C'était un beau rodéo, hein, « la Vieille » ?

— Oui, mon colonel, tu as raison, c'était un beau rodéo !

— Je te l'avais dit, comme sur des roulettes !

L'opération du djebel Ifri s'achève dans l'enthousiasme, les équipages d'hélicoptères et les paras ayant été séduits par ce genre d'action. Face à un adversaire très fluide qui sait s'évanouir aussi rapidement qu'il attaque, Bigeard a su mettre en place une unité d'intervention efficace basée sur la rapidité. Son emploi judicieux permet de passer d'un dispositif étalé, nécessaire à la recherche de l'adversaire, à un dispositif au contraire resserré à partir du moment où une unité est accrochée. L'hélicoptère devient l'outil le plus approprié permettant de tenir en échec, encercler et détruire les bandes rebelles [1]. En affranchissant la troupe des difficultés du terrain, il permet une action puissante et rapide, la seule qui s'impose dans le combat de contre-guérilla.

Il va le prouver à nouveau le 8 mars 1956, dans la région de Souk-Ahras. A 12 h 30, six hélicos du GH 2 se posent près du petit village de Villars, rejoints un quart d'heure plus tard par les cinq compagnies du 3e RPC ; le « cirque Bruno » se met en place.

L'opération « 962 » a démarré sur les poignées de portière. Convoqué par le général Beaufre, le colonel Bigeard s'est vu confier une mission en catastrophe, celle d'aller à la recherche d'une compagnie de déserteurs. « Bruno » fait un rapide briefing sur le capot de sa 203, pour ses commandants de compagnie et les responsables des hélicos :

— Cette nuit, une compagnie du 3e Bataillon de tirailleurs algériens, stationnée à la ferme Degoul, a déserté. Tous les cadres européens ont été tués, l'armement emporté. D'après les renseignements, les déserteurs seraient en cavale en direction du nord-ouest. La mission du régiment est d'intercepter la bande et de récupérer l'armement. Mon intention est de projeter des éléments légers héliportés sur différents points du terrain dans la région sud-ouest de Villars. Exploitation rapide des renseignements obtenus par ces éléments de découverte. En couverture nord...

Pas de phrases inutiles, exécution immédiate. A 13 h 15, la compagnie d'appui du capitaine Chabanne, dit « Raymond » ou le « Chat-tigre », est héliportée dans la région de Mechta Djeffrane. « Bruno » décolle en Bell pour surveiller la zone d'action depuis ce PC volant. A 14 h 15, un élément de la 4e compagnie du capitaine Florès, dit « Bir Hakeim », est héliporté dans la région de Besbessa. Dix minutes plus tard, cet élément accroche. C'est le contact avec les déserteurs en fuite. Ensuite, c'est la ruée.

Un héliportage instantané de renforts, effectué entre 14 h 30 et 15 heures, amène 150 paras à pied d'œuvre. « Bruno » se pose au plus près avec son Bell, orchestrant tous ses moyens en direct aussi souplement qu'il le ferait avec un groupe de combat. A 17 heures, tout est terminé.

---

1. Dès son retour de l'opération « 744 », « Bruno » élabore avec « la Vieille » et le commandant Sagot ce qui sera la première doctrine sur l'emploi de l'hélicoptère de combat. Elle servira de guide et d'expérience pour les actions futures. Voir en Annexe IV le point de vue de Bigeard sur les hélicoptères, extrait de son ouvrage *Contre-guérilla*.

1 h 30 seulement après le début de l'opération, Bigeard a découvert les déserteurs en fuite. Son bilan est éloquent : 126 rebelles réguliers tués, 14 déserteurs repris, 114 armes récupérées, dont 1 mortier de 81 mm, 2 mortiers de 60 mm, 4 fusils mitrailleurs, 18 pistolets mitrailleurs, 65 fusils de guerre, etc. Le 3e RPC déplore un tué. La disproportion des pertes est si grande qu'on crie au miracle. Aussitôt, certains lui trouvent un nom : l'hélicoptère.

A partir de cette date, chaque « patron » voudra l'utiliser en Algérie. En France, la presse s'empare de l'événement. *Le Figaro* déclare qu' « une nouvelle forme de combat est en cours d'expérimentation en Algérie : l'opération héliportée ». *Paris-Match* titre : « Pour les paras devenus chasseurs d'Afrique, une nouvelle arme inattendue : le « ventilateur. »

Le journal allemand *Der Spiegel* publie à Bonn : « Actuellement la France a rassemblé 210 000 hommes en Algérie dont cinq divisions Atlantique qui devraient être en Europe. D'après les estimations de l'état-major général de Paris, la France devrait envoyer deux fois plus d'hommes et de matériel en Algérie pour maîtriser la révolte des fellaghas. Maintenant le gouvernement espère, grâce aux hélicoptères de Bigeard, avoir trouvé une méthode de combat rendant inutile un renfort de 200 000 hommes... »

Il reste encore beaucoup à faire ! Dès ses premières opérations héliportées, « Bruno » a pris l'habitude de travailler en étroite collaboration avec les aviateurs. Parfois, il « invite » des pilotes à venir crapahuter avec ses paras pour se rendre compte, au niveau du buisson ou du rocher, des difficultés au sol de ses hommes. De même, il fait effectuer des vols sur leurs appareils à ses officiers. Chacun apprend ainsi à mieux connaître le travail de l'autre : paras et aviateurs se comprennent et s'estiment. Pour les pilotes des hélicos de l'ALAT, aucun problème, ils viennent tous de l'armée de Terre et ont exactement les mêmes réflexes que ceux des troupes à terre.

Mais pour qu'une action conserve les deux caractéristiques indispensables à sa réussite — rapidité et puissance —, il faut que la première vague jetée sur le terrain soit suffisamment étoffée pour commencer, en cas d'accrochage, à manœuvrer sans délai. L'action est exploitée ou renforcée par la vague suivante, environ une quarantaine d'hommes, soit 8 appareils au minimum. Les délais entre les vagues ne doivent pas être trop longs (15 à 20 minutes), ce qui impose une distance de 8 à 10 kilomètres entre les points de découverte et la base opérationnelle.

L'opération combinée héliportée « 962 » qui vient de se dérouler démontre une fois de plus que le rendement et la réussite sont essentiellement fonction d'une excellente liaison et d'un esprit d'équipe parfait entre transporteurs et transportés.

Dans ce genre d'action la logistique doit être particulièrement étudiée. Le ravitaillement en essence au cours d'un hélitransport risque d'être catastrophique lors d'un sévère accrochage. Une réserve d'essence suffisante doit être mise en place au PC opérationnel combiné, de façon à pouvoir faire les pleins des appareils, sans arrêter les moteurs, en cours de rotations (cette pratique fera frémir d'indignation plus d'un spécialiste en aéronautique !).

Ainsi, à la lumière des expériences vécues sur le terrain, la doctrine sur l'emploi des hélicoptères se décante-t-elle de jour en jour. L'hélitransport doit cependant demeurer exceptionnel et l'héliportage, manœuvre d'assaut, n'est rentable que s'il met en place des troupes fortement aguerries tels les parachutistes, légionnaires, commandos. Avec leur armement léger et puissant, leurs cadres sélectionnés, leur entraînement intensif et leur moral de vainqueurs, ces éléments d'élite formeront avec les équipages des hélicoptères des tandems efficaces. Ils seront dans la bataille le choc décisif qui apporte la victoire.

Après ses premiers succès qui lui donnent raison, Bigeard ne peut s'empêcher de hocher la tête :

— Maintenant, le rebelle est partout mais l'Algérie, c'est grand ! Chaque patron veut des hélicoptères et il est prêt à leur faire faire n'importe quoi ! Mais il ne faut cependant pas oublier que la perte des liaisons et l'engagement d'unités trop éloignées de la base opérationnelle constituent deux fautes capitales dans lesquelles il ne faut pas tomber. Je pense que l'hélicoptère d'assaut, dans l'état actuel de nos modestes moyens, doit encore être pensé beaucoup plus en fonction de la souplesse qu'il peut donner à notre manœuvre qu'en fonction de l'étendue qu'il est susceptible de donner à nos espaces opérationnels.

Mais heureusement, la mise en place de ces moyens aériens s'accélère. Dans l'armée de l'Air, dès le début du second semestre 1956, des H 34[1] viennent renforcer son Groupe Mixte d'Hélicoptères n° 57. Ce dernier appareil va permettre de travailler sur une échelle infiniment plus vaste. Avec ses 1 500 cv emportant le plus souvent douze commandos armés à une vitesse moyenne de 90 nœuds, il triple, à nombre égal, les possibilités du H 19. Dans ces conditions, la conduite d'actions massives va pouvoir être envisagée.

Mais l'apparition de ce H 34 puissant sur les DZ opérationnelles va marquer un tel engouement de la part des utilisateurs terrestres que le H 19 se verra rapidement éclipsé. Tout commandant d'opérations veut des H 34 et ne cache pas son désappointement si on ne peut lui offrir que des H 19.

Une spécialisation va rapidement voir le jour pour chaque type d'appareil en service. Le Bell, en dehors de sa mission principale qui reste l'évacuation sanitaire à petite échelle, prend une part active aux opérations proprement dites, en jouant le rôle de P.C. volant et de moyen de liaison. Cet appareil sera bientôt remplacé par des Alouette II aux possibilités bien supérieures.

1. Version militaire du Sikorsky 58.

Le H 34 devient l'appareil type de la mission d'assaut pouvant aussi, après l'achèvement des rotations de commandos, effectuer le ravitaillement de l'unité héliportée, voire l'évasan. Son équipement, plus perfectionné, le désigne également pour prendre à son compte les missions de nuit.

Le H 19, que la capacité d'emport du H 34 en assaut reléguera au second plan, reste pleinement valable pour les missions de transport de fret ou de blessés.

Ainsi, les hélicos du djebel sont-ils d'ores et déjà voués à tous les genres de missions. Pour faire face à une demande sans cesse accrue, les trois armées développent leur infrastructure, mettent en place des moyens toujours plus importants.

Le 1er août 1956, l'Aéronautique Navale crée la flottille 31 F. dont le lieutenant de vaisseau Bally prend le commandement. Elle est composée de deux H 21C et d'un effectif de 82 personnes : 7 officiers, 40 officiers-mariniers et 35 quartiers-maîtres et matelots. Son officier en second est le LV Domergue qui a succédé à Daguzan à Sétif.

Les divers hélicoptères légers de l'ALAT sont répartis dans des pelotons, initialement sous forme de détachements rattachés au GH 2 de Sétif, qui assure leur soutien technique. Ils seront plus tard intégrés à ces pelotons dont certains deviendront ainsi des P.M.A.H. [1]

En Algérie, on s'installe donc résolument dans la guerre, en se disant que cette fois les moyens seront adaptés et bien employés. Dès novembre 1956, les troupes vont disposer de deux escadres de l'armée de l'Air de Reghaïa et de La Sénia, du Groupe n° 2 de l'ALAT d'Aïn-Arnat et du Groupe d'Hélicoptères de l'Aéronavale.

Le combat va se poursuivre dans les djebels avec cette forme nouvelle que vient de lui donner la troisième dimension. Mais si cette expérience est menée à travers l'action combinée des unités, chacun sait qu'elle est toujours vécue au niveau de l'individu. Et l'homme reste toujours seul avec lui-même en face du danger...

---

1. Peloton Mixte Avion Hélicoptère.

CHAPITRE IV

ON L'APPELLE « FELIX »

Dans l'armée de l'Air, l'accroissement du nombre d'hélicoptères et l'élargissement de leur zone d'action nécessite une réorganisation de ses unités en Algérie. Il s'agit de leur donner « une grande souplesse opérationnelle » et de faciliter leurs mouvements en fonction de l'évolution de la situation. Il est décidé de prendre une mesure analogue à celle qui vient d'être adoptée pour les unités d'aviation légère d'appui, c'est-à-dire de constituer, le 1er octobre 1956, deux groupements rattachés pour l'emploi aux GATAC. Mais très vite le terme « Escadre » est substitué au mot Groupement.

Le 1er novembre 1956, le Groupement mixte n° 57 est dissous. L'Escadre d'hélicoptères n° 2 est créée sur la base d'Oran-La Sénia avec trois unités aériennes : l'escadrille d'hélicoptères moyens 3/57, l'escadrille d'hélicoptères légers 4/57 et l'escadron d'hélicoptères lourds 2/58.

L'escadre d'hélicoptères n° 3 est également créée, mais sur la base de Boufarik, avec trois autres unités aériennes : l'escadrille d'hélicoptères légers 1/57 équipée de Bell, l'escadrille d'hélicoptères moyens 2/57 équipée de H 19 et l'escadron d'hélicoptères lourds 1/58 dotée de H 34.

A Oran-La Sénia, un homme d'une trempe exceptionnelle est affecté pour commander l'Escadre d'hélicoptères n° 2, le tout jeune colonel Félix Brunet. Pas très grand, mais solide, bien charpenté, il a une belle gueule de guerrier avec un petit quelque chose fait tout à la fois de timidité et de modestie. Une force tranquille irradie de cet homme taillé d'un seul bloc. Ceux qui l'aiment l'appellent « Félix ».

Pendant la guerre 1939-45, il a fait partie du groupe 2/5 « La Fayette » en Tunisie. Il a effectué 20 sorties de guerre. Commandant d'escadrille au groupe de chasse « Corse », il remporte sa première victoire officielle en détruisant un Arado au cours d'un sweep de chasse entre Bastia et l'île d'Elbe. Quelques jours après, il abat avec sa patrouile un Messerschmitt.

Il passe neuf ans en Indochine, est nommé au grade de commandant en 1948, puis lieutenant-colonel en 1951 à l'âge de 38 ans. Victime de pannes d'appareil, il est blessé grièvement à deux reprises. Volant de nouveau sur tous types d'appareils, il participe activement aux batailles de Nghia-Lo, de Phu-To, de Vinh Yen, de Na San, de Diên Biên Phu.

Quand débute le conflit algérien en novembre 1954, le colonel Brunet commande la base de Sidi Ahmed à Bizerte, en Tunisie. Ses quatre séjours en Indochine lui ont permis de connaître et d'apprécier un nouvel engin aérien, l'hélicoptère. Mais cet appareil révolutionnaire est hélas arrivé en trop petit nombre et bien trop tard en Extrême-Orient.

Sur sa paisible base de Sidi Ahmed, Félix a beaucoup réfléchi à l'emploi de l'hélicoptère comme engin de combat à part entière dans une guerre du type « Indochine ». Il a noirci une quantité impressionnante de papier, et le conflit algérien va lui donner l'occasion de mettre ses idées en pratique.

Avec son tempérament de bagarreur, il n'est pas question pour lui de ne pas participer au combat. Après le stage réglementaire à l'Ecole d'hélicoptères légers, moyens et lourds au Bourget-du-Lac sous les ordres du commandant Santini, Félix trouve son élément parfait à la tête de l'Escadre d'hélicoptères n° 2 d'Oran-La Sénia. Son premier soin est de forger une âme et de créer un esprit au conglomérat de pilotes et de mécaniciens venus de tous les horizons. Il fait dessiner l'insigne de l'Escadre et lui donne sa devise : « Combattre et sauver. »

Entre les opérations, de jour ou de nuit, il élabore le premier et seul « Règlement d'Emploi des Hélicoptères ». Le commandant Sagot et le capitaine Marraud travaillent avec lui. Ce document, surtout basé sur le bon sens, sauvera beaucoup d'équipages en opérations.

Pour mettre sa « boutique » sur pied, Félix applique trois critères L'Efficacité : le P.C.V. (Poste de Commandement en Vol), hélicoptères légers ou H 34, avec à bord le tandem Air-Terre (patron des moyens aériens et patron de l'opération Terre), doit être en contact radio permanent avec les moyens des deux armées. Cela permet une grande souplesse d'emploi et une efficacité remarquable.

— Les hélicoptères légers et moyens assureront les évacuations sanitaires, et les cargos lourds (H 34), les héliportages d'assaut.

La Sécurité : Jusqu'alors, les chefs Terre et les commandants de P.C.A. se sont fait une idée fausse de ce qu'ils peuvent attendre des hélicoptères engagés. Une fâcheuse tendance voulait qu'ils en espèrent beaucoup trop.

Félix obtient la présence obligatoire du patron des hélicos à la préparation de l'opération projetée. Un dossier de D.Z. couvrant une grande partie de l'Algérie est constitué (par les P.C.A. et Commandements Air).

Avant le premier poser, la D.Z. sera traitée par tirs d'artillerie, bombardement, roquettes ou mitraillage chasse.

Le Recrutement des pilotes : Chasseur dans l'âme, Félix souhaiterait n'avoir uniquement sur hélicoptères, en particulier les lourds, que des anciens pilotes de chasse. Malheureusement, les mystères qui président généralement aux ordres d'affectation ne le servent pas toujours. Parfois, cependant, il obtient satisfaction...

A son arrivée à Boufarik, où il commence le recrutement pour l'E.H. 2, il croise un tout nouvel arrivant, réaffecté en urgent aux hélicoptères par le colonel Bardou, chef des Services techniques de la 5e R.A.

C'est le capitaine mécanicien Martin, débarqué le matin même de la liaison Rabat-Alger avec le capitaine Santini.

— C'est vous, Martin ?

— Oui, mon colonel.

— Le colonel Devillers [1] m'a parlé de vous. Il m'a dit ce que vous avez fait en Indochine, mais aussi que vous ne tenez pas à retourner à Oran.

— Exact, mon colonel.

Pour « Mimile », l'Indo, c'est le passé. Sa mission en Corée, la récupération à dos d'homme, à défaut d'éléphant, des pièces d'appareil crashé en pleine brousse lui semblent être la préhistoire des appareils à voilure tournante.

— Bon, c'est dommage pour vous, mais tant pis, j'ai besoin de vous à Oran, poursuit Félix. Vous partez là-bas avec moi comme « Crassous leader » [2] de l'E.H. 2. Rendez-vous à 13 h aux « Opérations » de l'E.L.A. !

Dans l'esprit de Félix les mécaniciens sont toujours maculés de graisse, de cambouis. En toute amitié, il n'appellera plus Martin que « Crassous leader ». Un magnifique tandem se forme.

Là, sur le terrain d'Oran-La Sénia, Félix commence à mettre au point ses premières idées originales. Menant de front la création de l'Escadre n° 2, il impose son point de vue quant à la direction des opérations héliportées, ainsi que l'action aéronautique sur le terrain. Il a fait installer sur son H 19 n° 800 une porte équipée d'une bulle en plexiglass et d'une tablette. Porte fermée, il peut ainsi voir et diriger du haut du ciel les appuis-feux de la chasse, les héliportages. Mais tous ses projets sont encore loin d'être réalisés. L'arrivée de son mécano Mimile va lui permettre de s'y atteler d'arrache-pied. Toujours entre deux opérations...

1. Commandant du GMH 057 à sa création à Boufarik en 1955.
2. « Chef des mécaniciens ».

***

Le 21 novembre 1956, c'est le départ au petit matin pour le djebel Xoudiat Agouimine. Comme les autres commandants d'unités engagées dans cette opération, Félix reçoit un pli « *Secret, à n'ouvrir qu'en vol, au passage du point K* ». La confiance règne et Brunet se sent très mortifié.

Le vol est sans histoire, son mécanicien Mimile est dans le cargo, « à toutes fins utiles ». Après l'arrivée en vue de la zone d'action, c'est l'approche de la D.Z. Soudain, Félix explose :

— Tudieu de malheur, mais qu'y a-t-il là-bas ?

Au sol, sur la DZ « tenue secrète » jusqu'au dernier moment, il y a un véhicule. Tout seul, en plein djebel. C'est une vieille voiture à l'arrière coupé, une Ford Vedette. Les hélicos se posent rapidement.

Dans la voiture, trône un musulman affable :

— Bonjours messieurs ! Moi j'y viens faire pitit commerce. Qu'est-ce vôlez-vous ach'ter ?

L'avisé commerçant propose indifféremment la merguez bien relevée, la brioche, l'orangina « mieux qu'un soda », le casse-croûte à toute heure. Il doit être complètement fou pour venir s'installer ainsi en pleine nature ! Il faut croire que non. Il explique en souriant à Brunet :

— Bah, j'y viens faire pitit commerce ici, pourquoi ? Parce que tout le monde, il sait que les militaires français, ils viennent ici aujourd'hui !

La conservation du secret n'est plus ce qu'elle était, même depuis l'Indo, où il suffisait d'aller chez le coiffeur indigène pour connaître l'ordre d'opération huit jours à l'avance...

Félix est comme fou et se promet de reparler du secret avec le G.A.T.A.C. Et puis voici qu'arrivent un camion P.C., un camion cuisine, suivis de tout le tremblement d'un barnum en tournée. De quoi écœurer un simple collecteur de fonds zonal. Mais où trouver malgré tout cela un seul rebelle, même peu agressif ?

Il pleut à verse, la D.Z. se couvre de gadoue, l'opération s'enlise, le ciel se bouche. Ecœuré, Félix refuse d'aller déjeuner avec les patrons de l'opération, servis en vestes blanches. La tempête se lève, le soir vient très vite. Il faut démonter l'opération. Le Bell mis à la disposition du commandant de l'O.P. décolle pour rameuter les unités sur le terrain. Au passage d'une crête le vent est tel que l'appareil se retourne d'un seul coup. Il tombe de l'autre côté, pales tounantes, sur une section qui se tenait abritée là. En quelques secondes, c'est une véritable boucherie.

Le lieutenant pilote s'en sort indemne mais restera longtemps traumatisé. Le bilan est beaucoup trop lourd pour une manœuvre inutile.

Les évacuations terminées, Félix lance à Martin :

— Crassous leader, il faut aller voir la mécanique !

Le constat est vite fait. Mimile décide :

— Le Bell n'est pas beau, mais on va l'emmener...

— Vous pouvez le tirer de là ?

— Oui.

— Bon, O.K.

Le Bell est « démonté » sur place, pour être transporté en sling sous un H 34. A présent, la nuit est presque noire. Les camions P.C., cuisine et autre popote sont repartis vers des cantonnements plus confortables. Sur le terrain, il ne reste plus que les hélicos secoués par la tourmente. En haut, sur la crête, dans la pluie et le vent, Mimile et le lieutenant mécanicien Bollereau se battent avec la mécanique au milieu des éléments déchaînés.

Félix est resté là, crispé, tendu, amer.

Juste à la tombée de la nuit, il fait tourner tous ses hélicos pour les installer en protection. Ils se mettent alors dans la pente du djebel, posés en pleine puissance, sur deux roues, la queue en l'air, prêts à s'envoler. Et ils demeurent là, immobiles, en protection, jusqu'à ce que la dernière pièce du Bell soit enlevée. Puis l'obscurité tombe d'un seul coup sur le djebel Xoudiat Agouimine et Félix décolle avec ses mécanos.

Le dernier.

***

Le terrain est très bahuté, avec de grands à-pics calcaires truffés de grottes. Dans ce secteur au nord-ouest de Tlemcen, tout près de Nédroma, le rebelle se sent à l'aise, bien chez lui malgré les nombreuses sorties de routine des soldats des postes.

Ce 27 novembre 1956, dans le djebel Filaoussène, une compagnie de patrouille se fait sérieusement accrocher et perd plusieurs hommes. Une évasan est demandée. Le H 19 du lieutenant Blondeau de l'EH 2 du détachement de Tlemcen se pose sur une petite corniche. Un à-pic vertigineux surplombe cette D.Z. précaire.

A peine posé, Blondeau reçoit une balle en pleine tête, tué sur le coup et le H 19 est inutilisable.

Aussitôt averti, Félix déclenche une nouvelle évasan, puis embarque Mimile, Crassous leader et le capitaine Beauchamp pour récupérer le piège. Tout le monde appelle Beauchamp « l'Amiral », il a été assez longtemps en détachement auprès des commandos Marine à Nemours et chacun connaît son baromètre infaillible. Blessé aux jambes, il est resté très sensible aux variations de température et de pression atmosphérique. Un jour, il a déclaré soudain :

— Messieurs, je m'en vais. Je vous assure qu'il va y avoir une dépression formidable et...

— Mais vous êtes fou : regardez ce temps magnifique, ce ciel bleu !

— Ça m'est égal ! Je prends tous mes hélicos et je rentre à Tlemcen ! A l'intérieur des terres nous serons mieux abrités...

Moins de deux heures plus tard, un orage formidable s'abattait sur Nemours et la côte. Les baraques en tôle étaient emportées, les arbres arrachés, un rouleau compresseur était déplacé par la force de la tornade.

Mimile et « l'Amiral » sont « largués » par Félix en fin de journée auprès de l'appareil de Blondeau, pour envisager les mesures qui peuvent être prises. Sans s'arrêter, Félix repart aussitôt pour l'Escadre, se promettant de reprendre ses gars en fin de journée.

Le H 19 est crashé, en position de poser sur une étroite corniche où un autre hélicoptère H 34 peut néanmoins se présenter pour récupérer en sling les éléments démontés de l'appareil.

En effet les sous-ensembles mécaniques, qui doivent être échangés assez souvent pour contrôle, compte tenu de la jeunesse du matériel et de la méconnaissance que l'on a sur sa fiabilité, font défaut. Il est donc particulièrement important de pouvoir les récupérer pour les envoyer pour contrôle en usine.

Mimile et « l'Amiral » ne voient pas revenir l'hélico de Félix. En attendant, ils commencent à débrancher et démonter tout ce qui peut être fait avec les moyens du bord. Puis ils s'installent pour la nuit avec leurs mécaniciens, au pied de la falaise qui les surplombe en à-pic. Pour s'éclairer, ils disposent des boîtes de rations remplies de sable imbibé d'essence.

La nuit est tombée, les heures passent, toujours pas d'hélico.

A Oran, le colonel Brunet, pris par ses obligations à la suite de l'accident, est encore bouleversé. Il étudie déjà avec le G.A.T.A.C. comment éviter de semblables drames à l'avenir.

Brusquement, il se souvient :

— Tudieu de malheur, Crassous et « l'Amiral » ! Il faut aller les chercher ! Je décolle !

Le commandant Marraud parvient à le dissuader de prendre l'air en pleine nuit avec des risques énormes :

— Martin et « l'Amiral » vont se débrouiller, ne vous en faites pas ! S'il y a un danger quelconque, « l'Amiral » sera averti par son baromètre infaillible.

— Vous croyez que...

— Sûr, mon colonel ! D'ailleurs, ils ne se laisseraient pas faire aux pattes bêtement.

En réalité, les mécaniciens aviateurs n'ont pas d'armes. Pas la moindre. Et que pourraient-ils faire, dominés par cette falaise truffée de grottes ?

Brunet ne dort pas de la nuit, ses hommes guère plus. Le lendemain matin, tout le monde est récupéré et l'appareil de Blondeau ramené à Oran.

Six mois plus tard, des prisonniers faits dans le secteur sont interrogés et déclareront :

« La nuit où l'hélicoptère en panne est resté sur la corniche, nous étions tout un commando caché au-dessus dans les grottes. Nous avons pensé qu'il y avait des troupes tout autour, et nous n'avons pas bougé. »

Pour Félix, la mort de Blondeau à ses commandes est la preuve évidente de la nécessité absolue de neutraliser les D.Z. pour le poser des hélicos. C'est le travail de l'artillerie si elle se trouve à portée de tir, ce qui est rare, mais surtout celui de la Chasse.

Ancien pilote de chasse dont la plupart des missions se font au profit des combattants au sol, Brunet sait pourtant mieux que personne que le pilote d'un Mistral[1] ne voit pas grand-chose, la végétation, le camouflage et la vitesse enlèvent une grande partie de la précision. Pour remédier à cela, il doit être guidé au mieux, ce qui n'est pas souvent le cas.

En pratique, l'avion ne peut faire qu'une passe de tir de quelques secondes sur son objectif. Il doit ensuite effectuer un circuit complet pour une nouvelle présentation. S'il s'agit d'un but fixe ou d'un convoi de camions sur une route, il les retrouve. S'il s'agit d'hommes, utilisant les moindres accidents de terrain pour se dissimuler, il est assuré de ne plus rien retrouver. Parfois, il aperçoit son objectif alors qu'il n'est pas en position de tir. Le temps de s'y mettre et il n'y a plus personne.

L'hélicoptère, au contraire, peut apporter une technique entièrement différente. Procédant par larges orbites, tel un oiseau de proie qui parcourt en tournoyant lentement — ailes immobiles — son territoire de chasse, il peut fouiller de façon précise d'immenses étendues.

Alors que le fantassin, progressant dans la végétation épaisse n'a qu'une vue horizontale très limitée, le pilote de l'hélicoptère volant à 100/200 mètres de hauteur a le terrain largement déployé sous ses yeux. A cette distance et même plus haut, la course d'un lièvre, l'envol d'un oiseau de la taille d'un moineau sont, non seulement visibles, mais attirent l'œil. Tout ce qui est mouvement est aussitôt décelé.

Servi par des yeux d'aigle, volant à vitesse réduite, virant sur place, Félix devine que l'hélicoptère est une machine qui n'a pas fini d'étonner. Ses facultés d'adaptation sont illimitées, il manœuvrera de façon déroutante, dans un mouchoir de poche, dans les trois dimensions. Le H 34, une fois armé, pourrait traiter efficacement les D.Z. Il est certain de tenir une bonne idée. Immédiatement, il fait appeler Mimile :

— Crassous leader, trouvez-moi un canon ! Nous allons fabriquer un hélicoptère armé !

— Un... canon, mon colonel ? Où ? Comment ? Chez qui ?

1. Appareil à réaction copie du *Vampire* anglais, dont est équipée la 6e escadre de chasse à Oran.

— Débrouillez-vous ! Trouvez-moi n'importe quoi ; un genre de machin sans recul !

Mimile pense que les canons, c'est une affaire de biffins. Il va « mendier » auprès de l'armée de Terre, finit par attendrir le colonel d'un régiment d'Oran. On lui prête un 75 sans recul, Félix est ravi :

— Nous allons l'installer sur la carcasse du H 19 de Blondeau, que nous avons ramené du Filaoussène. Allez, au boulot !

C'est le classique bricolage « à la française » et rien ne doit être perdu. Le moteur de cet appareil a été sauvé, ainsi que les sous-ensembles, la boîte principale et le rotor de queue. A cette époque, le matériel est aussi précieux que les hommes et les pièces sont rares [1]. Les mécaniciens font alors des prodiges. Le 75 sans recul est monté sur la carcasse du piège, parallèlement à l'axe de l'appareil, au bord de la porte du cargo. L'hélicoptère ne pouvant pas voler, celui-ci est brêlé sur une remorque.

« Aux essais ! »

Tracté jusqu'à la butte de tir, l'appareil est mis en place.

« Feu ! »

C'est le fiasco ; la flamme du 75 sans recul met le feu à l'arrière du H 19, détruisant tout le compartiment radio.

Félix est morose mais reste déterminé :

— Le canon des biffins ne convient pas. Crassous leader. Il faut trouver autre chose !

Il reste à essayer des mitrailleuses.

Seulement Félix et son équipe ne doivent compter sur aucune aide officielle, c'est même plutôt le contraire. A cette époque, le colonel Brunet, ayant exposé ses théories, ses idées et ses intentions, ne s'est pas fait que des amis. Dénommant par exemple sur tous les documents officiels l'EH 2 « Escadre d'hélicoptères d'assaut n° 2 », l'état-major lui signifie l'interdiction formelle d'employer la dénomination d'assaut pour son escadre.

Toute invention, toute nouveauté, engendre généralement un réflexe de refus. Elle se trouve en butte au scepticisme et à l'indifférence si on ne discerne pas bien, dès l'origine, son champ d'application. Par contre, si ses possibilités sont évidentes et risquent de porter ombrage à des intérêts matériels ou de révolutionner ce qui est connu, on n'hésite pas à la dénigrer systématiquement — voire à parler d'apocalypse — dans le but de la combattre.

Ainsi l'apparition de l'arbalète souleva-t-elle un tollé général. Cette arme perfide et trop puissante qui tuait de loin devait transformer les armées en autant de troupeaux humains voués à l'extermination !

Durant la Première Guerre mondiale, l'emploi massif des mitrailleuses annonçait le total anéantissement de l'infanterie, et la suppression de cette arme de base des armées de Terre.

1. Les pales sont changées toutes les 250 heures !

C'est au cours de la même guerre que se révéla l'avion. Il se contentait d'observer, assez mal d'ailleurs, et de photographier sans plus de succès. Très vite les équipages devinrent nerveux, ayant compris que leurs machines avaient la vocation de combattre.

Alors, ils firent flèche de tout bois : fusils, pistolets, carabines, grenades, obus, fléchettes d'acier encombrèrent les étroits habitacles. Un pilote français, rentrant au terrain avec un trou dans l'aile, se plaignit « d'avoir reçu une brique que lui aurait méchamment jetée un aviateur allemand hargneux » ! Enfin, le 5 octobre 1914, le caporal Louis Quenault, observateur sur un Voisin piloté par le sergent Frantz, abattit avec une mitrailleuse Hotchkiss un Aviatik allemand.

L'avion de combat venait de naître. En Algérie, les hélicoptères du même nom rencontraient à leur tour d'énormes difficultés pour arriver à s'imposer.

Hormis deux ou trois officiers P.N. (Personnel Navigant), Mimile et ses jeunes officiers mécaniciens, Félix est seul contre tous. Une note de service signée en haut lieu lui ordonne de cesser toutes activités tendant à armer un hélicoptère de combat. Pour plus de sûreté, cet ordre est complété par une note de la base interdisant l'accès du Parc de La Sénia à l'adjoint technique d'escadre et à son personnel. Pour la bonne exécution de la note, toutes les demandes de travaux doivent à l'avenir être visées par l'adjoint technique de base.

Malgré tout cela, Félix conserve sa volonté inébranlable de réaliser son hélico armé. Ses efforts sont alors menés dans une complète clandestinité vis-à-vis des Services Techniques de la base et de la région aérienne :

— Allez, Crassous leader, on continue !

Interdits de séjour aux ateliers, Mimile et ses mécanos doivent se débrouiller comme ils peuvent. La « fine équipe » de Martin, c'est principalement « Nanar » et « Vonvon ». Un sergent et un sergent-chef sur lesquels il peut compter sans réserve : de jour, de nuit, dimanches et 14 juillet, ils sont toujours là. Il peut leur demander n'importe quoi. Dans le travail, ils appellent le capitaine Martin « Mimile » mais, dès qu'une tierce personne se trouve là, c'est « mon capitaine ».

Félix ayant décidé de monter trois mitrailleuses de sabord aux fenêtres d'un H 34, Mimile « emprunte », toujours clandestinement, des Browning calibre 50 [1] auprès d'un camarade d'une unité voisine. Mais l'accès du Parc de La Sénia lui étant interdit, comment fabriquer les supports de ces mitrailleuses ? Et avec quoi ?

Détails qui ne sauraient arrêter une détermination de tous les instants... Les plaques de fixation sont taillées dans une tôle de récupération provenant de vieilles citernes américaines incendiées en 1942. Les tubes qui supporteront les armes sont des tuyaux de canalisation d'eau, trouvés au hasard des tas de ferraille. Encore un peu,

1. Voir en annexe v les caractéristiques de l'armement du H 34 armé.

et Mimile recrutera de préférence des chauffagistes à des mécanos avion ou des armuriers ! Qu'importe, le travail avance. Par manque de cintreuse, les tubes présentent des angles coupés plutôt disgracieux [1], mais l'ensemble prend forme. N'ayant pas de poste de soudure, les civils qui construisent l'héliport d'Oran sont « soudoyés ». Les plaques de tôle sont planées... au rouleau compresseur sur la piste. Enfin, un coup de peinture sur ces tuyaux et ces plaques, et Félix est content, mais pas entièrement satisfait :

— Les canons, c'est quand même pas mal, hein, Crassous leader ? Enfin nous allons toujours essayer autre chose...

Mimile et ses ménaciniens fabriquent alors un ensemble de 6 bazookas, fixé sur une potence côté droit au-dessus d'un ensemble pivotant permettant la recharge en vol de 4 autre bazookas. Sur une potence côté gauche un panier de 12 roquettes S.N.E.B. est installé. Une fois de plus, les camarades de l'armée de Terre ont fait preuve d'obligeance en prêtant cet armement.

Félix reste cependant encore sur sa faim. Durant la réalisation de tous ces travaux, il n'abandonne pas l'idée de l'emploi de canons. Le montage d'une pièce de 20 mm d'appareil de chasse est tenté. Puis Félix se souvient des canons qui équipaient les vedettes des Dinassaut en Indochine :

— Crassous leader, va donc voir du côté des marins à l'arsenal de Mers el-Kébir !

Mimile s'exécute. Il entre en rapport avec Jeambart, un « cinq-galons pleins », au nom qui peut prêter à confusion, mais d'une complaisance et d'une amabilité parfaites. C'est un ingénieur principal aux galons blancs, un « ferblantier » comme l'on disait avant la guerre dans la Marine. Rondouillard, beaucoup de classe, une élégance rare, pochette sur l'uniforme comme dans la Marine britannique :

— Un canon, capitaine ? Mais pourquoi pas ? En cherchant un peu dans nos stocks, nous pourrons certainement trouver quelque chose à votre pointure...

Kébir, c'est la « caserne » d'Ali Baba : des monceaux d'armes, de pièces d'artillerie de marine, de tourelles, de munitions. Mimile s'extasie devant une pile de canons allemands M.G. 151 à détente électrique, ramenés d'Indochine. Comme toutes les armes que l'on prête à Félix, ils paraissent bien usagés et rendent l'âme, mais enfin ! L'ingénieur Jeambart accepte de fabriquer les tubes cache-flamme et de fileter la bouche des canons pour les fixer. Les aviateurs ne savent comment remercier.

Les essais sont repris. Il est évident que tous ces travaux font un certain bruit d'autant plus que l'état-major de l'armée de l'Air n'a toujours pas donné sa « bénédiction ». Mimile s'affaire donc discrètement, avec travail supplémentaire de nuit pour ses mécaniciens. Il est prudent de continuer les recherches dans le secret.

1. Voir photo en hors-texte.

A chaque visite officielle, l'alerte est donnée à l'Escadre :

— Attention, voilà un poireau [1] ! Planquez tout !

Les mécaniciens camouflent adroitement le H 34 armé derrière des bâches, tout au fond d'un hangar. Le cœur battant, ils assistent aux présentations d'armes, poignées de mains, avec l'esprit de collégiens en train de monter quelque farce énorme. La voiture officielle à peine partie, les travaux sérieux reprennent aussitôt.

Une fois installé sur H 34, le canon des marins accuse un recul « acceptable ». Malheureusement, l'affût n'ayant pas de système de freins de recul d'origine du M.G. 151, Mimile fait construire un support d'affût tubulaire, prenant appui aux « nœuds » de l'armature support-réservoir du plancher du cargo. Le personnel de Sud Aviation détaché à l'Escadre pour la partie chaudronnerie avion l'aide de ses conseils et réalise les travaux particulièrement délicats.

Mais si l'état-major français combat comme il peut, à coups de notes de service, la mise au point de l'hélicoptère armé de Brunet, les Américains glissent des coups d'œil intéressés dans sa direction.

Auprès de l'Escadre d'Oran, sont détachés par roulement de six mois des ingénieurs civils américains de la firme Sikorsky. Ils vont, viennent, passent partout avec leurs laisser-passer. J. Harry Stalcup, de Sikorsky Helicopters United Aircraft Service Corporation, ne parle pas plus français que les autres. Mais tous observent les travaux de « l'équipe à Félix », assistent aux essais, prennent des notes et des photos sous tous les angles. Clichés et rapports partent ainsi régulièrement pour les U.S.A. Mimile s'en émeut auprès de Félix :

— Vous avez vu, mon colonel ? Les U.S. sont en train de nous piller...

— Laissez, laissez, Crassous leader. Ils nous sont envoyés d'en-haut, nous n'y pouvons rien. D'ailleurs, ils ne font pas mieux que nous, vous savez, malgré tous les moyens qu'ils ont là-bas. En plus, il faut les comprendre, ils ont eux aussi des ennuis au Viêt-nam...

L'un de ces délégués de Sikorsky félicitera un jour l'équipe de Félix. Puis il leur montrera une photo du premier hélicoptère américain équipé d'un canon sur affût à la porte du cargo. A cette date, le Mammouth armé du colonel Brunet n'a pas encore d'existence légale...

---

1. Lire officier général.

CHAPITRE V

UN HELICO NOMME « MAMMOUTH »

— Mon capitaine, l'hélicoptère du colonel vient de brûler, le patron vous demande à la base...

Le chauffeur de Félix a un air lugubre. Martin n'en mène pas large. Un appareil qui brûle au parking, c'est à tous les coups une faute commise, probablement par un mécano. Ça va barder.

— Bon. Allons-y !

Félix est à son bureau, moumoute sur le dos, combinaison de vol. Très décontracté, il questionne :

— Alors, Crassous leader, qu'est-ce que c'est, cette histoire ?

— Ben, mon colonel, je n'en sais encore rien...

— Eh bien, allons voir.

A ce niveau-là, la décontraction de Brunet ressemble à de l'indifférence. Mimile est déconcerté. Ce ne sera que plus tard, en le connaissant mieux, qu'il saura reconnaître Félix à travers son attitude. Plus le coup est dur, plus il est touché, plus il semble calme.

Arrivés au parking, ils ne trouvent que les pompiers achevant d'arroser un tas de cendres dérisoires ; le H 19 n° 800 avec sa porte équipée pour le P.C.A. n'est plus qu'un souvenir.

« Bon, n'en parlons plus », semble penser Brunet en contemplant les dégâts irréparables.

C'est au contraire le moment d'en parler ! L'adjoint technique de la base arrive avec son second, le capitaine Mollard. L'enquête commence, difficile, méticuleuse, l'EH 2 n'est-il pas fautif ? Il faut chercher, trouver car en mécanique tout finit par s'expliquer.

Dans l'accident du piège, le mécanicien a été brûlé. Mimile va le voir à l'hôpital militaire. Il l'interroge :

— Comment ça s'est passé ?

— J'étais en train de nettoyer l'hélico...

— Comment cela ?

— Eh bien, j'enlevais des petites taches, à l'intérieur du cargo...

— Avec quoi ?

— De... l'essence. Dans une petite boîte... Vous savez, mon capitaine, j'ai cru bien faire : j'équipais l'hélico du patron en V.I.P...

Martin soupire. Nettoyage à l'essence ? C'est formellement interdit !

— Mais enfin, insiste-t-il, le feu n'a pas pris tout seul ! Quelle connerie as-tu faite ?

— Eh bien, Max passait par là. Il s'est approché de mon piège et je lui ai interdit de fumer...

Le sergent-chef Max Alamamy est une mascotte, une vieille mascotte qui date des B 26 en Indochine. Il boit, chacun le sait, mais il porte chance. Lorsqu'il embarque dans un avion, celui-ci n'est jamais touché. Alors, en Indo, tous les camarades d'Annam ou du Tonkin le faisaient monter à bord pour leurs missions. On l'installait dans une tourelle avec un bidon de pinard, et on était tranquille.

Sur les pistes, on l'appelle familièrement « Max », ou « le Vieux ».

Le colonel Brunet en a hérité à l'EH 2. C'est un boulet inutile ; Martin lui a interdit de voler, les Siko évoluent porte ouverte. Alors, il traîne à droite et à gauche.

Martin veut en savoir plus, à propos de l'accident :

— Ce n'est pas en interdisant de fumer qu'on met le feu ! Raconte la suite !

En pleurnichant, le mécano explique :

— Voilà... Max m'a répondu : « Mais tu sais bien que l'essence ne prend pas feu comme ça ! Tiens, la preuve, regarde ! » Alors, il a pris une allumette et l'a balancée dans le cargo... C'est idiot, hein, mon capitaine ?

— Oui. C'est bête. C'est très dommage, aussi.

Par un sentiment de pitié, le vieux Max n'est pas muté par Brunet.

Un jour, il était au pied d'un hélicoptère qui avait pour mission de transporter le ministre Max Lejeune. Comme cela se pratique dans l'armée de l'Air, la présentation de l'équipage s'était faite au V.I.P. au pied de l'appareil. La vieille mascotte des B 26 n'en faisait pas partie, mais enfin le brave Max Alamamy était là. Le ministre s'était approché, lui avait tendu la main, et s'était présenté :

— Max Lejeune...

Du tac au tac, Alamamy avait répondu :

— Max, le Vieux...

⁂

Le second semestre de 1956 voit apparaître, parallèlement aux perfectionnements et à une meilleure technique d'emploi des hélicoptères, les réactions de plus en plus efficaces des rebelles. Maintenant, les militants du Front ne se contentent plus de se sauver en entendant venir dans le ciel les « avions à plumes » ; leur attitude s'est aguerrie et leurs réflexes deviennent chaque jour un peu plus offensifs.

Le lieutenant Foucault est pilote de Bell, détaché du GH 2 à Arris au sud-est de Batna, dans les Aurès. Ancien pilote d'avion léger de l'ALAT, passé sur hélicoptère, le lieutenant Cannet l'a eu comme élève à Tarbes durant la fin de l'année 1955. Foucault est un homme assez fortement bâti, au calme impressionnant, qui ne semble jamais s'étonner de rien.

Ce jour-là, il ramène deux légionnaires blessés dans les civières latérales de son Bell. En passant un col situé au sud d'Arris et en remontant vers le nord, il se fait tirer par les rebelles. Grièvement blessé à ses commandes, il parvient à s'éloigner du col et à poser son appareil.

L'appareil de Foucault ne rentrant pas, l'alerte est donnée. La première soirée se passe en recherches ; les appareils des camarades ne trouvent rien. Scherrer décolle avec sa Banane, Pierre Clostermann à son bord. Le célèbre aviateur et le lieutenant de l'ALAT cherchent l'épave au phare durant une partie de la nuit. Ils prennent des risques énormes, souvent de façon inconsidérée. Ils ne voient rien.

L'appareil est retrouvé le lendemain matin, le réservoir d'essence criblé de coups de baïonnette. Le pilote est mort dans sa cabine, les deux légionnaires blessés ont disparu.

L'un d'eux est découvert assez rapidement. Etant plus grièvement blessé que l'autre, il n'a pas pu se sauver bien loin ; il a été achevé. Mais son camarade, une jambe cassée et traqué par les rebelles, parvient jusqu'à une mechta habitée. Arrivé là, il oblige les habitants à lui donner un âne. Il repart, chevauchant son bourricot, en espérant avoir la force de rejoindre un poste ami. Il réussit à survivre plusieurs jours dans ce coin épouvantable, se déplaçant au milieu des fellaghas lancés à ses trousses. Enfin, il va être sauvé, il est près d'atteindre un poste tenu par des troupes du secteur. Mais il est trop tard. Les rebelles, qui le suivaient à la trace, le rejoignent. Ils le tuent sur place [1].

En cette fin d'année 1956, les rebelles ont donc tiré la leçon d'un certain nombre d'observations. Ils sont à présent parfaitement au courant de la manière d'opérer avec les hélicoptères. En particulier pour les opérations menées avec les cargos, ils ont compris que le fumigène largué par Alouette ou Piper annonce une DZ de poser pour hélicoptères lourds avec des commandos. D'abord, ils ne bougent pas. Ils attendent le second poser puis, s'ils se sentent menacés

1. Cette succession de faits sera reconstituée grâce aux déclarations de prisonniers faits peu de temps après, au cours d'une opération héliportée dans le secteur d'Arris.

et pas trop éloignés des zones de poser, ils se portent entre les deux. Le troisième poser délimite enfin une zone de bouclage. Ils basculent alors immédiatement à l'extérieur de celle-ci, avec toutes les chances de pouvoir ainsi échapper à l'encerclement.

Mais les observateurs de l'ALAT ont repéré à leur tour la tactique fellagha et des avions légers sont alors exclusivement réservés à l'observation des extérieurs. Lors de nombreuses opérations, les bilans les plus importants seront ainsi réalisés en dehors des zones de bouclage.

Puis d'anciens observateurs d'avions légers de l'ALAT, passés sur Banane, profitant de leur expérience, déjoueront les réflexes de l'adversaire. Ils largueront des fumigènes pour baliser des DZ imaginaires, feront des poser fictifs. Déconcertés, les rebelles ne sauront plus quelle initiative prendre, à moins que...

Au cours des dernières opérations, des tracts FLN sont saisis sur des prisonniers et découverts sur des cadavres. La silhouette d'un hélicoptère est dessinée avec tous ses détails, des consignes écrites en français et en arabe précisent les points qu'il faut viser pour abattre les appareils : la tête du « chauffeur », les réservoirs, le moteur.

Maintenant, les djounoud des maquis savent comment faire mouche. L'arrivée de l'hélicoptère armé de Félix pour neutraliser les zones de poser serait la bienvenue dans les djebels, mais le malheureux Mammouth est encore caché au fond de quelque hangar de La Sénia.

Pourtant l'élaboration de l'hélicoptère armé est achevée, il faut qu'il sorte à présent de sa clandestinité :

— Bon, dit Félix. Nous devons présenter notre enfant et... le faire adopter !

Pour cela, il est nécessaire de procéder à des démonstrations de tir devant les futurs utilisateurs : aviateurs et combattants de l'armée de Terre. Le capitaine Martin fait la moue :

— A partir de ce moment-là, je crains que notre secret...

— Si c'est un succès, le secret je m'en fous ! Bien au contraire.

Prudent, Félix, qui ne laisse rien au hasard, donne un ordre :

— Faites-moi affecter le dénommé Potelle. C'est un para des commandos de l'Air.

— Pourquoi, mon colonel ?

— C'est un tireur d'élite.

Après les essais en vol, le H 34 armé est essayé avec son équipement complet au champ de tir de la Sebkha d'Oran à Sidi Messoud, aux environs du 7 juillet. La démonstration est parfaite ; aviateurs et biffins sont conquis par les performances du Mammouth.

Mais la suite ne se fait pas attendre. L'état-major d'Alger apprend qu'un hélicoptère armé est né malgré lui à Oran ! Ce n'est pas un affront, c'est de l'insubordination.

Le général Jouhaud fait une grosse colère. Son télégramme est comminatoire : le H 34 trafiqué par Félix doit être rendu à sa seule mission, le transport de commandos !

Brunet soupire ; tout ce travail, les efforts de chacun à son échelon. Mais il ne baisse pas les bras :

— Bien. Je monte à Alger !

Là-bas, il sait se faire convaincant, les préventions tombent. Le Mammouth ? Voilà l'outil indispensable pour la préparation des DZ. Il sera la meilleure sécurité des héliportages !

La bataille est gagnée. Et, à peine expérimenté, le H 34 armé de Félix Brunet devient rapidement opérationnel. Le Mammouth est hautement apprécié des combattants. Plus que tout autre moyen aérien, les fellaghas le craignent ; aucun chasseur, aucun bombardier ne mettra autant de rebelles hors de combat que lui.

Mais à l'EH 2 les recherches continuent, au grand jour cette fois. L'armement et l'équipement du H 34 se complètent : deux lance-bombes ventraux, un système de lancement de pastilles de phosphore, un système pour larguer des bombes lacrymogènes, le tout interchangeable et adaptable selon les missions. Enfin, l'aménagement radio et de signalisation de bord pour les tireurs est amélioré, un avertisseur de survitesse moteur est créé [1].

Après son utilisation particulièrement concluante en opérations, la formule de l'hélicoptère armé est admise, mais sans canon ni bazooka ; seules sont retenues les mitrailleuses 7,5 de sabord.

Durant tous ces travaux de mise au point du H 34 de l'EH 2, deux officiers de marine de la 32 F de Lartigue se sont intéressés, tout autant que les Américains de Sikorsky, aux expériences du colonel Brunet. Le lieutenant de vaisseau Michel, pilote, et l'ingénieur mécanicien Salmon viennent régulièrement à Oran-La Sénia. Auprès de l'équipe de Félix, ils relèvent les plans pour équiper leur flottille d'un H SS armé, dont la réalisation sera confiée à l'arsenal de la Marine. Cette étape se fera sans trop de difficultés, mais son intervention en appui-feu va rencontrer des oppositions farouches.

Pourtant la venue de l'hélicoptère armé dans le ciel d'Algérie donne aux opérations une vigueur nouvelle sur le terrain. Car les héliportages dans les djebels exigent plus que jamais un « appui-feu » préalable sur les zones de poser.

Le recrutement des tireurs se fait auprès des hommes des commandos de l'Air, en particulier du 40/541, et par demande de volontaires.

L'armée de l'Air décide donc d'équiper de Mammouth les EH 2 et EH 3. Finie l'ère du prototype, il faut lancer la fabrication en série. Des plans des supports-mitrailleuses sont demandés à l'EH 2, qui fournit un croquis relevé directement sur le modèle par un soldat, en l'absence du capitaine Martin. Etonnement de Mimile rece-

---

1. Revu et corrigé, il est aujourd'hui monté à l'échelle industrielle sur les héicoptères.

vant plus tard un coup de téléphone de M. Wartelle, ingénieur de l'AIA de Maison-Blanche :

— J'aimerais que vous me précisiez le diamètre exact et l'utilisation de tous les trous de votre support-mitrailleuse, car nous sommes chargés de les réaliser en série et, d'après le plan que nous avons reçu, ce n'est pas clair. Les dimensions précises des tubes m'intéresseraient également car je ne vois pas à quoi correspondent les cotes relevées sur le croquis et nous ne trouvons pas ces matériaux.

Comment expliquer que tous les trous ne sont pas... indispensables, un grand nombre d'entre eux provenant des emplacements de rivets des vieilles citernes utilisées ? Quant à la nature exacte des tubes, et avouer que ce sont de simples conduites d'eau que l'on peut facilement trouver dans les parcs à ferraille...

CHAPITRE VI

« LA FLECHE »

Le 26 février 1957, l'escadrille d'hélicoptères légers 5/57, constituée à Pau le 1er décembre 1956, rejoint Boufarik où elle est rattachée à la 3e Escadre : l'armée de l'Air fait des efforts louables pour faire face à la demande.

Félix a convoqué le capitaine Le Flécher à Boufarik. « La Flèche » est Breton bretonnant originaire de Meslan près du Faouët, dans le Morbihan. Pilote de chasse ayant pas mal bourlingué, il aime l'acrobatie et le mouvement. En 1944, il a été sur Spitfire en Angleterre dans le groupe « Alsace ». En Indochine, il a volé sur Hellcat au Groupe Chasse 2/9, et en Algérie sur P 47 Thunderbolt.

Le CIEAL de la Reghaïa auquel il appartient étant dissous, il se sent disponible, prêt à tourner une page de sa carrière. Les convoyages d'avions, la formation des pilotes en école, la vie monotone sur des bases encombrées de galons pavoisant avec des commémoratives, tout cela ne l'excite pas beaucoup. Alors, si Félix tient à le voir, c'est qu'il a sûrement une idée derrière la tête.

La première fois que « La Flèche » a entendu parler de Félix, c'était en 1950, à Tourane [1]. Il commandait alors le GATAC sud et passait pour une terreur. Plus tard, ils se sont rencontrés et ont effectué ensemble une mission dans la Plaine des Joncs en Cochinchine.

Félix attaque bille en tête :

— Bon. Pour nous, l'avenir dans ce combat d'Algérie, c'est l'hélico. J'y crois, et d'autres commencent aussi à y croire comme moi. J'ai besoin de gars comme toi, venant de la chasse. Je te connais et tu es disponible.

— Je...

1. Aujourd'hui Da-Nang.

— Alors c'est parfait ! Je m'occupe du reste, ton changement d'affectation, ton passage sur hélico, etc. Tu vois un problème ?

— Aucun, mon colonel.

— Bien.

⁂

Pour les hélicos, arme encore nouvelle, les stages de pilotage se passent dans des écoles civiles. Mystères insondables d'état-major. « La Flèche » fait donc son stage à l'Hélicop-Air d'Issy-les-Moulineaux, une société civile probablement à gros capitaux américains, moniteurs français, la plupart des anciens militaires sous-officiers d'Indochine, appareils Hiller 360 biplace.

« La Flèche » sort premier du stage. Les élèves sont dirigés sur l'Ecole de l'armée de l'Air au Bourget-du-Lac. Le capitaine y retrouve un copain comme patron, le Corse Santini, ancien d'Indochine comme lui. « La Flèche » sort de nouveau major de ce stage et le commandement de l'armée de l'Air le désigne pour prendre le commandement de l'escadron léger d'Oran.

— Ici, on respire, au nord on étouffe ! affirme sans sourire « La Flèche ».

Si pour lui le nord c'est la France, la température d'Oran, à cette époque-là de l'année n'a pourtant rien de clément sur la base. Ce qu'il veut simplement dire, c'est que le ciel est bleu, l'espoir immense, la bagarre quotidienne. Les gars qui l'entourent sont sympathiques et n'ont rien de comparable avec les « fonctionnaires » de la métropole.

— On respire, convient-il cependant pour lui-même, mais n'empêche, ce boulot ne me plaît pas ! Commandant d'escadron d'hélicos légers, c'est avoir un peu la mentalité d'un chauffeur de taxi...

Car « La Flèche » est davantage fait pour le baroud. Cette mentalité lui vient de la Chasse. Pour lui, un Spit n'a jamais été un cargo volant et, quand on décolle, c'est pour gagner une guerre. Pas pour avoir des états d'âme.

En attendant, il se raisonne, pris au piège des « emmerdements d'un commandement sans attrait ».

Son escadron est disséminé dans tout l'Oranais, avec des détachements permanents implantés à Tlemcen, Mostaganem, Tiaret, Saïda. Chaque détachement comprend un pilote, un mécanicien, un hélico, généralement un Bell. Chaque tandem doit former une équipe soudée, les pilotes doivent être sérieux, compétents. Comment juger de tout cela, à partir d'Oran ? « La Flèche » reste lucide.

De son côté, Félix considère un peu les hélicos légers comme des parents pauvres. Le problème du PCV reste entier. Assuré par un sergent pilote, même compétent, il est trop souvent mal employé par les commandants de secteur. Un peu trop livrés à eux-mêmes, les équipages font ce qu'ils peuvent.

Et pour « La Flèche », les ennuis commencent.

— Mon capitaine, le piège de Mostaganem est au tapis !

— Et les gars... ?

— Le sergent Pardon et son mécano n'ont rien.

— Bon. Le Bell...

— Heu... il n'en reste pas grand-chose...

— Félix va « faire le sac », c'est sûr ! En attendant, je pars faire le point avec Louis.

Le sergent Louis Pardon dépose pour l'enquête de « La Flèche ». C'est un sous-officier intelligent, dynamique, compétent. Son sérieux ne semble pas en cause. Le capitaine se sent bien embarrassé pour établir la conclusion de son rapport. Dans ses enquêtes d'accidents, il défend toujours ses pilotes, face aux instances supérieures. Dans le cas présent...

— Ton cas n'est pas clair, Louis...

— Mais, mon capitaine, je suis pourtant un bon pilote ! Je...

— Va expliquer ça à Félix, avec ton tas de ferraille !

Au rapport de « La Flèche », Félix pique en effet une colère. Le capitaine laisse étaler le plus gros de la tempête, sachant que Félix a besoin de passer ses nerfs sur quelqu'un. Il devine cependant que la sanction, au bout du réquisitoire, sera terrible. Le brave Pardon n'aura plus longtemps à attendre avant d'aller compter des boulons au fond d'un hangar. « La Flèche » avance les arguments de la défense :

— En réalité, mon colonel, dans le cas d'accident qui nous occupe, et si l'on considère la thèse de la compressibilité des pales...

— ... la... compressibilité des pales ?

— Oui ! Car nous ne devons pas perdre de vue que...

« La Flèche » se lance alors dans une grande théorie, une démonstration brillante. Comme il ne comprend pas encore grand-chose aux hélicos, il parle peut-être un peu trop vite pour être compris. Il élude des points importants qui lui paraissent secondaires, tant ils sont évidents. Les sourcils froncés, Félix le suit sans une remarque. « La Flèche » continue d'argumenter avec fougue et la mauvaise foi la plus évidente.

Félix devient de plus en plus écarlate. Il est prêt à étrangler « La Flèche ». Quelques camarades officiers des alentours regrettent déjà de se trouver là. La condamnation de Félix tombe enfin :

— J'ai compris ! Ton gars Pardon est maintenu dans ses fonctions ! Mais il est évident qu'il se trouve entre de bien mauvaises mains : je le prends avec moi. Je le mets sur H 34 !

« La Flèche » pousse un soupir de soulagement, son sous-officier est hors de danger. Contrairement aux pronostics des camarades, « La Flèche » s'en tire bien lui aussi de son affrontement avec Félix. Celui-ci a sans doute aimé que le capitaine lui tienne tête, lui rappelant peut-être ses discussions orageuses dans les états-majors.

Peu de temps après, le colonel reconnaîtra que le sergent Pardon reste l'un des meilleurs éléments de l'escadre. Mais il n'apprendra jamais la véritable raison de l'accident du Bell de Mostaganem. « La Flèche » ne la découvrira lui-même que plusieurs années plus tard : c'était le mécanicien qui pilotait l'appareil pour s'amuser un peu ! Celui-ci devint d'ailleurs pilote d'hélico civil dans une compagnie privée, et se tua.

En attendant, en ce début d'année 1957, les missions des équipages des hélicos du djebel se suivent et ne se ressemblent pas...

CHAPITRE VII

MISSIONS IMPOSSIBLES

Le 29 août 1956, c'est un nouveau combat dans le décor hallucinant des Némentcha. Les hommes de la demi-brigade de la Légion étrangère ont durement accroché les hommes de la wilaya 1 dans la région de Taberdga. Le fellagha est retranché dans le fond d'un oued fortement encaissé et, en regardant le paysage sauvage, on pense aussitôt aux gorges du Colorado.

Dans ce terrain où un seul homme peut tenir en échec une compagnie tout entière avec son fusil, les troupes sont clouées sur place. Sans pouvoir conclure, elles subissent des pertes inutiles. Le commandant de l'opération décide de poser un canon de 57 sans recul sur une table rocheuse dominant la position des rebelles. Le H 21 du capitaine Play et du lieutenant Cannet, détaché auprès de la DBLE, embarque le canon et son équipe de pièce.

Malencontreusement, l'aire du poser se trouve sous le feu direct des djounoud et le sous-officier chef de la pièce est tué sur le coup au débarquement. La position s'avère intenable. Les hommes parviennent à récupérer le corps, le H 21 redécolle, un impact dans le réservoir.

— Je vais vous réparer ça sur place, annonce l'adjudant mécanicien.

Ce ne sera pas un mince travail, le mécanicien étant obligé de pénétrer à l'intérieur du réservoir. Le dépannage terminé, l'appareil fait plusieurs rotations, trois évasan successives de trois, cinq et sept blessés. Dans les comptes rendus de cette époque, il y a longtemps que l'on ne distingue plus les blessés des morts et, ce jour-là, il est impossible de dire quelle fut la proportion de cadavres transportés.

Le 25 janvier 1957, une opération de bouclage s'achève dans le secteur de Batna et le soir tombe rapidement sur le massif des

Aurès. Malgré l'heure avancée, une évasan est demandée au profit d'une compagnie de la Légion. Le LV Domergue décolle avec sa Banane de la 31 F de l'Aéronavale. Son copilote est le maître Lay, dans le cargo se trouvent un second maître mécanicien et le quartier-maître de 1re classe Balcon.

Au moment où l'appareil se présente aux abords de la DZ, les rebelles le tirent à l'arme automatique, la Banane tombe dans les rangs fellaghas.

— A l'assaut !

Les légionnaires qui se trouvaient bloqués avec leurs blessés à évacuer montent immédiatement à l'attaque pour dégager le personnel de l'hélicoptère. La position rebelle est enlevée à l'arme blanche, les hommes de la Légion emportés dans leur élan parviennent enfin jusqu'à l'épave. Là, ils ne trouvent qu'un seul survivant, le quartier-maître Balcon. Ejecté en feu, le marin est en train de brûler dans un buisson mais, récupéré à temps, il sera sauvé. En se portant au secours de l'équipage qui venait sauver leurs blessés, les légionnaires ont perdu cinq tués.

⁂

Trois Bananes de l'ALAT de Sétif sont en opération le 8 avril 1957 à Bordj de l'Agha, au sud de Bou-Saada. En Banane leader, se trouvent Scherrer et Gorgol, ce dernier se faisant tester comme premier pilote. En seconde position, le lieutenant Tallet, dit « Gros Minou », et le sergent-chef Paul Jean, dit « La Foudre ». C'est le matin, la première Banane pose ses commandos dans le djebel, l'autre appareil longe en approche une paroi rocheuse. Tallet dit à « La Foudre » :

— Jette un œil là-dessus, il y a peut-être du fell...

Puis, à peine quelques secondes plus tard :

— Merde, Scherrer !

Une boule de feu éclate dans le ciel en avant, légèrement sur la droite. Touchée par le tir des rebelles à son décollage à vide, la Banane explose en vol. Elle est coupée en deux, l'avant tombe sur des arbres, apparemment intact.

Tallet survole avec son appareil ce qui reste de la Banane, espérant follement que les pilotes ont eu une chance miraculeuse de s'en sortir. Rien ne bouge. Peut-être déjà morts en arrivant au sol, Scherrer et Gorgol ont été rafalés par les fellaghas dans leur cabine intacte. Pendant ce temps, sur la radio, les premiers commandos qui viennent d'être déposés sont débordés, ils « appellent leur mère », demandant d'urgence des secours. Mais l'accrochage est trop violent, une autre DZ est choisie un peu plus haut par le PCA.

Des renforts sont réclamés à Alger. Les paras arrivent par Nord 2501 et douze avions se posent comme ils peuvent — le poste de

Bordj de l'Agha n'étant ravitaillé en temps ordinaire qu'une fois par semaine, par parachute.

Toute la journée, les combats se succèdent. Le soir, à la tombée de la nuit, la Banane de Tallet et de « La Foudre » se pose sur la DZ du matin, pour enlever les blessés et les morts.

« La Foudre » donne la main à l'embarquement des corps dans l'appareil. Tout à coup, des rebelles isolés dans les parages les allument. Tallet, resté aux commandes moteur tournant, met ses tours, s'apprête à décoller sans attendre des impacts dans son piège... ni son copilote. « La Foudre » se précipite, monte en voltige, met le pied entre la tête et le bras d'un cadavre allongé sur le plancher. Il fait irruption dans le poste de pilotage, s'installe à sa place. Tallet s'étonne :

— Tiens, vous êtes là, vous ?

— Je pense bien ! Pourquoi, vous alliez partir sans moi, mon lieutenant ?

— Eh bien... C'est-à-dire que je serais revenu demain matin vous chercher !

— Mince, avec le kaoua et les croissants, peut-être ?

« La Foudre » pense que « Gros Minou » ne manque pas de souffle. Mais que devient chaque pilote aux commandes de son piège, par exemple lorsqu'il se retrouve seul, lâché en pleine nature hostile ?

⁂

La pluie ruisselle depuis des jours sur les djebels ravinés. Une pluie torrentielle, tenace, crevant un plafond bas. Ce 26 avril 1957, en fin d'après-midi, les soldats en opération désespèrent de trouver les rebelles terrés à l'abri dans leurs caches, disséminés dans tout le massif de l'Ouarsenis. Les hommes du capitaine Pechereau du 3e Escadron du 6e Régiment de Chasseurs d'Afrique rentrent en glissant dans la boue.

Détaché sur le terrain auprès du PC du secteur d'Ammi Moussa dirigeant l'opération, l'adjudant Joly de l'EHL 1/57 effectue le complément de plein de son Bell 47 G II sous la pluie. Dans un quart d'heure peut-être, il pourra rentrer sur Inkermann, au nord-ouest, entre Relizane et Orléansville. Le capitaine Latapie, son capitaine PCA détaché de Mostaganem, rentrera avec lui. En attendant, Joly se bagarre avec son entonnoir, sa peau de chamois, ses jerricans de vingt litres, sous les rafales de pluie glacée. Le colonel Dudezert arrive en courant du PC :

— Vite ! Pilote, décollez tout de suite, il y a trois chasseurs bloqués au milieu d'un oued, tout près d'ici ! Ils ne savent pas nager, sont accrochés aux rochers isolés par les eaux en crue. Dépêchez-vous, c'est une question de minutes...

Latapie intervient :

— Joly, pas question d'aller vous balancer ainsi dans l'oued à la tombée de la nuit ! Vous êtes un jeune pilote à peine sorti de l'école, sans grande expérience sur hélicoptère. Je vous donne l'ordre de ne pas y aller !

— Mais enfin, il y a trois vies en danger ! plaide le colonel. Vous devez savoir où est votre devoir ! Ah, si j'étais pilote...

C'est sans doute sincère, mais ce ne sont que des mots.

— Si vous y allez, annonce le capitaine PCA, vous vous péterez la figure ! Comme ça, le bilan sera complet !

Joly laisse dire. Quand on a l'ardeur de la jeunesse, on se moque du plafond bas, du soir qui tombe, de l'inexpérience, on aime le défi. La vie s'appelle un jeu et la guerre ressemble un peu à la roulette russe.

Alors, Joly ne dit rien.

Il ne devrait exécuter que les ordres reçus de son capitaine PCA, mais il n'en fera rien. Il range en hâte ses bidons, son entonnoir, sa peau de chamois, et décolle.

L'oued Riou n'est pas beau à voir. Il n'est pas près de déborder entre ses rives encaissées en falaises à pic, mais ses eaux déferlent en un courant furieux. Les hommes ont fait la chaîne en se donnant la main, mais la force du courant leur a fait lâcher prise. Ceux qui ont pu traverser sont sur la rive sud. Impuissants, ils regardent leurs trois camarades accrochés au milieu de l'oued à des rochers, avec leurs fusils et leurs musettes. Visiblement, ils sont épuisés par trois jours d'opération et les efforts qu'ils font pour ne pas se laisser emporter. Les eaux boueuses leur arrivent au visage.

— Dépêchez-vous ! lance le capitaine Pechereau. Mes hommes ne savent pas nager. Ils ne tiendront plus longtemps...

— Vous avez une corde ?

— Nooon...

Le pilote en trouve une dans son fourre-tout qui ne le quitte pas. Grosse comme le pouce, il l'attache au patin droit du Bell, pour faire contrepoids avec le pilote à gauche, puis il redécolle et se porte à la verticale des trois « naufragés ». Le soldat le plus proche s'accroche à la corde, l'hélicoptère le tire. Malheureusement, sous le poids de l'homme et la résistance des eaux, elle casse. Le corps est emporté à la dérive, brassé dans les remous. Joly aperçoit tour à tour des pieds, des fesses, la tête disparaît dans l'eau, un bras se tend.

La poursuite commence.

Le Bell descend au ras des flots, en suivant le courant. Les patins touchent l'eau, Joly prie le ciel pour que l'homme arrive à s'y accrocher. Il y parvient non pas avec les mains, mais avec les bras, pour avoir davantage de prise. Mais l'homme est très affaibli, il a déjà pas mal bu. A chaque tentative du pilote pour l'enlever avec l'appareil, il lâche tout, se laisse glisser dans l'oued. Le pilote jure pour lui-même, serre les dents, redescend au ras des flots pour aller à la pêche au chasseur d'Afrique. Et chaque fois la même scène se renouvelle, à six ou sept reprises, l'homme lâche sa prise. Joly sait alors qu'il ne lui reste plus qu'une chose à faire, prendre le risque de le traîner dans l'eau jusqu'à la rive, quitte à plonger avec lui à la moindre fausse manœuvre.

Ça réussit.

L'homme une fois déposé sur la berge, il passe au suivant. A la suite de ces stationnaires successifs, la bulle non ventilée du Bell est complètement embuée. Avec la pluie et la nuit tombante, Joly n'y voit plus rien. Il entrouvre les deux portes de l'appareil pour désembuer et « mieux y voir » par l'entrebâillement des portes qui battent au gré des manœuvres et du vent.

Le même scénario se déroule avec le second naufragé, mais celui-ci est plus faible que le premier, il panique davantage. Chaque fois qu'il le perd, le pilote prend du champ, se laisse déporter en aval, redescend, plonge ses patins dans l'eau. Emporté par le courant, le corps arrive alors vers lui, l'homme se cramponne, le Bell tire vers la rive, le soldat lâche de nouveau...

— Bordel de bordel ! jure Joly.

Cela risque de durer longtemps et la visibilité diminue de plus en plus. L'homme disparaît longuement sous l'eau, mais il ressort encore, il est toujours vivant. Et le Bell recommence encore une fois sa manœuvre, descend en aval, se met face au corps qui déboule vers lui. Cette manœuvre est folle : patins complètement immergés dans le sens du courant, offrant au désespéré le patin gauche pour mieux surveiller l'action, le pilote prend ainsi le risque supplémentaire d'un décentrage latéral...

Enfin, l'homme se jette littéralement sur le patin, couché dessus, il s'y accroche, les jambes d'un côté, le corps de l'autre. Le pilote le tire vers la rive, ne regardant que le soldat, en perte de tours rotor, mais il n'a pas le temps de jeter un coup d'œil à ses cadrans.

L'homme est déposé sur la rive, quasi inanimé. Joly repart aussitôt vers les rochers pour sauver le troisième. Lorsqu'il arrive dessus, il n'y a plus personne. Le naufragé a disparu, emporté par les eaux. Alors le Bell descend le courant pour aller à sa recherche. Le pilote scrute les flots, il tourne, il vire, il fonce en avant, revient en croyant avoir aperçu quelque chose. Mais il n'y a plus rien. Il se rapproche des gars sur la rive, on lui fait des signes. Joly comprend que l'homme a disparu et qu'on ne l'a pas vu réapparaître, après qu'il a coulé.

Il revient se poser sur la rive, le soir tombe. La pluie imprègne tout et les cœurs sont glacés.

Les eaux déchaînées de l'oued Riou continuent de rouler de la boue. On retrouvera le corps du troisième chasseur le lendemain, dix kilomètres en aval.

⁂

Le sergent Mahier de l'armée de l'Air est détaché à Tiaret avec son Bell 47 GII. Sur le terrain minuscule appelé « la Jumenterie », se trouvent les Piper de l'ALAT et les hélicos des aviateurs. Comme le Piper, l'hélicoptère d'observation n'est pas seulement l'œil des troupes crapahutant au niveau du buisson, mais aussi un instrument de dissuasion. Il interdit tout mouvement sur la zone qu'il survole : dès qu'ils l'entendent arriver, les djounoud se cachent, disparaissent, se terrent dans leurs trous. Mais l'observateur, originaire de l'armée de Terre, connaît toutes les ruses et sait par expérience utiliser le terrain comme lui. Dans le ciel, il fait cependant une cible bien tentante.

Au terrain de Tiaret, biffins et aviateurs font bon ménage. On aime plaisanter un jeune aspirant appelé, observateur de l'ALAT, « séminariste dans le civil » :

— Toi qui as des relations « en haut lieu », curé, tu as toutes les chances de t'en tirer ! Ce n'est pas comme nous, pauvres pécheurs...

L'ambiance est bonne.

Ce 7 janvier 1958, Mahier décolle avec son Bell de Tiaret pour le secteur de Saïda, un officier de l'armée de Terre à son bord. Il se pose sur le terrain de Nazereg-Flinois, à 5 kilomètres au nord de Saïda, une opération avec accrochage étant en cours à Franchetti, une dizaine de kilomètres plus au nord. Quelques minutes plus tard, un Piper de l'ALAT se pose sur la petite piste d'aéro-club. A peine au sol, le pilote fait des montées de régime moteur durant le roulage pour se rendre au parking.

— Ce pilote est un peu dingue, non ? En plus, tu as vu la vitesse à laquelle il roule ?

Le Piper vient stopper à moins de cent mètres du parking, le pilote fait toujours des montées de régime et des gestes pour attirer l'attention.

— Merde, il a été touché ! Il perd de l'huile : ça coule comme le doigt en dessous de la carlingue...

— Ce n'est pas de l'huile. C'est du sang.

La réaction de Mahier qui attend son passager auprès de son Bell est immédiate. Il met son moteur en route pour évacuer le blessé sans attendre. Il reconnaît alors le pilote du Piper basé à Tiaret comme lui, le sergent-chef Santini de l'ALAT. On débarque son observateur blessé et il décolle avec lui dans la civière extérieure pour Saïda. Durant les quelques minutes de vol, il demande une ambulance par radio, se pose au PCA. Celui-ci est pratiquement désert, tout le monde étant sur l'opération et l'accrochage en cours de Franchetti.

Mahier coupe son moteur, descend, ouvre la civière :

— Mince, alors, c'est toi, curé ?

L'observateur blessé est le séminariste appelé. Il est très mal en point, l'artère fémorale sectionnée. Avec son garrot inefficace, il est en train de mourir, il reconnaît Mahier et lui demande :

— Trouve-moi un prêtre, vite...

— J'ai demandé une ambulance, elle va arriver dans un instant !

— Non, non : c'est un prêtre qu'il me faut...

Le pilote prend l'aspirant dans ses bras, ne sait que faire. L'ambulance tarde, tous les moyens sanitaires ne sont-ils pas partis pour Franchetti ? L'aspirant est de plus en plus pâle, mais ne perd pas encore connaissance.

Cinq minutes, dix. Attendre, espérer, croire à la chance, à l'impossible. Prier, peut-être...

— Regarde, curé ! C'est l'ambulance qui vient, tu es sauvé ! Bon Dieu, quel est l'idiot qui plaisantait au mess avec tes relations « en haut lieu » ? Je lui dirai, à celui-là que tu avais encore un peu de sang dans le corps en arrivant à l'ambulance, alors que tu aurais dû être mort depuis un quart d'heure déjà ! N'est-ce pas, curé ? Oui... ne me réponds pas. C'est sans importance. Tu sais, ce soir à Tiaret, nous boirons tous à ta santé ! Oui, même si tu es mort... parce que, tu sais, nous t'aimions bien, curé...

CHAPITRE VIII

LA « CRESPINE AIR FORCE »

— Il faut empierrer toutes les routes ! Les équipages de permanence, au pied des machines, officiers supérieurs, subalternes, sous-officiers, dans les camions, direction le djebel ; aux cailloux !

Pour le colonel Crespin, tous les moyens sont bons pour créer à Aïn-Arnat, près de Sétif, une base exemplaire. Elle doit être belle, au carré, propre, avec des bordures en cailloux blancs. « La coquetterie donne de l'âme », affirmait jadis le prince de Ligne. Cela reste vrai aujourd'hui et l'environnement des hommes des hélicos devra être le reflet de la leur.

— Allez, aux cailloux !

Les officiers anciens font la grimace. On prononce à mi-voix le nom de Tatahouine, on évoque en souriant jaune les Bat' d'Af', mais on s'exécute.

— Alors, ces cailloux, ça vient ?

C'est fou le nombre de tonnes de cailloux que peuvent engloutir les routes ! Sous le soleil d'Afrique, cela représente un véritable travail de légionnaires romains. Le lieutenant Jammet s'écorche les mains aux pierres. Autour de lui, d'autres ramasse-cailloux de tous grades s'affairent. Mais le capitaine Mazelle met en avant sa qualité d'ancien et n'hésite pas à s'éloigner afin « d'assurer la surveillance de la zone », carabine US à la bretelle. Quant à Crespin, on finira bien par se le payer un jour ou l'autre. Au rugby, par exemple...

Mais le sport, c'est encore une autre idée de Crespin, et c'est lui qui organise les matches. L'exutoire, serait d'être dans l'équipe « d'en face », tant qu'on ignore, bien sûr, que le colonel est un parfait rugbyman !

Parce que Crespin est une force de la nature, un tempérament aussi, une puissance de conviction, une volonté d'aboutir. C'est un meneur d'hommes à la de Lattre. Il sait parfaitement détecter les capacités, mais aussi les défauts de ses hommes. Le travail qu'il confie à chacun met ainsi l'individu parfaitement à l'aise dans sa peau, en dehors bien sûr des corvées de cailloux.

Familièrement appelé par ses gens « Marceau » ou « Le Big », il est le chef de bande qui pousse de grands coups de gueule, casse au besoin la figure à celui qui dépasse un peu trop aisément les limites de la connerie. A Aïn-Arnat, chacun se sent en permanence sous son regard. La plupart du temps, et bien que se sachant la conscience absolument tranquille, on fait volontiers un « break » dès qu'on l'aperçoit au loin.

Ainsi, Crespin crée-t-il avec acharnement, sous des dehors volontiers bourrus, la première formation d'hélicoptères de l'armée de Terre. Son meilleur atout pour y parvenir sera certainement la qualité des hommes qui servent sous ses ordres.

Dans l'ALAT, les personnels des hélicoptères connaissent en effet parfaitement les besoins de l'armée de Terre. Artilleurs, cavaliers ou biffins d'origine, ils savent ce que les fantassins attendent d'eux. Peut-être mieux que les équipages de l'armée de l'Air, ils se sentent « à leur botte ». Avec leur expérience du combat acquise au niveau du sol, ils ont la science du terrain. Les commandants d'opérations leur font pleinement confiance. Lorsque tout va très vite, ils prennent à leur compte le déroulement direct de l'action : changements de DZ, interruption d'héliportage en cours, demande d'appui-feu, etc. Aux chefs de section ou de groupe de commandos embarqués, le chef de bord des Bananes montre souvent du doigt la DZ qui approche. Il leur indique, en fonction du sens du poser, la direction de l'ennemi, la zone d'action à rejoindre...

— Ça, c'est la « Crespine Air Force ! » lance-t-on d'un ton à peine voilé d'ironie du côté de l'armée de l'Air.

Parce que certains aviateurs se croient alors bien différents de ces biffins qui se donnent des ailes. Parce qu'ils se sentent aussi au-dessus de la mêlée et que, même si le ciel d'Algérie reste vide, c'est un peu l'esprit du combat des Aigles qui les anime.

Mais cela n'émeut pas beaucoup la base d'Aïn-Arnat. Là, Crespin est le patron incontesté que l'on sent omniprésent.

Au cours d'une opération, l'un des appareils de l'EHO 1 heurte un rocher d'une pale, et il faut changer le jeu complet sur le terrain. Un mécanicien est demandé par radio avec les pièces de rechange. Soudain, la voix de « Marceau » se fait entendre sur le réseau radio, avec son accent bien connu :

— Alorrrssse, comment ça se marche, les petits, là-bas ? Est-ce que vous avez besoin de moi ? Bon, pour ces pales, je m'en occupe, ne vous en faites pas, les petits, vous aurrrez bientôt tout ce qu'il vous faut !

Il fait le nécessaire, alors qu'il se trouve en l'air à bord d'un Broussard entre Sétif et Alger, à plus de deux cents kilomètres de l'opération en cours.

Crespin exige tout pour ses hommes et il sait obtenir autant d'eux en retour, ses personnels se sentent soutenus opérationnellement et se rendent aptes pour toutes les missions. Un corps d'armée demande par exemple à Crespin :

— Combien pourrez-vous me fournir d'hélicoptères demain matin ?

« Le Big » fait l'inventaire de ses appareils disponibles. Il en trouve dix et répond :

— Vous en aurez quatorze !

Le lendemain, il les a.

Ses mécanos arrivent bien sûr à faire des miracles et ses pilotes dépassent leurs limites. Et tout cela n'est pas de trop ! La plupart du temps en Algérie, les hélicoptères ont un rapport poids-puissance nettement insuffisant. L'altitude, la température et les turbulences sont les trois ennemis principaux du pilotage. Dans les djebels de Kabylie et sur les hauts plateaux ils se trouvent souvent combinés. Les hélicos travaillent la moitié du temps en limite de puissance et tout est conditionné par le poids, en fonction de l'altitude, de la température, du plein, du personnel embarqué. Aussi les mécaniciens doivent-ils alléger leur appareil au maximum, débarquant pour cela tout le matériel d'outillage, la pompe Japy, la pompe à graisse, l'entonnoir, la « caisse à graille ».

La « caisse à graille », c'est le garde-manger mis sous la responsabilité du mécanicien de bord. Bien sûr, pour les équipages des hélicos, c'est un élément important de la vie quotidienne en opérations. Entre deux poser, au moment des repas, le mécanicien se transforme en authentique épicier. C'est lui qui vend aux membres de l'équipage les boîtes de pâté, le saucisson, les canettes de bière. Il tient ses comptes et se réapprovisionne à la base ou en ville. Un mécanicien jovial, à la lèvre gourmande, le muscle un peu enveloppé, la bedaine prometteuse avec les annuités peut laisser présager une « caisse à graille » de bonne tenue. Dans ce cas, un chef de détachement soucieux du moral de sa troupe sait se l'attacher pour ses dons gastronomiques, tout autant que pour ses qualités techniques.

Mais le souci majeur des mécanos, en dehors de la préoccupation de tenir l'appareil en parfait état de marche, reste celui de pouvoir faire le plein dans les meilleurs délais. En opérations, les détachements d'hélicoptères n'ont pas de camions équipés de pompes, de pistolets, de perches, comme sur les bases. Sur le terrain, c'est la débrouillardise à la française. C'est le fût de 200 litres, la pompe Japy, l'entonnoir, la peau de chamois. Le mécanicien jongle avec tout cela, se bat avec le vent, le sable, la poussière, la pluie. L'impureté dans le carburant, et le crash est assuré, les camarades au tapis. Alors, chacun a son matériel personnel, des ficelles de métier pour faire tenir l'entonnoir plus facilement, effectuer le plein plus rapidement.

Pour beaucoup de mécaniciens des hélicos, la guerre d'Algérie conservera l'apparence la plus inattendue, celle d'une montagne de fûts d'essence ! Les mécaniciens en opération sont les forçats de la pompe Japy. Sur les Bananes de l'ALAT, les réservoirs ont une capacité de 1 100 litres. Les pièges consomment de 260 à 350 litres à l'heure et volent de 5 à 6 heures par jour. Le calcul est simple.

Sur les DZ opérationnelles, les appareils sont souvent dispersés sur plus de 200 mètres. Les camions déposent le carburant à un endroit et il faut ensuite rouler les fûts de 200 litres à la main dans la pierraille, la boue ou le vent de sable. Dans la neige, ils font boule de neige, atteignant plus d'un mètre de diamètre. Sans perdre une seconde, le mécanicien doit aussitôt après pomper l'essence à la main, puis repartir à l'autre bout de la DZ chercher d'autres fûts...

Dans les tout débuts de l'existence du GH 2, les pleins se font avec des jerricans, au plus juste, jamais au complet. Cela permet d'emporter un homme de plus à chaque rotation. Celle-ci achevée, il faut recompléter à la hâte les quelques dizaines de litres consommés avant de repartir.

Les deux Anglais de chez Westland détachés en permanence comme « soutien logistique » auprès du GH 2 esquisseront plus d'une fois un froncement de sourcils étonné. Décidément, ils ne comprendront rien aux Français ! Parce que, chez eux, les Britanniques n'ont jamais fait le plein de carburant d'un hélicoptère sans mettre l'appareil à la masse. Cela ne les a pas empêchés d'avoir quelques catastrophes. Mais les Français s'obstinent à ne jamais prendre cette précaution et... ils s'en portent bien.

Autre détail encore plus *shocking*, ils font leur plein moteur tournant !

Avant chaque mission, c'est le briefing classique. L'adjudant ou le pilote de jour fait le point pour l'ensemble des équipages. Les commandants de bord reçoivent toutes les instructions, les mécaniciens sont informés des conditions d'approvisionnement en carburant. Pendant ce temps, les copilotes « montent sur les têtes » des rotors pour la VAV [1]. Ce n'est pas une mince escalade sur les Bananes ; ils sont haut perchés, mais ils tiennent à vérifier de près le travail des mousses.

Les mousses de l'ALAT sont des soldats du contingent servant dans les différents détachements d'hélicoptères de l'armée de Terre. Ce sont eux qui ont constamment la pompe à graisse à la main. Au moindre arrêt des appareils, les mécaniciens font une visite, des vérifications, regardant où en est l'état de la mécanique. Les mousses graissent les rotors. Rapidement, ils savent presque aussi bien que le mécanicien de bord combien l'appareil comporte de graisseurs et où ils se trouvent. Ces « basses besognes » sont considérées comme des tâches dignes. Ils nettoient les pales, l'intérieur du cargo, trans-

1. Visite avant vol.

portent la « caisse à graille » et, malgré tout cela, conviennent facilement qu'ils préfèrent être là plutôt qu'enfermés derrière les barbelés de quelque poste perdu.

Pour Noël 1957, Crespin organise un spectacle étonnant.

— Je veux que ce soit la fête pour tout le monde !

Il fait jouer *Britannicus* dans les ruines romaines de Djemila, au nord-est de Sétif. De nuit, avec torches, fumigènes, projecteurs, le temple de Septime Sévère est grandiose. Mais les hommes dispersés dans les postes éloignés ne sont pas oubliés pour autant.

Jean Nohain organise une tournée avec des vedettes de variétés. Dans les cabarets parisiens, de l'argent est collecté dans des boîtes d'allumettes pour les soldats d'Algérie. L'équipe de Jean Nohain vient distribuer cet argent. Les capitaines Bernieau et Clause transportent ainsi Patrice et Mario, Mathé Altéri, Dora Doll, de postes en pitons, avec les Bananes du GH 2.

A l'ouest de Sétif il y a du nouveau et les tournées théâtrales en province ne sont rien à côté. Une Bretonne en coiffe est amenée de France par avion. De base aérienne en relais, elle arrive enfin par hélicoptère dans ce village perdu de l'arrière pays algérien, tombe du ciel, ne s'étonne de rien, s'aperçoit à peine de la différence existant entre son granit breton et la roche pourrie du djebel Mansourah. Elle vient de loin pour embrasser son fils, un brave petit appelé de chez nous. Les copains font cercle. C'est l'émotion. On joue de l'accordéon. Jean Nohain pleure. Patrice et Mario ont la voix mouillée. Dora Doll sent sa poitrine se gonfler.

Ces tournées de théâtre aux armées se feront deux années de suite avec les pilotes du GH 2, puis elles seront brusquement interrompues. Il arrivera qu'à la place d'un billet de dix francs, les « brav' p'tits gars » trouvent un tract pro-FLN dans les boîtes d'allumettes...

En attendant, dans les djebels, la guerre continue et la « Crespine Air Force » de l'armée de Terre s'impose chaque jour davantage. L'ALAT atteindra son plein épanouissement au cours de l'année 1960. Elle alignera alors 687 avions légers et 394 hélicoptères servis par 442 officiers et 1 850 sous-officiers.

Le gros de ses moyens se trouvera engagé en Algérie. Fin 1960, outre le GH 2, seule unité d'hélicoptères de manœuvre de l'armée de Terre qui opère dans le Constantinois, il existera 32 pelotons dont 15 mixtes. Toutes ces unités seront rattachées du point de vue technique à des groupements d'ALAT adaptés à chacun des trois corps d'armée.

Lorsque le colonel Crespin quittera Sétif en octobre 1960, le GH 2 comprendra 65 Bananes, 21 Alouettes, 12 H 19 et quelques avions Nord 3 400 et Broussard de liaison.

Sans un patron tel que lui à Aïn-Arnat, il n'y aurait jamais eu de GH 2 et, sans celui-ci, l'élan donné aux hélicoptères comme outil de combat n'aurait jamais été ce qu'il fut. L'armée de Terre doit au « Big » la place importante que les appareils à voilure tournante représentent aujourd'hui auprès d'elle, la preuve ayant été faite que « l'armée de Terre était capable d'employer des aéronefs sans l'intervention de l'armée de l'Air, l'intégration avion léger-hélicoptère ayant pu se faire parfaitement » dans le cadre des opérations de contre-guérilla menées en Algérie.

CHAPITRE IX

DES HELICOS ET DES HOMMES

Un détachement d'hélicoptères du GH 2 est mis en place en janvier 1957, dans les Ouled Naïl, pour une série d'opérations dans la région comprise entre Djelfa, Aflou et Laghouat. Il s'agit de casser ce point fort de la wilaya 5 sur lequel règne le chef de bande Bellounis.

Ordre d'opération : « Rassemblement quelque part à telle heure. »

Le patron de l'opération est le commandant du secteur de Laghouat, le colonel Katz. Cet officier est un véritable *self-made man,* qui aime à rappeler parfois qu'il a commencé par être berger dans sa jeunesse. Alors, naturellement, cela change beaucoup du genre de briefing dont se plaignait « Bruno » en 1955 dans le secteur d'El Milia !

Ici, pas d'exposé de manœuvre savante, avec cartes et panneaux, punaises multicolores. Le thème est si simple qu'il n'y a pas d'imprévu dans son démarrage. On voit arriver à un carrefour de pistes des unités venant de toutes les directions. C'est au dernier moment, sur le tas, que le chef de l'opération donne véritablement ses ordres. Il semble le faire sous le coup de l'inspiration ou de la fantaisie la plus gratuite :

— Allez, toi, tu grimpes sur ce djebel ! Toi, qui es là à me regarder, tu en feras le tour pour voir un peu ce qu'il y a derrière ! Et toi, tiens, tu me donnes une compagnie, on va mettre tes types dans les Bananes, qui iront les déposer sur ce piton, là-bas...

Il se retourne, tend le bras pour montrer un piton. C'est celui qui lui tombe sous la main, sans qu'il veuille en connaître pour autant le nom ou les coordonnées.

Alors, tout son dispositif se met en place. Ce remue-ménage déconcertant plonge l'adversaire dans l'incertitude et la perplexité la plus complète. Que pourrait le meilleur de tous les services de renseignements ennemis, face à tant d'imprévu, au hasard le plus pur ? Les rebelles, qui sont dans ce djebel, ou cet autre, ne comprennent plus le sens de ces colonnes de poussière signalant des convois roulant dans toutes les directions et ne savent plus où aller se cacher. Une fois sur trois, le jeu du hasard tombe sur eux[1].

A cet instant, la situation pourrait devenir catastrophique avec une mauvaise troupe et tourner à l'aventure malheureuse. Mais le colonel Katz a sous ses ordres des unités d'une qualité extraordinaire et, dès l'accrochage, c'est l'assaut, le corps à corps. Sitôt l'action engagée, le commandant de l'opération laisse ses capitaines poursuivre l'affaire. Il semble se dégager de la mêlée, heureux de pouvoir se le permettre, ayant su s'entourer d'officiers de grande valeur, à la formation solide. Et, pour le cas où l'on risquerait de lui demander de prendre des décisions trop immédiates pour son niveau, il prend du champ. Il se retire sous la tente de son petit PC. Dès lors, il n'est plus question de le déranger : « Le colonel lit les *Commentaires* de César. »

***

Avec son Bell « Zoulou Yankee », le lieutenant Fileux de l'ALAT transporte le 29 janvier 1957 le général Giraud, commandant le secteur de Sétif. Le général ayant un briefing en fin d'après-midi au cap Aokas, le pilote l'avertit :

— Mon général, ne tardez pas trop, le soleil se couche à 16 h 30. Passé 16 h 45 il fera nuit et je ne pourrai plus redécoller pour me poser à Sétif, n'ayant pas le droit de me poser de nuit.

Remarque de pilote ! Le général arrive avec un quart d'heure de retard, Fileux décide de décoller quand même, se disant que le poser sur la base d'Aïn-Arnat sera sans danger, celle-ci étant éclairée. C'est penser sans Crespin.

— Qu'est-ce que c'est que ce Bell ? demande-t-il par téléphone au commandant d'escadrille, le capitaine Touplain.

— C'est Fileux qui rentre.

— Envoyez-le moi immédiatement !

Son cas est rapidement tranché :

— Tu sais qu'il est interdit de voler de nuit ?

— Le général avait un quart d'heure de retard et...

— Un quart d'heure ? Ça fera quinze jours !

Un pilote aux arrêts perd le bénéfice de son indemnité de solde à l'air et ne vole pas. Heureusement, Crespin a besoin de tous ses pilotes. Le lendemain, il annonce à Fileux :

---

1. En trois mois, le colonel Katz mettra à genoux les meilleures katibas de la wilaya 5. Il terminera sa carrière comme général d'armée. Démoralisé, Belloumis se ralliera à la fin de la même année.

— Bon, réflexion faite, pour tes quinze jours, je te donne le sursis !

Le lieutenant est tout heureux de pouvoir continuer à voler... mais perd quand même quinze jours de solde à l'air.

Sans rancune, il fera remarquer plus tard à Crespin :

— Quand je vois la chapelle « Bernard de Lattre » que vous avez fait construire sur la base d'Aïn-Arnat, eh bien, je crois que j'en ai bien payé un vitrail !

— Un vitrail ? Comme tu y vas ! A peine trois parpaings, oui !

Ainsi, en Algérie, prime de solde à l'air ou pas, on vole, on sauve, on tue ou on se fait tuer. Pour trois fois rien.

⁂

D'après des renseignements obtenus par le Deuxième Bureau, un capitaine et un lieutenant SAS enlevés en Algérie ont été emmenés au Maroc. L'un d'eux aurait eu les yeux crevés et ils sont promenés de village en village, à poil sur des bourricots. Ils portent une pancarte dans le dos et sur la poitrine avec l'inscription : « CECI EST LA FRANCE. » On leur crache dessus, on leur jette des cailloux, on s'amuse à les martyriser.

En mars 1957, une importante opération est montée à partir de Tindouf, aux confins du Maroc méridional, pour tenter de les délivrer. Beaucoup d'aviation, des troupes nombreuses sont mises en place. Les hélicoptères sont regroupés là, pouvant déverser d'un coup de rotor d'importantes forces en territoire marocain.

Démontés, les Bell sont amenés de Boufarik par Nord-Atlas. Ils sont remontés sur place et les équipages procèdent à des vols d'essais.

L'attente est longue sous les guitounes écrasées de soleil, le sable, quelques chameaux passent, c'est le silence.

Finalement, et devant la détermination du gouvernement français à envoyer s'il le faut des troupes de l'autre côté de la frontière, l'Etat du Maroc rend les deux officiers. Les hélicoptères sont redémontés et ramenés vers le nord.

Mais il faut croire que ce déploiement de forces aura été insuffisant : le capitaine Moureau, en service au Maroc, sera enlevé par les partisans de Ben Barka. Il « disparaîtra dans un effroyable calvaire, exhibé pendant des semaines sur les marchés du Sud marocain, pieds et mains coupés, les yeux crevés ».

⁂

— En longeant la plage, nous verrons des nanas ! annonce le pilote. Ça sera vachement plus sympa que par l'intérieur des terres !

— OK ! Alors, fais-nous un peu de radada, en attendant le repos du guerrier ! approuve son mécano, le sergent Paugoy.

Le 15 avril 1957, l'adjudant Joly de l'EHL 1/57 est aux commandes de son Bell. Sa mission terminée, dans le secteur de Picard, il a décidé de rentrer à sa base de Mostaganem en piquant vers la mer. L'opération en cours s'achève, les camions se mettent en colonne pour rentrer aux cantonnements. Durant le ratissage, les soldats n'ont rien trouvé.

— A partir de maintenant, dit Joly, nous allons faire de la reconnaissance à vue pour notre compte ! D'ailleurs, je vais en profiter pour repérer un coin agréable en bordure de mer, avec Lily.

Le pilote aime bien son détachement à Mostaganem. Il y a la plage et puis aussi Lily, son Oranaise sympa, très sympa. Un tempérament, sous le soleil de la Méditerranée.

Le Bell tourne rond, cap sur la mer, une grande dune à sauter avec, tout en haut, un marabout blanc, tout blanc. Le pilote le prend dans son axe comme balise, plonge dessus, prêt à le raser avant d'amorcer plus loin son virage à gauche, au-dessus de la mer.

— Bordel de bordel, regarde-moi un peu ça !

Arrivés presque à la verticale du marabout, tout un groupe d'Arabes sort en courant du bâtiment blanc. Ils sont une vingtaine à se sauver à toutes jambes, éclatant tous azimuts. Visiblement, c'est un élément de rebelles qui se tenaient cachés là en dehors du dispositif des troupes françaises ; se croyant découverts, ils se dévoilent !

Joly tourne au-dessus d'eux. Par radio, il alerte aussitôt le commandant de l'opération en train de se démonter. Les camions sont rameutés, les soldats bouclent le secteur, le combat s'engage. Dix-sept rebelles armés sont tués.

Le Bell est sur le chemin du retour, en fin de potentiel. Joly survole la plage en pensant que, ce jour-là, la rébellion n'a pas eu de chance.

Il sourit pour lui-même.

Là, tout en bas, il repère une petite crique tranquille. Plus loin, il y a un bistrot au bord de la mer, avec ses parasols de toutes les couleurs. Demain, avec Lily, son Oranaise sympa...

⁂

Aujourd'hui 17 juin 1957, les troupes sont fraîches.

Les Bananes de l'ALAT venues du GH 2/Sétif se posent à Akbou, dans le sud-ouest de Bougie. La Petite Kabylie et la vallée de la Soummam étalent leurs paysages contrastés et grandioses. Le capitaine Cannet vole sur le H 21 « AAW » avec l'adjudant Pérez comme copilote.

— J'ai l'impression que nous allons faire pas mal de baptêmes de l'air aujourd'hui, remarque Cannet.

— C'est aussi mon impression. Vous avez remarqué la tête de nos « commandos », mon capitaine ?

— Oui. On dirait qu'ils viennent à peine de débarquer du *Ville d'Alger*.

— Espérons seulement que la DZ ne sera pas tenue par les fells !

— Comme vous dites, Pérez.

Les chasseurs qui vont embarquer dans les cargos sont de jeunes appelés du contingent. Vingt ans à peine, jetés sans transition dans l'univers sauvage de la guerre. Les treillis sont neufs, les brélages en cuir encore tout raides, luisants. Les soldats savent-ils seulement se servir de leurs armes à peine dégraissées ? D'ordinaire, on reconnaît les vieux baroudeurs, impénitents traîneurs de pataugas du djebel, à leurs grenades OF cabossées, à demi écrasées, brinquebalant au ceinturon comme autant d'amulettes. Aujourd'hui...

Oui, aujourd'hui, les troupes sont fraîches.

— Embarquez !

Le cargo de la Banane, vu de l'intérieur, est une sorte de wagon, un long couloir avec ses deux rangées de sièges en sangles accrochés contre les cloisons. Tout cela vibre à cause des deux rotors, mais paraît rassurant.

Cannet se retourne sur son siège et jette un dernier coup d'œil par-dessus son épaule ; chacun a presque trouvé sa place. C'est à ce moment-là qu'il aperçoit « bébé rose ».

Le jeune chasseur s'est assis à un mètre cinquante à peine derrière le pilote. Son visage n'est pas encore sorti du monde de l'enfance. Sous son casque lourd un peu trop grand pour lui, ses yeux brillent d'excitation et de joie. Visiblement, il va voler pour la première fois de sa vie. Cannet lui sourit et il répond au sourire du capitaine. Ses joues rebondies sont rose vif, il paraît à peine seize ans.

— C'est paré, mon capitaine, annonce Pérez.

— Bon, on y va ! enchaîne Cannet.

Le vol est sans histoire jusqu'à l'approche du point de poser dans le carré chasse MY 54-69, une sorte de crête en pente assez douce. La région est boisée...

Soudain, un claquement sec. Le pilote comprend aussitôt :

— Nous sommes touchés !

Les lampes rouges d'alerte signalant la chute de pression d'huile à la boîte de transmission arrière s'allument, mais le moteur continue de tourner rond. Les commandes ne semblent pas atteintes. Sous l'effet d'une impulsion subite, Cannet se retourne pour regarder dans son cargo. Le bébé rose le fixe de ses yeux agrandis, ses joues sont à présent plus pâles que des feuilles d'endives. Et, comme à l'école, il lève l'index en l'air, ouvre la bouche comme pour dire :

— Monsieur ! Monsieur...

Puis, voyant que le pilote le regarde, il pointe son doigt vers le plancher, juste entre ses jambes, semblant ajouter :

— Monsieur, quelqu'un a fait un trou entre mes deux pieds !

La DZ étant tenue par les rebelles, l'ordre est donné de ne pas tenter le poser. Les Bananes retournent à Akbou. A l'inspection du « AAW » on constate que les câbles de commande crabottage-moteur, indications de boîte transmission arrière, sont coupés. La réparation doit se faire sur place. Les troupes débarquées seront réparties dans la rotation suivante. Le capitaine Le Bot, adjoint de Cannet, prend l'affaire en main pour poser sur une autre DZ.

Avant qu'il ne s'éloigne, le capitaine Cannet dit au jeune chasseur :

— Bon courage et... ne regardez plus par terre !

Le bébé rose a un petit sourire crispé et il n'a toujours pas repris ses couleurs.

Mais il est aussi des pilotes qui passent parfois par de bien désagréables sensations.

⁂

Le 3 juillet 1957, l'Aéronavale crée un détachement à Tlemcen. Daguzan accompagne Loyer avec son H 19, personnels et appareils de la 33 F se trouvant basés à l'hôpital. Les marins ont vite fait d'organiser leur popote dans les bâtiments flambant neufs. Reliés par une ligne directe avec le PCA, ils peuvent faire des transports de commandos en effectuant un saut de puce jusqu'au terrain de Zénata. Pour les évasan, les appareils se posent dans la cour juste derrière, à vingt mètres à peine de l'entrée des urgences.

Les marins partagent cette mission avec les aviateurs déjà à pied d'œuvre. L'adjudant Joly de l'EHL 1/57 se trouve là avec son Bell et son mécano. Le pilote fait remarquer :

— Bon Dieu, qu'est-ce qu'on peut s'emmerder ici, entre deux missions !

Bien sûr, les lits d'hôpital sont plus confortables que le lit Picot, ou le brancard d'une civière, mais l'ambiance est plutôt déprimante. Malgré les sourires des infirmières, la bonne volonté des toubibs, les nuits restent longues à cause du couvre-feu. Sympathique, un chirurgien propose à nos aviateurs :

— Si ça vous intéresse de voir une opération, dites-le. On vous équipera en conséquence.

— Ma foi, pourquoi pas ?

— Vraiment ? Eh bien, tenez, par exemple ce soir, j'ai une intervention. Un truc assez banal, quelque chose de pas méchant...

— O.K.

— Alors, à ce soir !

Joly s'est peut-être avancé à la légère. Bien sûr, lorsqu'il les évacue, il voit journellement des blessés salement touchés, mais tout cela est si rapide ! Et puis, dans ces moments-là, il est fort occupé.

— Tu crois qu'on va tenir le coup ? demande le pilote à son mécanicien.

— J'sais pas. On verra bien...

On les habille en blanc, le masque devant la bouche. Dans la salle d'opération, l'anesthésiste a fait son travail. Sur la table, le soldat endormi est un Noir gigantesque, entièrement nu, magnifiquement monté. On entend pouffer les rires étouffés des infirmières, mais l'instant n'est pas à la gaudriole. Le scialytique s'allume, l'opération commence :

— Scalpel !

L'adjudant Joly regarde, commençant à regretter de se trouver là. Le chirurgien a des gestes sûrs. Il coupe un morceau de peau, puis s'arrête, perplexe. Il se tourne vers les infirmières :

— Compresse !

Un léger temps, puis :

— Est-ce que ça vous paraît bien ?

— Bof...

— Vous avez raison, je vais en enlever un peu plus...

La lame brille sous la lampe. Joly sent la sueur lui dégouliner du front, tout le long des joues, sous le masque. Il ferme les paupières. En *off*, le chirurgien continue de commenter son intervention :

— Je crois que maintenant tout va fonctionner parfaitement. Qu'en pensez-vous, mesdemoiselles ?

Le pilote n'en écoute pas davantage. Sa vue s'est brouillée. Il sort rapidement de la salle, arrache son masque, respire un grand coup.

Des images le suivent : cette peau coupée, taillée, retaillée, raccourcie. Ce n'était pourtant qu'une simple circoncision...

⁂

Le 6 décembre 1957, le lieutenant Cannet ravitaille en Banane une compagnie des troupes de Bellounis [1]. A bord, un rallié sert de guide. Le H 21 survole lentement le point de rendez-vous, une sorte de plateau aride, à dix mètres à peine d'altitude. Dans cette région ouest de Biskra, c'est le désert, il n'y a que des pierres et quelques maigres buissons d'épineux.

— *Chouf*, mon y'eutnant : ils sont là ! Pose-toi !

— Mais enfin, il n'y a personne !

---

1. La veille, Bellounis s'est engagé contre le FLN, le pilote Rabine, détaché de l'ALAT, sera mis à sa disposition. Plus tard, le « général » Bellounis sera « liquidé » par une partie de ses troupes qui repasseront à nouveau du côté de la rébellion.

— Si, si ! Pose-toi ! Les Frères sont ici, je te dis !

Cannet pose sa Banane avec l'impression que son guide a vu un mirage.

— Bon, on va bien voir...

Au moment même où l'appareil se pose, une cinquantaine d'hommes sortent de nulle part. Ils émergent littéralement de terre, surgissent des buissons, semblent jaillir des rochers mêmes. Cannet comprend alors qu'il est possible de survoler des dizaines de fois des katibas entières sans apercevoir un seul fellagha.

La Banane est déchargée. Pendant ce temps, l'équipage sympathise un peu, on parle politique, avenir de l'Algérie. On évoque des combats où l'on se trouvait la veille chacun dans le camp opposé. La plupart du temps, les équipages des hélicos ont pour ces rebelles qui ont pris le maquis une certaine estime. Au combat, ces égorgeurs, ces « bandits », comme on dit à l'époque, ont souvent un courage extraordinaire. Ils sont capables de résister jusqu'à la mort derrière un rocher, au fond d'une grotte, face à un adversaire cent fois supérieur en armes et en nombre.

Oui, Cannet a pour eux une espèce d'admiration. On échange deux ou trois cigarettes, on se détend encore un peu plus. Les hasards de la guerre vous rapprochent ou vous opposent. *Inch' Allah,* c'est la fatalité, personne n'y peut rien.

Rien.

Alors, la conversation roulant sur les hélicos, les hommes de Bellounis racontent à Cannet comment ils ont abattu le 8 avril à Bordj de l'Agha l'hélicoptère de Scherrer et Gorgol. Cannet revoit aussitôt leurs visages, deux copains ayant fait le stage de pilote avec lui, en 54, à Carcassonne, confiés tous les trois à un même moniteur, ancien des Morane 406 de la guerre de 39, M. Viala. Ils étaient inséparables.

Les hommes de Bellounis parlent. Dans leur voix, il n'y a aucune gloriole, ni haine. C'est pour eux un récit banal. Oui, ils ont tiré dans le réservoir de l'appareil, puis celui-ci a explosé en vol. Ensuite, ils ont achevé les deux pilotes. Maintenant, ils marchent avec nous.

Les poings serrés au fond des poches, Cannet fait activer la fin de sa mission de ravitaillement. Puis il redécolle avec un goût de cendre dans la bouche : Scherrer et Gorgol, des copains d'hier disparus, tués par les « amis » d'aujourd'hui.

***

Le lieutenant Chausseau a mauvaise réputation. C'est pourtant un bon pilote de Bell, un excellent camarade, il respecte la hiérarchie même à la radio, prend son tour d'alerte sans pester contre la météo. Mais les camarades le connaissent bien et ils n'hésitent pas à lui dire en face, en souriant :

— Chausseau, un jour, tu te perdras toi-même !

— Ne vous tracassez pas pour moi...

— Nous, tu sais, ce qu'on t'en dit...

— ... C'est surtout que nous n'aimerions pas te voir tomber en croix un beau jour en plein djebel au milieu des fellouzes, sans savoir où aller te chercher !

C'est bien connu, Chausseau ne sait pas s'orienter en l'air avec une carte. Pour lui, rien ne ressemble plus à une route qu'une autre route, un djebel à une autre montagne, et tous les oueds sont pareils. Aussi, ses camarades ont-ils décidé de lui donner une petite leçon, afin qu'il tâche de se perfectionner un peu.

Ce jour-là, Chausseau doit faire une liaison en Bell entre Boufarik et Cherchell. La zone survolée n'est pas suffisamment dangereuse pour empêcher de faire le point de son expérience en topographie. Le sergent mécano qui décollera avec lui est discrètement pris à part :

— Surtout, tu laisseras le lieutenant se débrouiller tout seul ! Pas question de l'aider pour retrouver sa route, car il va se perdre à tous les coups ! Il faut qu'il s'habitue à se retrouver tout seul !

— Bon, je vois, on va jouer les kamikazes !

— Ne rigole pas, c'est sérieux. De toute façon, tu connais assez le coin, non ? Au pire, vous pourrez toujours piquer plein nord pour retrouver le littoral, puis filer jusqu'à Cherchell.

— Vu.

— Bonne route et amusez-vous bien.

Comme prévu, le début du vol se passe sans histoire. La météo est bonne, la visibilité parfaite. Sous l'appareil, la plaine de la Mitidja défile avec ses riches plantations, ses cultures à perte de vue, des arbres fruitiers, des orangers alignés au cordeau, des fermes blanches comme des haciendas. Les marais insalubres de 1830, avec leurs marécages, leurs moustiques et les razzias des Hadjoutes, sont devenus terres trop riches pour qu'elles puissent aujourd'hui être perdues avec indifférence. Un blindé se traîne sur une route en soulevant un nuage de poussière jaune derrière lui.

— Quelle est cette route ? demande Chausseau.

— Je l'ignore, mon lieutenant !

— Bon, tiens-moi les commandes deux minutes : je vais faire le point sur la carte.

— Ben... vous savez, mon lieutenant, je n'aime pas beaucoup ça... Si je faisais une fausse manœuvre...

— Alors, prends la carte et fais le navigateur !

— Pas question ! Je vois très bien de près pour mes joints et mes boulons, mais pour regarder de loin, zéro !

Chausseau fait une grimace qui en dit long et le sergent rit intérieurement. Un simple coup d'œil sur la carte et...

— Je vais faire un peu de radada, annonce Chausseau. Comme ça, je pourrai lire le nom des patelins sur les panneaux indicateurs.

— Avec les lignes à haute tension ? Vous n'y pensez pas, mon lieutenant !

— Bon. Alors, je vais me poser à proximité d'une ferme, avec des pieds-noirs de préférence.

— Comme vous voudrez, mais nous sommes sans armes. Si par malheur...

Cinq minutes plus tard, le pilote aperçoit un endroit dégagé sur lequel il pourra se poser sans abîmer les cultures. Un peu plus loin, il y a un tracteur avec des ouvriers agricoles, assis à l'ombre d'un figuier noir.

— Va faire le point ! lance le lieutenant dès qu'ils sont posés.

Le sergent saute à terre, se dirige vers les hommes assez surpris de voir un hélicoptère d'aussi près. Ils discutent ensemble. Le sergent pose des questions, les uns et les autres tendent le bras un peu dans toutes les directions. Chausseau se rassure, ils sont en train de lui indiquer la bonne direction. Ce qu'il ne sait pas, c'est que son mécano, dont les parents vivent à la campagne, discute rendement du blé à l'hectare avec les pieds-noirs. Enfin, le sergent remercie, serre des mains, court vers le Bell, embarque.

— Alors ! crie Chausseau. Tu as fait le point ?

— Oui, c'est fait !

— Où sommes-nous exactement ?

— Dans le champ du maire, mon lieutenant !

⁂

La tournée de Noël 1957 des postes de la demi-brigade des fusiliers marins commence le 24 décembre par Nemours. Le maître pilote de H 19 de la 33 F, René Gloaguen, transporte l'aumônier de la Marine, un harmonium à main servi par un gendarme maritime aux mains énormes, plus grosses que des battoirs. Ses doigts poilus, boudinés, enfoncent deux touches à la fois, et il ne peut jouer que des accords. Trois femmes, dont une Kabyle blonde, sont également transportées dans le cargo.

La tournée est importante : Honaïne à l'est de Nemours, Requin au sud, Beraoun, Nédroma, Marnia, Méziane, Sebdou, Béni-Badel de l'autre côté de Tlemcen, Azzouna, Méchour. L'aumônier dit la messe dans chaque poste visité, le gendarme maritime plaque ses accords. Gloaguen, par politesse, assiste au début à chacun des offices. A l'issue de l'un d'eux, l'aumônier hoche la tête et lui fait remarquer tristement :

— Tu vois, c'est malheureux, nous venons jusqu'à eux pour leur dire la messe, et les hommes ne se dérangent même pas pour écouter la bonne parole. Ce sont de vrais mécréants !

— Et ça vous étonne vraiment, monsieur l'aumônier ?

— Oui, ça m'étonne un peu. C'est quand même Noël...

— Eh bien moi, ça ne m'étonne pas du tout ! Vous devriez faire débarquer les bonnes femmes, et vous auriez alors du monde à la messe !

Les trois femmes, dont la blonde Kabyle, sont détachées du BMC[1]. Naturellement, dans cette tournée, c'est un peu la course contre la montre et elles officient de leur côté en même temps que l'aumônier du sien. S'il n'y a pas foule à la messe, c'est que les hommes font la queue ailleurs. L'aumônier soupire, puis :

— Tu as certainement raison, Gloaguen, mais il n'est pas question de faire débarquer ces filles. Vois-tu, petit, l'esprit et le corps, ça va ensemble...

1. Bordel militaire de campagne pour mémoire.

CHAPITRE X

DES INFIRMIERES POUR LES HELICOS

Quatre IPSA, infirmières parachutistes secouristes de l'Air, arrivent le 19 mai 1957 au GH 2 de Sétif : Nicole Jeanteur, dite « la Grande Nicole », Christine de Murville, Ghislaine Garnier et Nicole Aubry, dit « la Petite Nicole » ou « Bouchon ». Le capitaine Henner les accueille à leur descente d'avion et les emmène au « Kremlin »[1]. Elles sont accueillies par Crespin et par son adjudant, du Puy-Montbrun.

Le colonel est bref :

— Ça faisait longtemps que je demandais des IPSA à votre directrice, la baronne de Vandreuve, que j'ai bien connue en Indochine. Enfin, vous êtes là. Pour l'instant, vous n'êtes que quatre filles, aussi vous ne manquerez pas de travail ! Vous savez ce qu'on attend de vous : évacuer des blessés dont la plupart n'auront reçu aucun soin. Je pense que votre formation vous permettra de le faire dans les meilleures conditions. Bon ! Et puis aussi ne vous laissez pas embêter par les garçons !

Crespin briefe ensuite ses commandants d'escadrilles :

— Chaque hélicoptère quittant la base de Sétif pour une évasan partira avec l'IPSA de service. De même, chaque détachement embarquera avec lui une miss et le matériel de premiers secours, oxygène, flacons de sérum, etc.

L'accueil des pilotes est plutôt froid. Les infirmières sont regardées comme des bêtes curieuses. Lafarie râle plus haut que les autres :

— Ces filles vont mettre le bordel sur la base, vous verrez !

En fait, elles sont vite admises par tous les équipages. Ghislaine

1. Le PC de Crespin au GH 2. Y être convoqué, c'est s'attendre à voir tomber la foudre à ses pieds...

et Christine volent surtout avec l'escadrille n° 1, « Bouchon » et « la Grande Nicole » opèrent plutôt avec la n° 2 et les marins de la 31 F. détachés à Sétif.

— Bon, allez, la miss, on décolle pour une évasan...

Quelques jours après leur arrivée, le sergent-chef Gourmelen, dit « la Gourmille », embarque « Bouchon » dans son Siko.

C'est la première évasan de l'IPSA.

La DZ est une pente très accentuée, au fond d'un oued. Le blessé a reçu une rafale dans le ventre, et il faut aller le ramasser assez loin.

Avec ses quarante kilos, « Bouchon » peine à porter le brancard. Gourmelen descend de son siège avec sa carabine US, la lui tend. Elle la prend à l'envers, non pas qu'elle soit émue — les mottes de terre volent pourtant sous les balles fells autour d'eux — mais elle est incapable de savoir s'en servir. Le corps est embarqué, « Bouchon » est catastrophée, le blessé est mort. Elle répète tristement :

— Le garçon est mort, il est mort...

De retour à Sétif, Gourmelen lui remonte le moral :

— Allez, viens boire un pot. Tu sais, tu en verras d'autres.

— Il avait à peine vingt ans, savait-il seulement pourquoi il était là ?

— Allez, viens boire un coup. Oublie ça.

Il faut s'aguerrir, mais l'IPSA n'oubliera jamais sa première évasan. Les opérations continuent. A l'occasion des risques encourus en commun, des liens étroits se noueront : « Bouchon » épousera Gourmelen deux ans plus tard, Ghislaine Garnier deviendra Mme Brusadelli, Christine de Murville sera un jour Mme Ghesquière, « la Grande Nicole » se mariera avec le LV Guillemot de la 31 F. Plutôt timide, le marin lui remettra sa lettre de demande en mariage, en voltige sur une DZ, entre deux atterrissages au cours d'une opération du côté d'El Milia. Venu d'un coup d'hélico de Bir-el-Ater pour se marier à Sétif, Guillemot repartira en opération le même jour à 16 heures. Et les commissaires de la Marine, en épluchant les comptes dans leurs bureaux à Alger, auront peine à croire qu'il avait droit à la prime de 6 francs, *étant en bivouac* le soir de son mariage.

D'autres IPSA arrivent par la suite au GH 2 : Odile Tommy-Martin, Françoise Mathurin, Madeleine Bonodeau, qui épouseront d'autres pilotes d'hélicos.

Et toutes ces filles dévouées se dépenseront sans compter durant ces années de guerre dans tous les djebels d'Algérie, soignant avec le même cœur les appelés de France et les djounoud blessés des maquis. Parlant d'elles avec son accent rocailleux, Crespin ne leur fait pas un mince compliment :

— Les petites, ce sont des filles « comme ça ». D'ailleurrrs, elles font l'admirration de tous les gars du grrroupe !

Venant du « patron », c'est plus qu'un coup de chapeau, c'est un coup de béret bleu qu'il leur donne ! Et pour s'en rendre compte, il suffit de le regarder : quand il est de bonne humeur, Crespin porte son béret bleu avec les rubans sur l'oreille. Lorsqu'il y a un problème, il l'arbore réglementairement, les rubans sur la nuque.

Mais pour l'instant, la dure aventure des IPSA ne fait que commencer.

L'escadrille n° 2 du capitaine Marchal est stationnée à Batna, dans le Constantinois. Le jeune capitaine commandant le détachement de T 6 est rapatriable, son remplaçant est arrivé de France. Il offre son pot de départ aux hélicos de l'ALAT : Marchal, Lacarrière, Iordanoff, « Bouchon » sont là. Par alerte radio, une opération est déclenchée.

— Je viens avec vous, annonce à Marchal le capitaine sur le départ. Je vais montrer à mon remplaçant comment il faut faire.

— O.K. Comme tu veux.

Soudain, un message radio arrive :

« T 6 crashé en tant sur tant. Envoyez un hélico pour essayer de récupérer le pilote. »

Malheureusement, le T 6 est en feu. Il n'est plus question de sauvetage : du pilote, il ne reste qu'un petit tas de caramel. Cinquante centimètres à peine de long, une puanteur que l'on roule hâtivement dans une couverture.

« Bouchon » embarque le brancard dans la Banane. Elle est anéantie :

« Que disait tout à l'heure le jeune capitaine offrant son pot de départ ? Il se réjouissait de rentrer en France, où l'attendaient sa femme et ses enfants. C'était un homme, il n'en reste que ce tas de chairs carbonisées, à l'odeur suffocante. Oui, il y a un quart d'heure à peine, nous riions ensemble avec lui... »

Mais il faut chasser l'odeur et les pensées noires. Le soir, Marchal dit à « Bouchon » :

— Allez, miss, va te faire une beauté, nous allons dégager à Batna. La vie continue.

Dans la région de Tébessa, « Bouchon » et Marchal viennent récupérer un blessé sur le terrain. C'est un « ventre ». Le jeune lieutenant, vingt-deux ans environ, attend sur un brancard, la plaie à l'air, un morceau de viscère sortant de sa blessure.

« Bouchon » s'affaire aussitôt. Elle fait un pansement humidifié avec du sérum physiologique, pose une perfusion et dit à Marchal :

— Il faut faire vite avec ce garçon, car l'infection se met rapidement dans un ventre ouvert. Evacuons-le directement sur Tébessa.

— Je demande par radio l'autorisation au colonel toubib...

Un médecin-colonel a installé en effet une antenne chirurgicale dans le secteur et il exige que tous les blessés passent par elle. Lors d'un clash sérieux sur un terrain éloigné, un tel dispositif est appréciable. Mais dans le cas présent, ce serait une perte de temps inutile, l'hôpital de Tébessa étant à peine à dix minutes de vol en hélico.

« Bouchon » fait patienter le blessé :

— Dans un quart d'heure, vous serez sur la table d'opération. Tout ira vite et bien. Demain matin, nous viendrons vous voir, vous serez en pleine forme !

Le jeune appelé est très conscient. Il sourit, il ne souffre plus. Vraiment, ce petit bout d'infirmière doit avoir raison, sa blessure ne sera bientôt plus qu'un mauvais souvenir.

Malheureusement, le colonel toubib tergiverse, il tient absolument à ce qu'on transite par son antenne, voulant trier personnellement les blessés. Marchal se met en colère et obtient de pouvoir enfin décoller sur Tébessa. « Bouchon » renouvelle son pansement humide, pour que les viscères ne se dessèchent pas. Poser, ambulance ; à l'arrivée, « Bouchon » demande anxieusement :

— Nous avons fait tout ce que nous avons pu, hein, Marchal ?

— Oui, tout...

Le lendemain, ils viennent à l'hôpital de Tébessa prendre des nouvelles de leur blessé :

— Alors, comment va notre lieutenant ?

— Il est mort, sur la table d'opération. Vous nous l'avez amené un peu trop tard...

⁂

Il fait très chaud sur le djebel Ahmar en ce début de juillet. Pour faire les pleins des appareils, par 45 à 50 degrés à l'ombre, les mécaniciens doivent prendre les jerricans avec des chiffons mouillés, pour ne pas se brûler les mains.

Toutes les Bananes de l'escadrille n° 2 du GH 2 sont alignées dans le canyon de l'oued M'Chounèche. Le leader de la formation est le capitaine Marchal. Dans le djebel en pente un peu plus loin, les T 6 straffent, on aperçoit sur les versants les fellaghas qui déboulent en courant. Ils semblent foncer en direction des H 21. Les équipages plaisantent « Bouchon » qui se trouve avec eux :

— Dis donc, « Bouchon », si tu n'as pas encore vu des fellaghas de très près, c'est le moment !

« Bouchon » sourit mais ne répond pas. Des fellaghas ? Elle en a déjà tant évacué, qu'elle sait qu'ils sont exactement faits comme les copains ! Ainsi que les autres IPSA, elle les a soignés avec autant d'amour, s'est fait autant de soucis pour eux que pour les autres blessés.

Mais voici que les fellaghas se rapprochent de plus en plus en direction des hélicoptères. Un mécanicien fait remarquer qu'ils vont se faire « allumer » avant peu.

Péremptoire, Marchal énonce :

— De toute façon, il n'y a que les imbéciles qui se font blesser !

Soudain, on demande une évasan. Le lieutenant Hauser décolle avec « Bouchon ». Poser sur une DZ à proximité immédiate d'un poste, il y a là un lieutenant, deux sous-officiers, mais pas de blessés à enlever :

— Il faut attendre un petit moment avant que les blessés n'arrivent, annonce l'officier.

— Pourquoi ? demande Hauser.

— Parce qu'ils se trouvent sur l'autre versant et des fells sont entre eux et nous. L'affaire est en train de se régler.

Tout d'un coup, la DZ se fait allumer. Hauser conseille à « Bouchon » :

— Va te mettre à l'abri dans la Banane !

« Bouchon » embarque dans le piège. Elle laisse bien sûr la porte ouverte pour avoir un peu de courant d'air et décide d'allumer une cigarette en attendant que la situation se décante. Elle s'accroupit près de la porte, sort son briquet, allume sa cigarette, puis relève la tête...

A ce moment-là, « Bouchon » reçoit un choc terrible et elle pense qu'elle est en train de sauter avec l'appareil :

— Merde : Crespin ! se dit-elle aussitôt.

Combien de fois « le Big » n'a-t-il pas interdit de fumer dans les appareils ? Un accident est si vite arrivé, malgré les mesures de sécurité les plus élémentaires ! Avec cette chaleur...

Mais il ne s'agit pas d'explosion, l'IPSA vient de recevoir une balle dans le bras droit. Se découpant sur la porte ouverte de la Banane, le tireur l'a peut-être prise pour le pilote. Quoi qu'il en soit, le sang coule en abondance, l'os est fracturé.

Le lieutenant Hauser accourt, tire « Bouchon » par les pieds avec l'aide du mécanicien Henri, dit « le Druide », et lui pose un pansement de première urgence.

Malheureusement, la situation n'évolue pas bien vite, les blessés ne peuvent toujours pas rejoindre la DZ et la nuit va bientôt tomber. Le lieutenant du poste conseille au pilote :

— Décollez maintenant ! Si l'appareil est touché, je n'aurai pas assez de personnel disponible pour assurer sa garde.

Hauser appelle Marchal à la radio, qui répond :

— Bon, OK. Décolle tout de suite et évacue « Bouchon » sur l'hôpital de Biskra !

Il se fait tard, l'IPSA est recousue sous anesthésie locale, on lui plâtre le bras. A deux heures du matin, le capitaine Marchal arrive tout excité, il veut la voir sans attendre jusqu'au lendemain matin.

Dans son lit d'hôpital, « Bouchon » paraît encore plus petite, plus menue que jamais. Elle accueille Marchal avec un petit sourire navré :

— Eh bien tu vois, Marchal, je suis blessée moi aussi : comme tu le dis si bien, ça fait à présent une imbécile de plus !...

CHAPITRE XI

AVEC CEUX DE L'ALAT

Les renseignements affluent au 2e Bureau et l'escadrille n° 2 basée à Tébessa va se trouver de nouveau sur la brèche.

L'action du 18 décembre 1957 doit se dérouler dans l'Outa Gassès, au sud-ouest de Tébessa, un djebel rocheux isolé au milieu d'une immense plaine. L'opération doit commencer par un héliportage *a priori* sur le piton central, l'Hamimat Guerra, et sur les petits mouvements de terrain alentour. Les Bananes de l'ALAT déposent leurs passagers sur presque toutes ces bosses, mais le hasard veut qu'un promontoire de rochers soit oublié par le commandement lors de sa préparation de l'opération.

Vers 10 heures, le PC « Jaribu » apprend que deux rebelles ont été abattus. Avant, ils ont tué un légionnaire de l'escadron, blessé un autre, touché le Broussard « Nono »[1], qui sera indisponible pour la journée. L'Alouette sanitaire, avec le lieutenant Garnier et l'IPSA Nicole, part immédiatement pour se poser cinq minutes plus tard auprès du blessé. Dans l'excitation du combat, les légionnaires se précipitent autour de l'appareil et l'un d'eux, en allant chercher un brancard, passe derrière l'Alouette. Il heurte le rotor de queue de l'épaule, se blesse, l'Alouette est indisponible, il va falloir la dépanner. Le capitaine Cannet décolle immédiatement avec une Banane, enlève les blessés et le tué, les évacue sur Tébessa, revient deux heures après avec un rotor de queue pour effectuer le dépannage. Vers 13 heures, l'Alouette reprend l'air vers sa base.

Le déroulement de l'opération n'apportant aucun contact avec les rebelles, le commandant décide d'effectuer un héliportage sur Hamimat Guerra. Le capitaine Marce du 2e REP et sa compagnie se retrouvent sur le piton, aucun résultat n'est obtenu.

---

1. Du nom du commandant Honorat de l'armée de l'Air, PGA bien connu.

Vers 13 h 30, l'opération tourne au contrôle de population. Le capitaine Coicaud est héliporté avec sa compagnie sur le djebel Abtine. Il n'y a toujours pas de rebelle au rendez-vous.

Tout à coup, en passant auprès d'une bande de rochers de 400 mètres sur 80, le capitaine Chollet, qui ramassait la population, est accueilli par un coup de feu. Les fellaghas se dévoilent enfin. Le capitaine Marce est aussitôt repris et déposé à l'est. Le 81e RI arrive au sud-est, une section occupe les mechtas constituant la ligne la plus avancée de nos troupes. Une erreur, ou une interprétation erronée des coordonnées des positions amies, se solde par une dizaine de blessés graves et deux morts, un obus de 75 arrive en plein sur une mechta occupée par une section amie...

Des canons de 75 SR sont amenés par Banane au nord des rebelles, l'encerclement est complet. Les Corsaire et les Mistral interviennent à leur tour. Les appels radio envahissent le réseau, les demandes d'évasan affluent. Isolément, les Bananes vont les chercher, découvrant la plupart du temps que les DZ sont malsaines. En descendant de son piège, le lieutenant pilote Iordanoff est accueilli par une rafale de mitrailleuse rebelle. Il n'a que le temps de saisir « Bouchon », pour la faire remonter dans le cargo. Il attend un peu, puis :

— Ça se calme, on y va !

Mais les combattants sont trop occupés par l'action en cours pour s'occuper des blessés ! Il faut presque trouver de force des porteurs pour les brancards. « Bouchon » menace d'aller chercher elle-même un homme qui vient de tomber à cent mètres de là.

A 16 heures, les compagnies verte et rouge montent à l'assaut, chacun à un bout du promontoire. La progression est menée rondement. Les deux unités se rejoignent au centre du dispositif rebelle. PM, grenades, poignards entrent en jeu. Le REP a une quinzaine de blessés [1]. 60 rebelles sont tués, 6 mitrailleuses allemandes récupérées, ainsi que 20 PM et 33 fusils de guerre.

Dans la nuit qui tombe, les Bananes retournent chercher les derniers blessés et les morts, les ramènent à Tébessa. Iordanoff décolle le dernier. A présent, la nuit est complète. N'ayant pas l'habitude du vol de nuit, le pilote n'est pas rassuré. En plus, son radiocompas ne marche pas.

— Bah, tout cela, c'est sans importance ! se raisonne-t-il. Aujourd'hui, c'est mon jour de chance...

Alors, il décolle avec les derniers commandos. Les hommes sont fourbus, l'excitation du combat est tombée. Rassurés, se sentant enfin en sécurité, ils sont prêts à s'endormir dans l'hélico. Ils ne peuvent pas savoir qu'ils risquent à ce moment-là un danger plus grand qu'en face des mitrailleuses rebelles !

---

1. Total des pertes amies : 6 morts, 28 blessés.

De lumière en lumière, Iordanoff se guide tant bien que mal. Il arrive à Youks, pousse jusqu'à Tébessa.

— Suis-je le dernier ? s'étonne-t-il d'un ton faussement naïf.

— Plutôt ! On ne t'attendait plus...

La première Banane est déjà posée depuis plus d'une heure...

Durant cette époque de grosses opérations de Tébessa, sur la frontière tunisienne et Guelma, les évasan se succèdent, mêlant parfois dans les mêmes cargos les ennemis de l'heure précédente. Les IPSA font un travail considérable, les jeunes toubibs aussi.

Binet est un médecin-lieutenant, fils du doyen de la Faculté de Médecine de Paris. Il s'est fait affecter au GH 2 pour effectuer des opérations tout en affûtant ses couteaux. Il veut surtout étudier le problème des transfusions sanguines en vol, et il ne saurait être mieux placé que dans cette unité.

Dans une petite trousse, il transporte avec lui ses instruments, faisant l'admiration des équipages des hélicos. Encore un peu, et l'on ferait la queue pour le regarder faire les trachéotomies en vol, un petit coup de bistouri, à peine une goutte de sang, mise en place d'une canule, l'air qui passe enfin. Du travail de précision, malgré les virages en l'air de 180°, les trous d'air.

Mais il y a aussi bien d'autres façons de traiter les passagers des hélicos.

La Bataille d'Alger terminée, le 1er REP vient travailler avec l'EHO 1 du GH 2 dans le secteur de Touggourt. Cette étroite collaboration sera fructueuse, mais quelques préjugés sont à vaincre. Les équipages des H 34 de l'armée de l'Air avec lesquels les légionnaires ont opéré jusqu'alors les avertissent gentiment :

— Vous allez travailler avec les Bananes de l'ALAT ? Eh bien, méfiez-vous, ce sont de véritables cercueils volants !

Un légionnaire ne saurait exprimer de la crainte mais, dès que « la Huche » et « Gourmille » embarquent le premier stick du 1er REP, les pilotes se rendent compte aussitôt « que le cœur n'y est pas ». « Gourmille » décide de faire quelque chose. Il annonce à « la Huche » :

— Garde les commandes, je vais occuper un peu les gars durant le voyage ! Je vais tâcher de les dégeler...

Dans les djebels du reste de l'Algérie, les rotations d'hélico sont le plus souvent assez courtes, dix à vingt minutes la plupart du temps. Ici, dans le Sud, il faut compter avec l'immensité désertique, et des vols comme celui-ci, d'une durée d'une heure, sont courants.

Le sergent-chef Gourmelen va dans le cargo. Les superstructures des Bananes sont protégées par un capotage en toile, et cela forme des sortes de petits compartiments discrets. Le pilote en extrait un litre de vin rouge et le tend au premier légionnaire. La bouteille passe de main en main, elle revient vide. Gourmelen en sort une seconde, puis une troisième. Il en sort ainsi six à la suite. La réserve étant épuisée, il reste un litre de cognac. Celui-ci fait deux tours, puis est abandonné vide sur le plancher. L'ambiance à bord est nettement meilleure.

Un légionnaire chante, puis deux, à la Légion, on chante souvent et bien. C'est bientôt l'arrivée. La Banane de « la Huche » et « Gourmille » se pose en deuxième position, en plein sur les fellaghas.

C'est la ruée générale.

Les légionnaires foncent, comme s'ils avaient carburé du kéro ! Le bilan, immédiat, est sans bavure. Le soir, les équipages sont reçus au PC de la Légion. Le capitaine commandant la compagnie fait remarquer :

— Je ne sais pas ce que vous avez fait à mes gars, mais je ne les ai jamais vu sortir aussi vite d'un appareil ! Ils gueulaient et chantaient comme des ânes !

— Peut-être ne sont-ils pas habitués aux Bananes, suggère faiblement « la Huche ».

— Eh bien, détrompez-vous, car ça n'a pas traîné ! Vous avez vu comment ils ont retrouvé d'instinct leur appareil, au retour ?

***

Petit, maigre, blond tirant sur le roux, nerveux, le capitaine Marchal court tout le temps. Electrique, ses camarades l'appellent « Trente-trois mille tours ». Le jour, il se dope au Maxiton, le soir il prend un somnifère et, le lendemain matin, re-Maxiton. A l'ALAT, certains préfèrent encore l'appeler « le Fondu ».

Marchal veut être de toutes les missions. Lorsque les équipages partent avec lui comme commandant de DIH, ils ne savent jamais quand ils reviendront. Encore en pleine nature, l'opération à peine achevée, il appelle par exemple Sétif par radio :

— Ici Marchal. J'ai terminé, mes pièges sont disponibles. Est-ce que vous avez une autre mission pour moi ?

Parti dans la vallée de la Soummam pour trois jours, il reste plus de quinze jours, trouve à opérer à Bougie, les roues dans l'eau il refuse de partir. Ses hommes n'ont plus de savon, de dentifrice, ils se sentent sales. « Bouchon », la petite IPSA, n'est pas mieux lotie qu'eux. Tous se taisent.

Le 6 janvier 1958, en Petite Kabylie, un accrochage très dur se déroule du côté de Lafayette, trois Bananes du GH 2 décollent de Sétif. « La Foudre » se trouve en leader comme copilote avec le capitaine Marchal. Celui-ci jubile. Les commandos embarquent enfin, exténués. Marchal ordonne à son copilote :

— Laisse la fenêtre ouverte, nom de Dieu !

Les hommes ont crapahuté toute la journée dans le djebel, l'air du cargo est irrespirable tellement ça sent les pieds. Les rotors tournent et Marchal, comme à son habitude, s'impatiente. Il tape des pieds dans sa cabine, appelle par radio le PCA, un Broussard tournant à la verticale :

— ... de Banane leader, attendons les ordres, de Banane leader, attendons les ordres...

Dans le ciel, c'est le grand ballet de l'aviation : T 6, Mistral, P 47, B 26 straffent, larguent leurs bombes.

Marchal insiste :

— ... de Banane leader, attendons les ordres, de Banane leader...

— Stand-by, Banane leader, restez sur stand-by...

— Je ne veux pas me mettre en limite de potentiel, je décolle !

Les trois Bananes décollent. Partout de la fumée, les incendies gagnent les pitons environnants. Soudain, Marchal annonce :

— Allez, je me pose là !

C'est un mamelon, avec de petites murettes de pierres sèches, quelques pavés peu importants, apparemment un bon terrain comme DZ. Il amorce son approche.

A la radio c'est immédiatement un tollé général :

— Banane leader, sauvez-vous de là ! Remontez ! Vous ne voyez pas que vous nous emmerdez !

— Je me pose ! coupe Marchal toujours décidé.

— Négatif ! Né-ga-tif ! Nous sommes en train de vous tirer dessus !

— Ah, bon.

Ressource : il efface le petit mamelon en faisant un 180° en remontant. Le sergent-chef Paul soupire à côté de Marchal ; les deux Bananes des copains sont encore là-haut, relax à côté de cet excité de Marchal. Mais voici que notre capitaine a repéré une autre DZ, une petite pente douce qui remonte, un peu plus loin. Il se pose sans rien demander à personne.

A peine au sol, les commandos giclent en courant du cargo, puis se plaquent à terre. Ils se mettent à tirer comme des fous, au contact direct des fellaghas. Les deux autres Bananes se posent dans la foulée.

— Tenez le manche ! crie Marchal à son copilote. J'ai une course à faire avant d'aller chercher quelques commandos en renfort !

Et le voilà parti dans son cargo. Il revient avec son gilet pare-balles :

— Je vous conseille de prendre aussi le vôtre, dans ce coin, on ne sait pas ce qui pourrait arriver...

— Vous croyez, mon capitaine ?

Mais l'autre ne l'entend pas. Nerveusement, il appelle le PCA :

— ... de Banane leader, je suis prêt pour une seconde rotation, de Banane leader...

CHAPITRE XII

NAISSANCE ET EMPLOI DES DIH

Le 28 mai 1957 est une date sombre pour la population musulmane ; 320 personnes sont massacrées à Mélouza par le FLN. Deux jours plus tard, 36 ouvriers musulmans subissent le même sort à Wagram.

— Il faut casser du rebelle, et vite !

Les troupes sont rameutées, les hélicos interviennent. On boucle des secteurs à la hâte, l'escalade dans la guerre continue.

Dans l'esprit des états-majors, l'arrivée en Algérie des H 34 et des H 21 doit changer totalement la face du combat. Ces cargos à grande capacité d'emport vont permettre de balancer de gros effectifs d'un seul coup, de frapper fort.

Malheureusement, transposée à l'échelle au-dessus, la méthode d'emploi reste la même : héliportage d'unités d'infanterie, embarquées un beau matin, déposées sur le piton X ou Y sans la moindre idée de manœuvre, récupérées en fin de journée. Cela ne mène nulle part, mais c'est pourtant ce qui se pratique dans la plupart des secteurs.

Dans le même temps, les fellaghas ont compris le problème que leur pose l'hélicoptère. Ils réagissent. Leur manœuvre consiste à mettre des éléments près des « DZ clés » dominant leurs zones de stationnement. Des tireurs d'élite attendent l'arrivée des aéronefs, la casse commençant alors à l'arme automatique, MG 42 ou mitrailleuse de 12,7. Pendant ce temps, le gros des unités rebelles s'enfuit par les thalwegs.

— On est en train de nous assassiner !

— D'après mes calculs, en comptant large, je devrais tenir six mois avant d'aller au tapis ! Mais guère plus...

Dans le Constantinois, les pilotes de Bananes et de Siko font ainsi leurs calculs de probabilité de durée de survie. Ils ont plus que jamais conscience de leur mauvais emploi. Trois capitaines de l'ALAT discutent entre eux sans fin. Lafarie, Régis et Cannet constatent que seules certaines opérations héliportées réussissent. Ce sont celles qui sont effectuées avec des troupes entraînées, commandées par un chef aux réactions rapides et sachant manœuvrer les hélicoptères. Lorsque celui-ci est capable, en fonction de l'évolution de la situation au sol, de décider le changement en vol du lieu du poser, la suite des événements diffère du tout au tout. Il faut savoir « combattre avec l'hélicoptère » et pas seulement s'en servir comme d'un autobus. Les trois capitaines décident d'aller en délégation en entretenir Crespin à Sétif. Celui-ci les écoute longuement et en parle à Salan, qui envoie lui-même sur place le général Dulac pour se rendre compte de la situation.

Le général Dulac s'assoit familièrement sur un coin de table, prêt à écouter le point de vue des capitaines. Du Puy-Montbrun, Lafarie, Régis et Cannet ont une grande expérience.

— Il faut cesser de faire cette espèce de répartition type « emploi aérien de la dernière guerre » qui consiste à dire « tel corps d'armée aura droit à tant d'engins tel jour, pour les mettre au profit de tel secteur », en une sorte de distribution *a priori*. Avec les hélicoptères, il ne devrait pas s'agir de faire plaisir à chacun, mais d'être efficace. Il faut donc constituer des ensembles plus manœuvrables, cohérents, regroupant un certain nombre d'hélicoptères-cargos, auxquels sont intégrés des moyens de renseignement tels que Piper, Bell ou Alouette, et des moyens logistiques. Ces moyens ne seront rentables qu'avec des troupes aguerries, entraînées à ce type d'emploi, et tenues en réserve. Lors d'une opération de secteur, elles seront jetées sur l'accrochage afin de prendre le combat à leur compte.

Malheureusement, cette proposition se heurte à l'opposition formelle du commandement territorial, en l'occurrence le corps d'armée de Constantine. L'état-major ne veut pas en entendre parler, de crainte de se voir dépouillé de ses attributions. Le général Dulac décide cependant que l'expérimentation de l'idée des capitaines doit être tentée sur le terrain :

— Nous allons prendre cinq Bananes, que nous utiliserons de cette façon-là.

Comme il faut bien trouver un nom à cette formule nouvelle, le commandant du Puy-Montbrun, adjoint de Crespin au GH 2, propose :

— Nous appellerons cela un DIH : Détachement intervention d'hélicoptères.

Dans l'esprit du moment, le nom renferme un concept, celui d'un paquet d'hélicoptères intégré — hélicoptères-cargos et appareil de renseignement — à une troupe combattante de haut niveau, commandée par un chef particulièrement rodé à la manœuvre héliportée.

Cette nouvelle technique d'emploi des hélicoptères va être rapidement appliquée sur le terrain, lors de l'action menée le 30 octobre 1957 dans le djebel Rhifouf. Dans les contreforts sahariens au sud de

Négrine, une suite de djebels tabulaires coupe le paysage de ses reliefs sauvages. C'est le repaire favori et le relais privilégié des katibas qui entrent en Algérie par le Sud tunisien. Le barrage n'existe pas encore, bien que des éléments pratiquent une sorte de herse ne descendant pas plus bas que Bir-el-Ater.

A Tébessa, a été mis en place depuis quelques semaines un DIH intégré au régiment d'intervention, le 2e REP, DIH conçu selon la formule imaginée au GH 2 et soumise au début de l'année au général Dulac.

Un renseignement a donné la présence d'éléments rebelles sur le sommet du djebel Rhifouf. L'opération est montée selon une nouvelle méthode, mise au point entre les gens de l'ALAT et les artilleurs. Les hélicoptères du DIH de Tébessa, intégré lui-même dans le 2e REP, se poseront dans un tir d'artillerie de 80 coups, tirés en 2 minutes [1]. Chaque détail est minutieusement mis au point entre la batterie de 105 et les équipages des hélicos du DIH.

A 7 h 20, cinq H 21 décollent pour Bir-el-Ater avec les équipages capitaine Cannet et Gombert, Lebot et Brusadelli, Pérez et Marchal, Leautier et Hauser, Blaes et Thamin. Deux Siko 800 cv, dits « Siko logistique », se joignent à la formation. L'avion d'observation a rendez-vous avec celle-ci à 5 minutes de l'objectif.

Le DIH décolle de Bir-el-Ater à 9 h 30, objectif le djebel Mandra, sur lequel sera déposée la première vague de commandos, une des compagnies du 2e REP [2]. Sous les ordres du colonel de Galbert, commandant de l'opération, le 6e RSM et des éléments de la compagnie saharienne portée de la Légion étrangère assurent le bouclage de la zone visée.

— Attention, début du tir... Coups partis !

Les appareils volent à basse altitude. La formation d'hélicos suit, comme prévu, tous les ordres de tir à la radio. La séquence d'artillerie va durer exactement deux minutes, avec 80 coups de 105 mm, la dernière salve étant faite d'obus fumigènes.

— Encore une minute 10 secondes !... Encore une minute...

Le compte à rebours est commencé. A moins 40 ou moins 30 secondes, les H 21 doivent se trouver en approche.

— ... Encore vingt secondes..

L'approche finale est amorcée. Les équipages jouent sur les commandes pour ralentir ou accélérer leurs appareils ; à moins 5 secondes, il faut être à 100 mètres de l'énorme nuage noir traversé par les éclairs des explosions. La dernière salve, composée de fumigènes, crée une nappe blanche dans laquelle il faut plonger.

— Allons-y !

---

1. Cette tactique sera reprise plus tard au Viêt-nam par les Américains, sous l'appellation « opération 120 secondes ».

2. Régiment qui fit la première opération héliportée de cette guerre, sur le Chélia, le 4 mai 1955.

Alors, sans transition, les hélicos se laissent littéralement vomir au sol. Les légionnaires giclent à terre. Les rebelles se lèvent de leurs trous dans la fumée, encore sonnés par l'artillerie. Ils n'ont pas le temps de réagir et c'est le corps à corps. Le sommet du Rhifouf est pris. Les survivants dégringolent au milieu des éboulis de rochers pour se replier dans une sorte de cuvette. L'avion d'observation suit leur repli et renseigne aussitôt les troupes débarquées.

Une seconde rotation renforce les éléments au contact. Le capitaine Caillaud, du REP, guide les hélicos par radio pour leur permettre l'approche à l'abri des tirs. La troisième se fait sur une DZ située plus à l'ouest car le combat se déplace. L'appareil de Boscheron, l'un des deux Siko, devient « sanitaire » pour évacuer les premiers blessés. Parmi eux, un lieutenant du REP, soigné par Mlle Christine de Murville, l'IPSA du DIH. Deux Bananes ont été touchées durant l'héliportage ; le H 21 AN de Cannet et de Gombert a reçu un impact à la station 370, partie supérieure du fuselage, le ED de Leautier et Hauser en a un au pied de pale rouge du rotor avant. Les mécaniciens Bernard, Bihan, Pottier, Pavageau et Martin ont rejoint et s'affairent aux pleins. L'accrochage se poursuit avec violence dans un terrain extrêmement difficile. Entrecoupées de petits stand-by, les rotations continuent, transportant commandos, canon sans recul, mortiers lourds. 444 hommes sont déposés au plus près. Boscheron fait un va-et-vient incessant pour évacuer les blessés de plus en plus nombreux, à partir de DZ fréquemment exposées au tir direct des rebelles.

En fin d'après-midi, le combat se fait sporadique. Le colonel de Galbert a été blessé. La nuit est tombée, l'opération continue.

Tous les équipages des Bananes sont rassemblés au PC du colonel de Vismes commandant le 2ᵉ REP. Ils suivent à la radio les comptes rendus des différents commandants d'unité. Le capitaine de la 4ᵉ Compagnie appelle à plusieurs reprises :

— J'ai quatre types bien mouchés, dont deux plutôt salement. Si on ne les évacue pas cette nuit, ils vont y passer. Il faudrait envoyer un hélico.

Les pilotes se regardent sans rien dire. Ils n'ont encore jamais fait d'évasan de nuit, au beau milieu des cailloux, en plein accrochage. Cannet est perplexe, tout à la fois tenté de faire quelque chose et hésitant à engager un équipage sans avoir toutes les chances de le voir revenir.

Le commandant de la 4ᵉ Compagnie est rappelé à la radio :

— Est-ce que vous ne pourriez pas évacuer vos types autrement que par hélico ?

— Négatif, les gars d'en face nous tirent dessus. De toute façon, le terrain est très chaotique...

— S'il est chaotique pour vous, il doit l'être aussi pour les hélicos, non ?

— En effet, mais il y a une place assez dégagée. On a repéré une

DZ possible et, avec ses rotors assez haut placés, ça *devrait* marcher pour une Banane. Si l'équipage est bien retaillé...

— Reçu.

Le silence est lourd. Personne n'ose prendre la décision terrible. Qui doit partir et sur l'ordre de qui ?

Les secondes s'étirent. Le commandant de la 4e Compagnie rappelle :

— Bon, écoutez, l'hélicoptère vient ou ne vient pas. Moi, je ne peux rien faire de plus pour mes types. S'ils restent là, ils sont foutus !

— O.K. ! Alors, préparez-nous un balisage.

Eclat de rire dans le micro !

— Un balisage ? Vous n'y pensez pas ! Si on balise, ça va être le tir aux pigeons ! Il faut y aller dans le noir... tous feux éteints.

Les pilotes s'entre-regardent avec des moues éloquentes. Jusqu'à présent, l'évasan relevait de l'exploit, à présent, c'est du suicide.

Le malheureux commandant de compagnie négocie :

— ... à la rigueur, je vous mettrai deux légionnaires avec des lampes de poche. Ils vous feront des appels très directionnels.

Cannet et Lebot se regardent en soupirant.

— Tu... y vas ? demande Cannet.

— Oui.

Un temps, puis :

— Bon... On fait un équipage avec deux chefs de bord ? demande Lebot.

— Non, non ! Brusa est avec toi, tu le gardes ! Ça te va ?

— Ça me va.

Brusadelli est un peu jeune sur Banane, c'est un lieutenant avec à peine vingt jours d'ancienneté. Mais il a confiance en Lebot, qu'il considère comme un pilote particulièrement doué.

Un plein réduit est fait pour conserver le maximum de chances. La Banane est posée sur le Mandra, en attendant l'instant le plus favorable, moteur coupé. Les rafales d'armes automatiques trouent la nuit, se déplacent. Enfin, l'ordre est donné :

— Bon, allez-y !

Après le décollage, c'est la plongée dans un noir d'encre, le Rhifouf doit se trouver quelque part. Une vague ligne d'horizon marqué aide au vol de nuit. Tous feux éteints, Lebot et Brusa, nerfs tendus, descendent vers l'inconnu. Comme pour exorciser le danger, ils parlent sans arrêt :

— Ça va ?

— Oui, c'est parfait. Et de ton bord ?

— Je ne vois rien !

— Alors, c'est que ça va aussi !

— Tu vois les lampes ?

— Négatif ! A tous les coups, les légionnaires vont attendre le tout dernier moment.

— Tu crois ?

— Sûr !

— Tu as bien éteint les feux ?

— Evidemment ! Mais tu penses qu'avec les flammes de l'échappement, le FM fellouze...

— Dis pas d'connerie !

Au sol, une lampe s'allume, puis deux :

— Vu la DZ ?

— Vu !

Lebot se pose sans bavure. Les légionnaires surgissent de la nuit, fous de joie. Ils n'y croyaient plus, et, pour un peu, ils embrasseraient les pilotes ! On embarque rapidement les blessés. L'un d'eux a reçu une rafale de FM dans le ventre, mais on pourra le sauver.

— Allez, on y va ! annonce Lebot.

— Pas par là, mon lieutenant, ce sont les fells ! Il faut partir de l'autre côté !

La Banane se décolle lourdement de la planète, effectue un 180 degrés sur place, remonte le long de la pente. Lebot et Brusa suent à grosses gouttes. C'est l'ascension du toit du monde, ce djebel ! Enfin, la ligne de crête apparaît, avec ce morceau de ciel plus clair : c'est le paradis.

— Ça va, vous, là-haut ? demande Cannet resté sur écoute permanente.

Ça n'a jamais été aussi bien !

Poser avec balisage au sol, les pleins sont refaits, puis décollage pour Bir-el-Ater où se trouve un hôpital de campagne. Les quatre blessés seront ensuite poussés sur l'hôpital de Bône[1].

Durant l'évasan de Lebot et Brusa sur la cote 875, les rebelles restants profitent de l'obscurité pour déjouer l'encerclement qui leur est imposé et disparaître. Leurs mouvements par petits paquets se prolongeront toute la nuit.

Le lendemain matin, tandis qu'on évacue les derniers blessés[2], la fouille minutieuse du terrain commence. Les emplacements de combat des rebelles sur le Rhifouf sont inspectés. Sans le traitement de la DZ par l'artillerie et le poser des appareils « dans la foulée », les pertes dans la formation auraient été énormes. Cette fois, il s'est bien agi d'un « héliportage d'assaut », celui qui ne peut être tenté qu'avec des hommes rodés pour ce travail. Celui qui ne réussit que grâce à l'intégration entre les hélicoptères et une troupe choisie. Le cocktail aux cinq composants, hélicoptères, troupe d'assaut spécialisée, appareils d'observation, appuis-feu entraînés et chefs aux réflexes rapides, cocktail auquel les inventeurs du DIH avaient

1. Le lieutenant Lebot sera nommé 1re classe d'honneur de la Légion étrangère à la suite de cet exploit.

2. Bilan de l'opération : pertes amies 8 tués, 22 blessés dont 3 officiers, 3 blessés accidentels. Pertes rebelles : 57 tués, 4 prisonniers. Armement récupéré : 1 FM, 2 PM, 30 fusils de guerre.

rêvé, prouvait sa redoutable efficacité. A partir de ce moment le 2e REP et son DIH de Tébessa, puis, peu de temps après, le 1er REP et son DIH de Guelma vont faire de ce type d'emploi des démonstrations renouvelées.

Mais si le sigle « DIH » fit fortune, il ne tarda pas à être employé à tort et à travers. En effet, on appellera bientôt DIH tout détachement d'hélicoptères, que ce soit un groupe d'hélicos envoyé auprès du 10e RI pour ravitailler des postes, ou pour faire (encore et toujours) une opération du type ancien où tout est planifié à l'avance, sans la moindre souplesse dans l'exécution ou le déroulement.

Hélicoptères empêtrés dans ces opérations incohérentes, ou DIH hautement opérationnel employé rationnellement par des chefs tels que Jeanpierre [1], Masselot ou Bigeard, le nouvel engin de combat tournera à présent sans arrêt. Malheureusement pas toujours de la façon qu'avaient rêvé les inventeurs du DIH, la nouvelle méthode d'emploi acquise par l'expérience sur le terrain ne remplacera jamais la première formule périmée.

Celle-ci continuera de sévir jusqu'à la fin de la guerre...

1. Tué le 29 mai 1958 dans son Alouette abattue près de Guelma, pilotée par le sergent-chef Descamp.

CHAPITRE XIII

DES EVASAN

— Décollez immédiatement pour une évasan en RW 89 E 8, auprès de la DBLE !

Détaché à Khenchela en remplacement du sergent-chef pilote Soulié, le lieutenant Fileux de l'ALAT décolle en cet après-midi du 15 février 1957 avec son Bell.

Le pilote repère les troupes au sol. La Légion s'est fait sérieusement accrocher dans une fin de thalweg se présentant en forme de cirque. Là, une dizaine de blessés attendent, il n'y a pas d'infirmier, la nuit va tomber rapidement.

A peine posé, le pilote se trouve devant un cas de conscience ; quels blessés évacuer en priorité ? Il pourra faire seulement une rotation, condamnant peut-être à mort certains d'entre eux qui resteront sur le terrain jusqu'au lendemain matin.

Faut-il d'abord prendre les plus graves — alors qu'ils risquent de mourir en chemin ou à l'arrivée ?

Fileux a devant lui une fracture de jambe, une autre ouverte sur un bras délabré, deux « abdomen », un crânien...

Il faut choisir rapidement, en évitant les regards interrogateurs.

— Je prends cet « abdomen » qui me semble le plus grave ainsi que le crânien, décide-t-il.

Tout à côté, l'accrochage continue, l'embarquement dans les civières extérieures se fait à la hâte. Le Bell est trop lourdement chargé pour passer les djebels qui entourent le cirque, il faut débarquer l'un des deux blessés.

Devant ce nouveau cas à trancher, le pilote décide de débarquer le blessé au ventre. Le crânien est évacué mais, ne pouvant faire une seconde rotation avec son Bell, Fileux demande un renfort pour tenter de poursuivre l'évasan.

Le lendemain matin, il passe à l'antenne chirurgicale prendre des nouvelles de son blessé. Le chirurgien en profite pour lui donner une petite leçon de secourisme :

— Rappelez-vous bien d'une chose, c'est qu'un crânien n'est jamais urgent : dans ces cas-là, c'est tout ou rien. J'aurais préféré que vous m'ayez amené hier soir en priorité un « abdomen » ou un délabrement de membre !

Le lieutenant Fileux s'en souviendra durant tout son séjour en Algérie, mais les problèmes qui se posent aux pilotes à l'occasion des évasan ne sont jamais les mêmes.

⁂

Le 20 mai 1957, le sergent-chef pilote Dagorn de l'escadrille Bell du GH 2 vient avec son appareil dans le secteur de Bougie pour évacuer un lieutenant blessé. La DZ est petite, en pente, très difficile. Dès le poser, c'est l'accident, le Bell déboule 150 mètres de ravin, en une succession invraisemblable de tonneaux. A chaque rebond de l'appareil, le pilote se dit :

— Je ne suis pas encore mort, je ne suis pas encore mort...

Finalement, ce qui reste de l'hélicoptère s'arrête dans sa chute folle. Il s'immobilise à une vingtaine de mètres seulement d'une mechta fortifiée que tiennent les rebelles. Quatre fusils mitrailleurs sont en batterie. Sauvé de sa chute, Dagorn n'a plus beaucoup de chances de s'en tirer.

Et puis, soudain, sans que l'ordre ait même eu le temps d'être donné, c'est l'assaut. Voyant l'hélicoptère aussi près des fellaghas, les troupes au sol dévalent le djebel. Les jeunes appelés du 57e RI se portent spontanément au secours du pilote, ils investissent dans le même temps la mechta, s'emparent des quatre FM, font une dizaine de prisonniers !

Dagorn n'a qu'une petite égratignure, il est couvert d'essence. Mais il revoit comme dans un film au ralenti les tonneaux de son appareil détruit :

— Ça va faire un drôle de chambard, pense-t-il, surtout pour le compte rendu d'accident ! Que va dire Crespin ? En plus, mon évasan n'est même pas faite.

La rage au cœur, il passe la nuit, serré dans une mechta avec une vingtaine de harkis et le lieutenant blessé. Evacué le lendemain matin sur l'hôpital de Bougie, il a de la peine à se reconnaître : sous l'effet de l'essence au contact de la peau, sa tête a presque doublé de volume.

⁂

Parfois, une évacuation sanitaire est la première mission de guerre qui échoit à un pilote. C'est le cas du sergent Chalard de l'Escadrille d'hélicoptères légers 1/57, arrivé à Colomb-Béchar depuis trois jours à peine. Une grosse opération étant déclenchée dans le secteur le 9 septembre 1957, il se trouve plongé sans transition dans l'action :

— Chalard, vous allez décoller avec votre Bell pour le djebel Béchar. En Lima Golfe 81-D 9, il y a des blessés à récupérer.

— Vu.

— Un petit point de détail, vous ferez très attention, parce qu'il y a l'artillerie qui tire d'un côté du djebel à l'autre...

— Ah... ?

— Oui. Aussi, ne volez pas trop haut à cause des obus qui...

— Si c'étaient des balles traçantes, je pourrais peut-être les voir, pour tenter de les éviter, non ? Mais des obus, j'ai l'impression qu'il faut une sacrée habitude...

— Bien sûr, si vous le prenez sur ce ton...

— Vous savez, c'est la première fois que je vole en opération.

— Ce sera alors votre baptême du feu ? Bravo ! Vous ne vous rendrez compte de rien.

— Ah bon...

Naturellement, ce n'est pas une assurance-vie, mais ça rassure un peu. Chalard décolle, approche de la zone, prend contact à la radio : attention aux artilleurs ! En plus, il est important de savoir où se trouvent exactement les amis et les autres.

Le sergent se pose. Au sol, tout le monde est planqué, faisant le coup de feu. Cela doit tirer de partout, mais Chalard n'entend rien à cause du bruit de son moteur. Il descend de son Bell, s'étonne un peu de ce que l'on ne se précipite pas pour l'aider à charger le blessé qui attend. Enfin il repart, un homme arrimé dans la civière extérieure.

Avec son appareil, Chalard plonge dans un ravin juste devant, pour prendre de la vitesse. On lui tire dessus, mais tout se passe bien. Il est presque serein car, pour toucher un Bell, il faut beaucoup de chance et d'adresse au fusil :

— Un hélicoptère, ce n'est pas comme un avion, pense-t-il. C'est pour ainsi dire « transparent », plein de trous, presque vide. Si les fellaghas me tirent dessus, ils ne toucheront que les trous.

De l'optimisme à l'état pur, en forme d'inconscience ou de courage, selon les comptes rendus retour d'opérations.

Chalard pousse tout de même un soupir de soulagement, loin maintenant de ces hommes à plat ventre qui tiraient à tout va, tout à l'heure. Il s'en est bien sorti.

Il se pose à Béchar. On lui annonce alors :

— Chalard, vous repartez pour une nouvelle rotation. Maintenant que vous connaissez bien la DZ...

Cette fois, il apporte de l'eau aux troupes à terre. Il enlève sur place un nouveau blessé, plonge une nouvelle fois dans le ravin avec son Bell, se fait allumer de nouveau. Il pousse un soupir de soulagement en se sentant hors de danger, puis nouvel ordre à l'hôpital de Béchar :

— Faites encore une rotation là-bas, il y a un autre blessé à prendre...

Nouveau blessé embarqué, plus soixante-dix kilos de parachutes à ramener à l'arrière.

Encore un plongeon dans le ravin...

A la rotation suivante, il apporte une autre cargaison d'eau et enlève un blessé. L'après-midi, il transporte un fellagha rallié (qui désertera peu après), se sentant avec lui assez mal en sécurité durant le vol.

— Dieux des hélicos, que les journées sont longues dans le secteur de Béchar ! pense Chalard en plongeant une dernière fois dans le ravin.

Bien que tout neuf au combat, le sergent comprend bien des choses ; combien de fois s'est-il fait allumer durant toutes ces rotations effectuées au même endroit ? Le Bell a beau être presque « transparent », n'empêche... La baraka, ça existe. Chalard y croit déjà.

Et cela malgré l'absurdité de la situation qu'il est en train de vivre : tous les blessés qu'il évacue sont des fellaghas prisonniers. Malheureusement, les « frères » qui lui tirent dessus du fond du ravin à chaque passage ne peuvent pas le savoir...

⁂

Le soir est tombé rapidement, puis la nuit est venue. L'opération en cours dans ce secteur du Constantinois se termine par un lourd bilan. Les Siko évacuent les blessés et les morts, par quatre ou cinq, allongés dans les cargos.

— Ça va, là-dedans ? demande le pilote à la radio de bord.

— On fait aller, répond Georges Carrère, les écouteurs aux oreilles.

La voix du mécanicien est lasse et il sait qu'il ne peut pas faire grand-chose pour les blessés qu'ils transportent. Par les hublots, il regarde à l'extérieur du H 34, mais à présent il est près de minuit et tout est noir. Le premier seuil de la fatigue est dépassé depuis longtemps, le DIH tourne depuis plus de huit jours sans interruption.

« Avec un peu de chance, pense Carrère, ce sera peut-être la dernière évasan de la journée... »

— Merde ! en voilà un qui se met à pleurer !

La faiblesse des hommes de guerre est toujours déroutante. Elle semble déplacée, mais c'est peut-être la dernière chose qui empêche ces êtres de n'être plus seulement des bêtes de combat.

— Ça ne va pas ?

L'homme ne répond pas et agite la tête. Les larmes ont creusé des sillons qui se mêlent à la sueur de son visage défait. La poussière le recouvre par plaques blanchâtres sur la peau brune. C'est un harki.

— On va bientôt arriver, dit le mécanicien pour le consoler. Tout de suite après, on pourra te soigner, te guérir. Les toubibs...

Mais l'autre le regarde au fond des yeux. Désespéré, il hoche encore la tête et tend ses bras vers lui pour le prendre à témoin :

— *Chouf !* Regarde...

Ses bras s'arrêtent aux poignets, l'explosion d'une grenade lui ayant emporté les deux mains.

Georges Carrère aimerait être loin, être ailleurs. A Oran, à Aïn-Séfra ou même encore à Duperré ! Là, du côté de Miliana, il est resté longtemps avec son DIH. Les hélicos étaient basés dans les vignobles près de la voie ferrée, en face des cantonnements des biffins. L'hiver, il y avait tellement de gadoue, que les mécaniciens devaient rouler de grosses pierres afin d'avoir trois points d'impact pour les poser. Quant aux pleins dans ces conditions, avec les fûts de deux cents litres... Il repense avec émotion au capitaine Bousquénot, commandant le DIH, à Beucher [1] aussi, et aux dégagements tonitruants de quelque saint Eloi, le patron des mécanos.

Tout cela, c'est loin. Un combat chasse l'autre et la nuit est opaque. Dans une dizaine de minutes, ils se poseront enfin, pourront boire un bon coup et dormiront, sans même prendre la peine de se déshabiller...

Mais voici que le harki lui fait des signes. Le mécano s'approche, ôte un écouteur de son oreille. L'autre lui crie :

— Je veux pisser !

— Mais... nous allons bientôt arriver !

— Je veux pisser !

Carrère se gratte la tête, rien n'étant prévu pour cela dans un H 34.

Désespérément, il cherche des yeux une boîte de conserve vide. Il ne voit que des tas de sangles, des jerricans pleins d'huile.

« Je ne vais quand même pas le faire pisser dans ma boîte à outils ! pense-t-il. Si encore il pouvait tenir jusqu'à l'arrivée. Mais non... »

Il trouve enfin une solution, le bec verseur d'huile est protégé par un étui cylindrique en carton, un ancien container d'obus.

« Voilà ce qu'il me faut, pense Carrère. Ça fera un magnifique pistolet ! »

Il s'approche du harki, mais celui-ci montre ses mains coupées d'un air emprunté :

— Sors-moi le zob...

Carrère pousse un soupir, lui rend ce service, puis fait coulisser la porte pour vidanger son récipient. Il revient vers son blessé :

— Ça va, maintenant ?

---

1. Sergent-chef qui trouvera la mort en Mammouth le 7 août 1960 à Aïn-Séfra.

— ...

— Je te demande si ça va ?

L'autre ne peut s'empêcher de recommencer à laisser couler ses larmes.

— Prends mon portefeuille, dit-il. Y'a une photo. C'est ma femme et mon gosse. Je veux les voir...

Carrère trouve la photo. La femme est belle, le gamin très jeune, posant tous les deux devant une mechta banale.

— Voilà, tu les as vus. Ça va, maintenant ?

— Reste comme ça avec la photo. Je veux les voir jusqu'au bout...

— Mais enfin, tu ne vas pas mourir, tu n'as que les deux mains coupées !

— *Inch' Allah !*

Alors, Carrère tient la photo devant ses yeux jusqu'au poser. Il se cramponne comme il peut, bénit le ciel d'être enfin arrivé.

« J'ai fait ce que j'ai pu pour le gars, pense-t-il. Maintenant il est sauvé. »

Au petit matin, il apprend qu'il est mort, quelques minutes après avoir été débarqué, ayant aussi reçu une rafale dans la poitrine.

— *Inch' Allah !* comme disait le harki.

Les équipages des hélicos réussissent souvent l'impossible pour sauver quelques vies humaines, mais ils doivent compter aussi avec Dieu... ou le destin.

Dans le djebel Medarreg, région de Tenira au sud-est de Sidi-bel-Abbès, c'est le printemps, il fait beau. Il y a du ciel bleu partout, de l'herbe verte pour faire des DZ magnifiques. Des fleurs éclosent dans les buissons, où l'on peut se cacher. Alors, puisqu'il fait beau et que le ciel est bleu pour l'appui de l'aviation, on fait la guerre.

L'accrochage se déroule à un kilomètre à peine du PC du général Conze commandant la 13e DI. Cela paraît sérieux, les fellaghas résistant âprement. L'adjudant Joly de l'EH 2 attend près de son Bell, détaché de Sidi-bel-Abbès sur l'opération, ses deux civières prêtes pour les évasan éventuelles.

Il n'attend pas longtemps :

— Nous avons un blessé grave, annonce la radio des troupes au contact.

Le pilote s'approche et dit au général :

— Mon général, je vais décoller pour aller le chercher...

— Pas question ! Nos gens sont sous un feu trop rapproché et vous accumuleriez les risques inutilement !

— Mais...

— Je vous dis que vous ne pouvez pas y aller en ce moment, attendez que ça se décante un peu !

Joly bout d'impatience à rester ainsi sur place. Au loin, on entend les rafales, les explosions. Des fumées s'élèvent à l'endroit du combat. Le pilote revient à la charge :

— Mon général, je crois que ça se calme un peu. Je pourrais essayer de m'approcher, en souplesse, tenter de récupérer le blessé et...

L'autorisation est refusée, la situation au contact de l'adversaire étant loin d'être clarifiée. Les minutes s'étirent lentement. Le pilote ronge son frein.

« Peut-être l'homme n'est-il déjà plus transportable ? se demande Joly. Peut-être vais-je avoir à faire plusieurs rotations ? »

Il n'a pas le temps d'y penser davantage, le général annonce :

— Bon, maintenant, c'est O.K., vous pouvez foncer ! Nos gars ont fait un bond en avant, le blessé est dégagé, allez-y !

Le pilote se pose dans un champ, entouré de quelques buissons, Joly repère vite le blessé qui attend. Il bloque le *pitch* à main gauche, qui fait varier le pas des pales pour s'élever, ainsi que le manche. Il court vers deux jeunes soldats qui soutiennent leur camarade assis dans l'herbe verte. Il l'ont tiré à l'ombre, à cause du soleil qui tape dur, dans ce ciel trop bleu.

— Ça va ? demande le pilote.

Un léger temps, puis :

— Ben, on ne comprend pas, répond l'un des jeunes appelés. Jusqu'à présent il nous parlait, à présent il se tait.

— Il ne nous dit plus rien, remarque l'autre en écho.

Le jeune blessé est bien pâle, sa tête est retombée sur le côté.

— Où est-il blessé ?

— Là, à la cuisse. En haut...

Le pantalon est baissé, le sang coule. Le pilote a deviné, l'artère fémorale est touchée...

— Vous n'avez rien fait ? demande Joly.

— Fait quoi ? on ne sait pas, nous...

— Il fallait appuyer le pouce sur l'artère ! Maintenant, c'est trop tard.

— Pourquoi ?

— Il est mort.

Les deux copains se regardent, encore incapables de comprendre. Ils ont à peine vingt ans et des joues roses de gamins tout juste débarqués de France. Ils sont prêts à pleurer.

— Aidez-moi à l'embarquer ! ordonne le pilote avec brusquerie. Il y en a peut-être d'autres qui attendent ! Vite !

Le cadavre tiède est attaché sur la civière. Les deux soldats s'éloignent, retrouvent leurs fusils et leurs sacs. Ils restent là, plantés dans l'herbe verte, le dos au buisson où éclosent des fleurs, puisque c'est le printemps. Joly monte en régime pour décoller. Pourtant, il ne pense pas à ses tours moteur, ne voit pas ses cadrans. Il s'entend encore dire :

— *Vous n'avez rien fait ?*

— *Fait quoi ? On ne sait pas, nous...*

— *Il fallait appuyer le pouce sur l'artère.*

C'est vraiment trop con. Il décolle. Le vent de ses pales soulève quelques brindilles qui courent sur le sol. Les deux soldats sont toujours plantés dans l'herbe verte. Le nez en l'air, ils suivent le Bell s'élevant dans le ciel bleu, des larmes plein les yeux. Le pilote ne les voit pas, mais il sait deviner ces choses. Il sait aussi qu'ils dormiront mal cette nuit, s'ils arrivent à trouver le sommeil.

***

Le nombre des blessés sauvés par les hélicoptères en Algérie ne peut être chiffré. Chaque évasan est un pari pris avec le danger et la mort, parfois chèrement payé.

Le 14 février 1958, dans le djebel Slissen, région sud de Sidi-bel-Abbès, un accrochage vient de se déclencher soudainement en fin d'après-midi. Les troupes de la 13ᵉ DI commandées par le général Conze sont au contact. L'effectif rebelle accroché n'est pas très important, mais il y a parmi les fellaghas un tireur d'élite. Nos troupes ont déjà deux blessés.

Un H 19 de l'armée de l'Air se tient au PC de l'opération, prêt à les évacuer sur l'hôpital de Sidi-bel-Abbès. Le Bell du sergent Dupuis de l'EH 2 décolle pour prendre les blessés sur le terrain, dans le djebel Slissen. Avec ses deux civières latérales, il compte effectuer l'évasan en une seule rotation, son mécanicien Thiéfin restant à terre.

Le djebel Slissen est très accidenté, recouvert par endroits d'une végétation peu importante. Le Bell a bien du mal à se poser sur un petit éperon rocheux, à une vingtaine de mètres à peine des blessés qui attendent.

Dès le poser, les soldats amènent le premier blessé. Par malchance, le tireur d'élite fellagha se trouve en haut du piton ; l'un des hommes tombe, frappé d'une balle. On amène l'autre blessé, un nouveau brancardier est touché à son tour.

Le pilote est-il allumé lui aussi par le tir fichant du tireur d'élite ? Il ne le sait pas. Rapidement, il crie :

— Je pars avec les deux premiers blessés, et je reviens !

Il fait sa rotation jusqu'au PC de l'opération, vient se reposer. Le même scénario se déroule et deux autres soldats sont blessés. Le pilote repart. Il viendra faire une troisième évasan pour les évacuer à leur tour. Entre-temps, le tireur fellagha a été neutralisé.

— C'était quand même une évasan un peu tordue, reconnaît Michel Dupuis. Parfois, c'est des coups à se faire rapatrier sanitaire par les copains !

Après l'opération de l'oued Slissen, l'adjudant Joly, de son détachement, lui écrira ce mot : « Nous étions et nous sommes toujours les meilleurs. Des actions avec un certain mépris du danger forgent une camaraderie, une fraternité qui ne peuvent s'oublier. »

CHAPITRE XIV

LES POUBELLES DE NELSOMBOURG

— Ici, dit le capitaine Taulard, c'est un merveilleux « terrain à fellouzes ».

Il sait de quoi il parle. Il vient des tirailleurs algériens et connaît bien le pays.

Dans cette zone nord de l'Algérois, le village de Nelsombourg se trouve à l'ouest-sud-ouest de Médéa. Venant d'Alger, il faut passer les gorges de la Chiffa, traverser l'Atlas médéen, pour arriver ensuite sur une succession de djebels boisés, couverts de broussailles, coupés de canyons où serpentent des oueds.

Oui, c'est un « merveilleux terrain à fellouzes »...

En cette fin d'août 1957, le campement de la 10ᵉ Compagnie que commande le capitaine Taulard est implanté dans une ferme sur la route de Berrouaghia à Bir Rabalou. M. Richard la dirige, entouré de travailleurs agricoles musulmans. Pour rejoindre Médéa, cette compagnie du 3ᵉ Bataillon du 6ᵉ Régiment d'Infanterie dispose de véhicules en expérimentation appartenant à des éléments du Train, des Ford et des Renault avec le moteur à plat derrière la cabine, sous le châssis. Lorsque ça roule bien, le Ford-Simca V8 va le plus vite et les autres tirent la langue. Quand ça crapahute, le Simca n'en veut plus et le Renault passe. Les moteurs sont plombés, on ne peut rien toucher. Alors le vieux GMC de la compagnie passe son temps à tirer l'un et pousser l'autre, et quand tout le monde est dépanné le moteur du GMC est trop chaud et c'est lui qui tombe en vrille. La moyenne atteinte est de 30 kilomètres à l'heure. Par temps sec.

— C'est peut-être un merveilleux terrain à fellouzes, mon capitaine, mais faut pas délirer !

C'est le lieutenant Dupuch qui parle. Avec sa voix gouailleuse et son accent fortement marqué du Sud-Ouest, ses tournures de phrases qui ne peuvent cacher ses origines des quais de Bacalan et du Bassin à Flot de Bordeaux. Rappelé dans la Coloniale en Algérie, Dupuch a suivi un stage d'information d'une semaine auprès des hélicos de l'ALAT au GH 2 de Sétif. Volontaire pour les hélicoptères, il a aussitôt posé sa demande de mutation. Amer, il ressasse :

— J'ai rempli mon état modèle 310 018, qui est plus compliqué qu'une feuille d'impôts, mais comme je ne suis pas plus mauvais qu'un autre qui finira colonel à l'ancienneté, que je ne fais pas de grèves, et qu'on a besoin de viande dans la biffe, je suis cloué ici jusqu'à ce que mort s'ensuive...

Privé d'hélicoptères, Dupuch prend son mal en patience, avec cependant la ferme intention de ne pas se laisser gangrener le moral par de futiles questions de service, des règlements désuets ou mesquins, voire des réflexions désobligeantes venues d'officiers hiérarchiques. Avant de venir atterrir à Nelsombourg, il a été avec les rappelés du 3e Bataillon du 6e RI dans les gorges de Palestro, relevant le 9e RIC et ses « martyrs de Palestro » tombés dans une embuscade à Ouled-Djerrah. Cela remonte à un an et Dupuch rêve toujours de piloter un piège. En attendant, le « merveilleux terrain à fellouzes » qu'il contemple le fait doucement rire. Il achève de faire remarquer au capitaine Taulard :

— ... parce que vous savez, mon capitaine, des fellouzes comme on nous en montre dans ce numéro de *Paris-Match*, nous, on n'en a pas encore vu un !

Naturellement, il récolte des rires entendus. Sur les doubles pages du journal, des photos s'étalent, montrant des fellaghas qui posent avec complaisance, armés de mitrailleuses antiaériennes.

— C'est du baratin de journalistes, abonde le sous-lieutenant Despont.

— Oui, approuve l'aspirant Barthélemy, dit « Bartoche ». Ces photos ont sans doute été prises en Tunisie ou au Maroc.

— Sûr ! approuve Dupuch. Ils se sont fait photographier chez nos amis, de l'autre côté de la frontière !

— Il faut rester sur nos gardes, laisse tomber le capitaine Taulard...

Et le 3 septembre, c'est le branle-bas de combat. Une opération est montée dans le secteur, des officiers d'état-major débarquent par poignées. Le capitaine Taulard regroupe ses hommes, son adjoint Dupuch est prêt, Despont et Barthélemy sont là aussi. Parmi ses sous-officiers, Guibert, viré des paras colos et qui n'a qu'un seul défaut, celui de consommer plus que les camions en expérimentation, Rodriguez, pied-noir originaire d'Oran, avec ses galons gagnés au feu en Corée, incassable et qui le sait.

Le départ se fait dans la bonne humeur, trois H 34 de l'armée de l'Air sont là pour héliporter les hommes sur le terrain.

— Des « hache trenteu-quatreu » ? plaisante Dupuch. Tu te rends compte, c'est le nec plus ultra avec treize cents bourriques au manche !

De quoi faire rêver en effet n'importe quel fantassin lambda. La 10e Compagnie quitte Nelsombourg, petit village posé sur son plateau. Au sud, le terrain est coupé par une sorte de canyon avec un petit oued presque à sec, mais dont les eaux montent d'un mètre au premier orage.

Le capitaine Taulard sourit ; dans un pays pareil, les hélicoptères ne peuvent être que les bienvenus.

Ils arrivent au PC hérissé d'antennes, avec les colonels, des lieutenants-colonels adjoints, quelques éléments du 2e Bataillon, une unité des commandos de l'Air, un Bell d'observation, une batterie d'artillerie avec ses canons de 105 HM 2 modèle 43 US trimballés depuis l'Indochine, tractés par des GMC à châssis court. La portée pratique de ces pièces est de 10 km, leur vitesse de tir de 4 coups/minute. L'appui-feu est assuré par une patrouille de T 6. Bref, l'année 57 sera un grand cru.

La 10e Compagnie est mise en réserve d'opération. Le lieutenant Dupuch décide de dormir un peu, la tête posée sur son sac à dos.

La journée se passe normalement. Quelques coups de feu claquent. Aux environs de 17 heures, les deux T 6 sont touchés. L'un d'eux se crashe du côté de Médéa, le pilote du second saute en parachute. Il se retrouve entre un élément fellagha et les troupes françaises, en souliers bas réglementaires avec son MAC 50, pistolet également réglementaire, mais qui n'a jamais tué personne en dehors des accidents d'entretien dans les cantonnements avant les revues d'armes.

L'aviateur fait cependant le coup de feu. Les commandos de l'Air le récupèrent, le Bell d'observation le dépose sur le PC de l'opération.

Là, c'est la grande discussion. Une partie des colonels prétend qu'il n'y a « qu'une poignée de connards dans le coin », tandis que l'officier de renseignements affirme que ses tuyaux signalent au contraire une bande fortement armée.

Le pilote en colère, plus rouge qu'un Bournazel grand teint, tranche le cas :

— Des fellouzes, je sais où il y en a ! Et pas loin ! Je n'ai pas été descendu avec un lance-pierres, mais avec d'authentiques rafales de mitrailleuse !

L'ordre est donné d'héliporter la 10e Compagnie en réserve d'opération. Le lieutenant Dupuch embarque dans le premier H 34 avec le capitaine Taulard. En plus de l'équipage [1], onze hommes prennent place à bord, avec deux postes radio SCR 300, l'un sur le channel du bataillon, l'autre sur 16 pour les appuis-feu de l'aviation.

Les pales sifflent, l'appareil commence le roulage pour décoller. Dupuch monte le dernier, la porte est encore ouverte. Soudain, il

1. Commandant de bord Lt-colonel Canepa, commandant l'escadre d'hélicoptères n° 3 de Boufarik, sergent-pilote Jérôme, un mécanicien.

aperçoit un commandant accourant du PC, brandissant un papier, hurlant apparemment des instructions de dernière seconde. Dupuch ne peut les entendre. Il saute à terre, court vers lui, saisit le message. Lorsqu'il se retourne pour rembarquer, son H 34 a déjà décollé, prenant de l'altitude.

— Merde ! s'emporte Dupuch. J'ai pas l'air couillon avec mon papier à la main !

Le second H 34 est en plein décollage, roulant au sol. Dupuch bondit. Il est récupéré en voltige par le mécano et un gars à la porte.

Dupuch jure encore entre ses dents tout en jetant un coup d'œil sur son message « urgent », c'est un quelconque ordre des Transmissions, donnant les futures fréquences radio du bataillon.

Le paysage défile. Par habitude, le lieutenant suit le trajet sur sa carte pour repérer l'endroit exact du poser, à six ou sept kilomètres après un fort dénivelé.

L'appareil est pris soudain d'une sérieuse embardée. Les hommes sont projetés dans la carlingue, les uns sur les autres. Dupuch se frappe le front de l'index en regardant le mécano qui ne peut l'entendre avec ses écouteurs sur les oreilles :

— Ça va bien, dis, là-dedans on est presque aussi bahuté qu'avec les TEOB [1] !...

Mais le mécanicien ne répond pas. Il le regarde simplement d'une manière un peu bizarre.

Entre-temps, le H 34 a retrouvé sa stabilité, il reprend de l'altitude, décrit un cercle. Dupuch pointe sur sa carte et constate avec étonnement que le piège fait demi-tour pour se reposer sur sa DZ de départ. Rotor coupé, les hommes descendent. Le sous-lieutenant Despont court vers eux, bondit sur Dupuch :

— Bon Dieu, tu es vivant ! Je suis bien content !

— Bien sûr que je suis vivant ! On passe toute la journée à rien faire, on décolle sur les chapeaux de roues et puis on revient ! Pour rien ! Bon, on a fait un peu d'hélico et maintenant ?

— Mais tu ne sais pas, un taxi a été descendu !

— Ce n'est pas possible, on en vient.

— Peut-être, mais regarde...

Dupuch se retourne, scrute dans la direction que lui indique Despont. Là-bas, là où ils auraient dû se poser, une colonne de fumée monte dans le ciel.

— Un piège est au tapis !

Despont demande :

— Des deux autres tapins, d'après toi, lequel a été descendu ?

— Je n'en sais pas plus que toi.

Celui qui rentre est le dernier parti. L'autre... c'est le capitaine Taulard, son groupe de commandement au complet avec ses postes de radio, l'équipage...

1. Tramways Electriques et Omnibus de Bordeaux.

Le lieutenant Dupuch laisse tomber :

— J'étais avec eux il y a six minutes à peine... Je suis descendu en catastrophe pour récupérer l'OBT. Je devrais...

Chacun se demande s'il y a des survivants. Au PC, on fait le point.

— Dupuch, qu'avez-vous vu, lorsque vous étiez en l'air ?

— Moi ? Rien du tout ! On a été secoués à un moment donné, mais rien d'autre...

Certains prétendent toujours qu'il n'y a pas de fellaghas dans le secteur, un officier évoque la possibilité d'une faute de pilotage. Interrogés, les pilotes déclarent avoir vu droit devant eux, à trois ou quatre cents mètres, le premier hélicoptère en finale.

— Il n'était plus qu'à quelques mètres de la DZ, une petite clairière en pente. Nous avons alors aperçu des mouvements au sol. C'étaient des hommes, et là, ce ne pouvait être que des fells. Il y a eu des lueurs, des départs d'arme automatique. Le leader s'est écrasé et a pris feu aussitôt. Nous avons dégagé, allumés à notre tour par des rafales.

Il y a des silences gênés. La présence de mitrailleuses rebelles ne fait plus aucun doute. N'ayant plus d'avions en l'air sur le secteur, il ne peut être question de faire straffer la zone par la Chasse. Par ailleurs, des commandos semblent au contact. L'affaire traîne ainsi plus d'une heure. Puis le Bell d'observation survole la zone à bonne altitude :

— Apparemment, il n'y a pas de survivant, l'épave achève de brûler....

Le lieutenant Dupuch veut encore croire au miracle. Peut-être y a-t-il eu des hommes éjectés à l'arrivée au sol, planqués dans des buissons, cherchant à se faire oublier des rebelles grenouillant dans le coin...

Soudain, il crie, hors de lui :

— Alors, on y va, oui ?

— Oui. Embarquez...

Une nouvelle rotation des deux H 34 est effectuée. Sur la DZ, des commandos de l'Air, rameutés par radio, tiennent le terrain. Dupuch et ses hommes sont largués sans poser au sol. Là, sept ou huit commandos de l'Air présentent les armes. Le largueur a dû être éjecté par la porte ouverte. Les deux pilotes, eux, pratiquement au-dessus du moteur, ont été projetés à travers la verrière [1]. De l'hélicoptère, il ne reste plus qu'un magma de métal fondu, répandu sur une quinzaine de mètres. Une insoutenable odeur de brûlé stagne alentour. Apparemment, en s'écrasant au sol, le H 34 s'est couché sur le côté droit et dès cet instant la porte, seule issue possible, s'est trouvée condamnée.

---

1. Le sergent-pilote Jérôme grièvement brûlé mourra plusieurs jours après à l'hôpital d'Alger.

— Notre mission continue, annonce un commando de l'Air. La mitrailleuse fell, vous comprenez ? Nous vous laissons ici en attendant les prochaines rotations de renfort.

Ils partent. Le silence retombe. Les hommes renoncent à identifier leurs camarades. Un morceau de pale du H 34, d'une soixantaine de centimètres de long sur huit au maximum d'épaisseur à cet endroit-là, a encaissé une vingtaine de balles. Vu sa vitesse de rotation, elle n'a pu être atteinte que par une arme automatique à grande cadence.

— Une MG 34 ou une MG 42, pense Dupuch. Les pilotes ont dû être touchés en même temps à une distance aussi courte. Ils n'ont pas eu le temps de souffrir.

Une cinquantaine d'hommes de la 10e Compagnie sont déposés en plusieurs rotations. Maintenant, les deux H 34 sont disponibles. Il va falloir évacuer les restes calcinés des camarades morts. Les corps des aviateurs sont roulés dans des toiles de tente. Quant aux autres...

Par radio, Dupuch demande :

— Envoyez-moi des récipients par hélico !

— Des récipients ? Des récipients comment ?

— Je ne sais pas, moi ! Des trucs en fer, des bacs, de grandes lessiveuses !

— Mais...

— Et puis des pelles, aussi ! Ce n'est pas avec la malheureuse pelle US du paquetage...

— OK. Nous faisons le nécessaire...

Un H 34 se pose avec les récipients demandés. On les débarque. Ce sont des poubelles. Des poubelles ordinaires, qui ressemblent assez à des lessiveuses. La corvée macabre commence, il faut fouiller à la pelle dans les cendres incandescentes.

Malheureusement, les corps brûlent encore. Les pilotes refusent avec raison de les embarquer ainsi, risquant de mettre le feu à leurs pièges. Dupuch reprend la radio :

— Envoyez-moi tous les extincteurs que vous pourrez récupérer sur les camions !

— Que se passe-t-il ? Vous craignez que le feu se mette aux broussailles ?

— Non !

— Alors ? Vous en avez vraiment besoin ?

— Oui.

La voix de Dupuch s'est cassée. Ensuite...

Les obsèques ont lieu le 5 septembre à Médéa. Les cercueils de bois blanc s'alignent et un colonel prononce le discours rituel dans le genre « ... il avait choisi les meilleurs pour servir auprès de lui... ». Dupuch, figé, ne sourit pas à l'ironie du sort.

Oui, le capitaine Taulard avait choisi les meilleurs : Leblanc, Bouvier, Joffrais qui était orphelin... Certains, c'était parce qu'ils étaient simplement les plus costauds, le poste SCR 300 pèse tout de même dix-sept kilos, alors avec les munitions et tout le barda en plus !

On présente les armes. Le colonel se tait enfin. Le lieutenant Dupuch ne s'étonne pas d'être encore vivant. Il pense à autre chose. A cette guerre qui continue. Il revoit aussi des visages, il entend presque des voix, tues à jamais, proches pourtant.

Aux Morts.

Demain, dans huit jours, une nouvelle opération héliportée recommencera. Il prendra alors quelques hommes avec lui dans un piège. Et le bruit du rotor, le sifflement des pales couvriront les coups sourds battant dans les poitrines, le crissement des dents serrées par la rage ou la peur.

Mais rien n'enlèvera jamais de ses yeux la vision des poubelles fumantes de Nelsombourg. Ce petit village immobile au bord de son canyon, juste après les djebels couverts de broussailles.

Un « merveilleux terrain à fellouzes », comme disait le capitaine Taulard.

CHAPITRE XV

LE PARI DE TIMIMOUN

Un convoi appartement à la Compagnie des Pétroles Algériens tombe le 8 novembre 1957 dans une embuscade aux environs de Timimoun, dans le Fedj Moulgrad. Toutes les jeeps sont incendiées, les hommes portés disparus. Cette action a été menée par les déserteurs de la compagnie méhariste du Touat [1], qui, après avoir massacré les cadres français, ont pris le désert, à soixante-dix hommes avec leurs chameaux, leurs armes, deux fusils mitrailleurs et un poste radio ANGRC9. Akacem Abdelaziz, chef FLN du secteur de Timimoun, fait le rapport de cette action à Si Amar, le commissaire politique de la Zone 8 [2] :

« ... Quant à Ibn Nafia, il est allé retrouver le goum, c'est-à-dire les soldats qui se sont joints à nous, pour qu'ils se préparent à partir puisque nous étions en contact avec eux depuis quatre mois, et qu'ils étaient d'accord pour cela. Ils nous avaient plusieurs fois contactés et nous leur avions donné l'ordre de patienter et de préparer leurs montures. Grâce à Dieu ils ne sont pas revenus sur leur décision, et dès qu'ils ont reçu l'ordre, ils se sont révoltés et sont partis avec Ibn Nafia pour nous rejoindre... »

Soixante-dix fusils perdus dans l'immensité du Grand Erg occidental, c'est une aiguille dans une meule de foin. Bigeard et ses paras sont désignés pour aller à la pêche dans la mer de sable : près de 100 000 km² de désert à fouiller ! Un territoire grand comme le Portugal !

Le 13 novembre, deux Dakota déposent Bigeard et son PC léger

1. Groupe d'oasis du Sahara appartenant administrativement aux territoires du Sud. Chef-lieu : Adrar.

2. Document qui sera saisi par le 3ᵉ RPC du colonel Bigeard.

à Timimoun, tandis que son régiment arrive de Colomb-Béchar par la route.

« Le désert est peut-être un domaine réservé à ses seuls initiés, mais nous l'aborderons sans complexe », décide Bigeard.

Il est vrai que, pour les Sahariens, Timimoun, l'« oasis rouge », c'est encore le Nord. Bâtie sur le ressaut septentrional du Tademaït, son vieux ksar, son architecture et ses édifices en argile rouge battue, annoncent le Soudan, toute l'Afrique noire. Ancien marché d'esclaves, c'est une étape autour d'un point d'eau, une dernière escale avant la mer de sable. Car le désert est là, c'est le Sahara millénaire, le pays du silence et des secrets, mystérieux, intemporel. Il y a les pistes torrides, les jardins d'Allah, des rites d'un autre âge, des parades et des danses guerrières. Des mots d'ordre FLN aussi.

Le 15 novembre, le 3e RPC de Bigeard est regroupé au complet à Timimoun. Son officier de renseignements découvre que le « pourrissement » des oasis de la Saoura est très avancé. Après l'embuscade montée contre les pétroliers, une insurrection devait soulever Timimoun, dont les effectifs de la garnison sont bien faibles. Bigeard sait que le temps et l'immensité sont contre lui, qu'il doit aller vite et loin. Alors, il va mettre tous les moyens dans la balance : chameaux, jeeps Land Rover prêtées par les pétroliers, Piper d'observation, Junker 52 pour transporter de l'essence et de l'eau, chasseurs T 6, Nord 2 501 pour parachuter ses hommes. Mais voici qu'il apporte soudain un visage nouveau et inattendu au contre-rezzou qu'il lance dans le désert :

« Le combat que nous mènerons ici sera celui de la troisième dimension ! »

Cette troisième dimension est celle du parachute, bien sûr. Mais Bigeard, dont les règles du combat parachutiste reposent sur la mobilité, la rapidité et l'économie des forces, pense également d'emblée « hélicoptère ». Il en demande d'extrême urgence à Oran. A La Sénia, Félix réagit immédiatement :

— Crassous leader, je veux tout et tout de suite !

A l'EH 2, c'est aussitôt le branle-bas de combat général. « Mimile » fait rapidement le point de tout ce qui peut voler. Puis Brunet rassemble ses équipages : le capitaine Maraud, qui commandera le DIH, les pilotes adjudant Nègre, sergent-chef Mazure. Au briefing, les questions habituelles sont traitées, le potentiel, les munitions, les ordres pour le vol, les distances, l'altitude, le climat.

Le climat ?

« Mimile », qui pourtant n'est pas très copain avec la langue anglaise, a déchiffré sur la notice d'utilisation du H 34 :

« *Utilisation en zone désertique : néant.* »

C'est clair. Pourtant, les Siko décollent, ces quelques mots écrits en américain ne pouvant pas empêcher le monde et les pales des pièges de tourner ! Alors, cap sur le Sud oranais, destination Timimoun. L'épopée saharienne des hélicos est en marche.

Dès son arrivée, Félix avertit cependant Bigeard :

— Avec le sable du désert, les H 34 ne tiendront pas, mon colonel...

— Si. Ils tiendront. Parce qu'il faut qu'ils tiennent.

— Les moteurs, avec la chaleur...

Bigeard fixe Brunet de ses yeux bleu pâle. Les deux complices des héliportages de l'Algérois se comprennent à demi-mot. Félix hoche la tête, grimace un sourire :

— Bon, O.K., vos hélicos tiendront. Nous ferons l'impossible pour ça. Nous les porterons à bout de bras s'il le faut.

— Merci, Félix. Dans un premier temps...

Le rodéo commence, sauts de puce dans les dunes, poser auprès des jeeps incendiées, contrôle de caravanes, massacres de chameaux ravitailleurs se succèdent. Le 21 novembre, un héliportage a lieu sur le combat de Hassi Rhambou où les H 34 déposent les paras de la 3e Compagnie à proximité d'une partie des déserteurs du Touat retrouvés. Les appareils disparaissent dans les creux de sable, leurs pales seules dépassant à peine du cif, crête en lame de sabre des dunes. La chaleur est infernale [1].

C'est aussitôt l'accrochage. Les H 34 posent les hommes au plus près des nids de résistance, qui sont nettoyés au PM et à la grenade. Plusieurs paras sont blessés, le sergent-chef Sentenac reçoit une rafale de FM dans le ventre. Il commence à mourir sur le sable. Les hommes n'ont plus d'eau, malgré les deux bidons emportés au départ. Toutes les armes s'enrayent, elles sont alors démontées et nettoyées à la brosse à dents, à quelques mètres à peine des rebelles retranchés.

Le lieutenant Roher est tué. Il a reçu une balle dans la région du foie. A midi trente-six, la 4e Compagnie est parachutée sur les lieux du combat. Le lieutenant Grillot, dit « Georges », enlève ses hommes à l'assaut.

A présent, Sentenac est mort. Les nids de résistance sont réduits les uns après les autres, les déserteurs du Touat se battant jusqu'au bout. On trouve sur eux quelques papiers, des poignées de dattes sèches. Leurs armes sont brûlantes, comme celles des paras.

A dix-huit heures quarante-cinq, les avions quittent la zone de combat [1]. Les morts et les blessés sont évacués par hélicoptères. Pour les paras de Bigeard, la traque continue, tous les déserteurs du Touat n'ayant pas été pris. Alertée par le combat de Hassi Rhambou, la presse annonce que le Sahara est plongé dans la guerre, presque à feu et à sang ! *Paris-Match* publie les photos de l'action sur six

---

1. A Timimoun, chef-lieu du Gourara, la température est la plus élevée de toute l'Algérie, atteignant 52° à l'ombre.

1. Bilan du combat de Hassi Rhambou : 42 rebelles tués, dont 12 déserteurs, 10 blessés décédés des suites de leurs blessures, dont 8 déserteurs. Armement récupéré : 1 FM 24/29, 2 PM, 40 fusils de guerre (Mas 36, Mas 51, Statti, Mousqueton, Mauser), 1 poste ANGRC9. Pertes amies : 6 tués au combat, 5 décédés de suites de blessures, 8 blessés.

pages [2], entre les images de Christine Carère partie tourner à Hollywood *Un certain sourire*, de Françoise Sagan, et les carnets de route de Peter Townsend, le chevalier errant qui rentre en Europe.

Le 4 décembre, la 1re Compagnie est héliportée sur Hassi Mansour. Bigeard a installé son PC à Bou Krelala, mais les distances restent énormes. Au cours de l'héliportage de Hassi Mansour, la mécanique délicate des hélicos commence à ressentir les effets destructifs du sable du désert. A 12 heures, un premier H 34 se crashe sur le chemin du retour, au milieu des dunes.

— Nous n'allons pas rester bêtement à attendre en protection autour de ce piège ! lance « Georges ». Nous allons ramener cet hélicoptère à pied !

C'est de la folie.

Envoyé par Bigeard pour garder le H 34 crashé, le lieutenant Grillot ne peut rester en place. Avec ses douze hommes, les deux pilotes et le mécano, il veut réaliser l'impossible, traîner un appareil de plusieurs tonnes dans les dunes ! La difficulté réside dans la nécessité de ne pas pouvoir s'arrêter en chemin, les roues s'enfonçant aussitôt dans le sable...

— Allez, en avant !

Les hommes qui poussent à la queue de l'appareil sont tour à tour projetés à droite et à gauche. Il n'y a pas de répit. Le spectacle est hallucinant et les paras sont au bout de leurs forces. Cependant, ils avancent toujours, ils gagnent leur pari dément, le H 34 est ramené pour être dépanné.

⁂

« Moteur grillé, envoyez moteur. »

Resté à La Sénia, « Mimile » relit le message de Brunet, se gratte la tête et prend sa décision. N'ayant pas de moteur prêt, il en fait démonter un sur un hélico, avec embarquement immédiat à bord d'un Nord 2 501.

Le lendemain, même message ; c'est le début d'une longue série.

Mais « Mimile » a compris. Il repense à la mention *Utilisation en zone désertique : néant*, portée sur la notice américaine. L'ennemi, ce doit être le sable, mais comment y parer ?

En attendant, il doit faire face ; Brunet n'attend pas. Le commandant Sagot et le capitaine Martin mettent la main sur tous les moteurs disponibles à Blida. Dans le même temps, les mécanos de La Sénia montent des moteurs équipés à partir des éléments dont ils disposent en magasin. Les moteurs étant expédiés nus de France en Algérie, trois mécaniciens et vingt-quatre heures de travail sont nécessaires pour les mettre en œuvre.

Dans les ateliers de Martin, les cadences sont infernales. « Mi-

2. Photos de l'auteur.

mile » ne quitte pas son poste de huit jours et huit nuits. Les moteurs équipés sont montés sur bâtis avant leur transport vers le sud. Les carburateurs à membrane sont vérifiés, mis en place. Ils doivent être mis en pression huit heures avant utilisation et valent le prix d'une DS !

Les moteurs ainsi équipés de leur pot d'échappement, cylindre-bloc, bâti, carburateur forment un groupe autopropulseur. Sur place, il ne restera plus que les axes à mettre, ainsi que les branchements à faire. Ce travail demandera cependant quatre heures sur le terrain. Mais avant leur départ, ils doivent être rodés. Martin les fait monter sur des hélicos n'ayant pas de moteur, il téléphone à Oran à l'hôtel des pilotes, les pièges décollent et tournent en rond nuit et jour. D'après les formulaires remplis à cette époque, certains appareils ont leur moteur changé dix fois en quinze jours...

Enfin, au bout de huit jours, arrive un léger temps de respiration. « Mimile » annonce à ses officiers mécaniciens :

— Je vais jusque chez moi. Je crois que j'ai besoin d'une bonne douche.

Martin n'a que le temps d'enlever sa casquette. Déjà, la sonnerie de l'entrée de son appartement retentit. C'est le chauffeur de Brunet, resté à Oran :

— Mon capitaine, on vous demande à la base tout de suite.

— Qui ça ?

— Le commandant Sagot.

— Bon. Laisse-moi prendre ma douche et...

— Oh non, non ! Il a dit qu'un avion doit vous prendre, et les hélices tournent !

« Mimile » sait ce qui l'attend, Brunet le demande à Timimoun, toute affaire cessante. Il monte en voltige dans le Nord 2 501 et s'installe à côté de deux moteurs de H 34 arrimés dans le cargo.

Tiendront-ils aussi peu longtemps que les autres dans le désert ? « Mimile » soupire et ferme les yeux. Il s'endort.

***

Le 7 décembre, à 4 heures du matin, perdu en plein désert, Bigeard fait le point de la situation. Le rebelle insaisissable se dérobe toujours, ses parachutistes sont exténués, ses jeeps brisent leurs ponts et leurs embrayages dans les dunes. Les pilotes ont triplé les heures de vol prévues. Les hélicos craquent par blocage ou rupture de piston ou de bielle, et sont disséminés dans la nature. Une tempête de sable a sapé les derniers courages en effaçant toutes les traces. Mais tout va réussir, comme par miracle.

A 11 h 30, le Piper d'observation repère un guetteur au sommet d'une dune au puits de Hassi-Ali, à 100 kilomètres à l'ouest du PC de Bigeard. « Bruno » se fait aussitôt héliporter avec un PC léger sur Hassi-Belguezza, pour être à pied d'œuvre. A 13 h 45, il rameute sur lui tous les hélicos disponibles, bourrés de fûts d'essence de 200 litres. Son intention est d'héliporter son escadron sur Hassi-Ali, en deux rotations. A 14 h 30, il fait décoller la 2e Compagnie de Timimoun par Nord 2 501 avec ses parachutes.

Dès le poser des H 34, l'escadron accroche et a un tué et deux blessés. Bigeard fait sauter la 2e Compagnie un peu au nord, à 15 h 30, un fusil mitrailleur est récupéré. Puis il se fait héliporter au cœur même du combat. Dès lors, il devient l'âme de la lutte. Sa base opérationnelle n'est plus qu'un relais vers le PC arrière chargé de suivre toutes les questions logistiques. Dans le creux d'une dune, il est à portée de voix des combattants — et on sait qu'il est là. Les balles sifflent, les grenades explosent. A 16 h 40, le deuxième fusil mitrailleur emporté par les déserteurs du Touat est pris. La 2e Compagnie donne l'assaut en poussant des hurlements. Un para aveugle est guidé vers un hélicoptère pour être évacué. Un autre, mort, est moitié tiré, moitié porté par deux hommes ; son bras qui tombe et traîne dans le sable en accrochant la lumière en contre-jour compose une image à la beauté classique — rappelant étrangement la *Mise au tombeau* du Titien.

Si Yacoub, le chef de secteur de la Saoura, est tué. Tous les déserteurs de la compagnie méhariste du Touat, seroual, chèche et cartouchières croisées sur la poitrine, sont morts ou prisonniers [1].

A 20 heures, tout est fini, la nuit est tombée. Soudain, Bigeard entend le ronronnement d'un H 34, il appelle à la radio. C'est Félix qui veut venir évacuer les blessés avec son Mammouth. Bigeard sait prendre les risques quand il faut et, là, il refuse ; se poser dans les dunes de nuit représente un danger trop grand. Un infirmier s'occupera des blessés jusqu'au matin.

Maintenant, presque tous les H 34 sont au tapis, le combat du 7 décembre s'est terminé avec seulement deux appareils sur neuf en état de vol. Mais le Mammouth de Félix continue de voler. Tout heureux, Brunet annonce à Bigeard :

— Ça y est, mon colonel, j'ai eu les chameaux explosifs !

— Bravo, Félix ! Beau bilan... que ne rapportera sans doute pas la presse !

Car la destruction des caravanes de ravitaillement FLN est largement décriée par les journalistes : « De malheureux caravaniers faisant leur voyage annuel à l'époque de la datte, du Maroc vers l'Algérie, sont massacrés, etc. » En fait, les pauvres chameaux attaqués au canon de 20 mm par le Mammouth explosent littéralement, étant lourdement chargés de caisses d'obus de mortier...

Bigeard est content, mais il prend « Mimile » à part :

— Capitaine Martin, soyez gentil, demandez donc au colonel Bru-

1. Bilan du combat : pertes rebelles, 37 tués, 2 prisonniers. Armement récupéré : 2 FM, 2 PM, 22 fusils de guerre. Pertes amies : 4 tués, 6 blessés.

net d'arrêter ses vols. J'ai peur pour lui, il va trop loin, prend trop de risques. J'ai des hélicoptères crashés un peu partout et lui, il continue encore à voler ! Je m'en voudrais s'il lui arrivait quelque chose, alors, je vous en prie, dites-lui d'arrêter. Moi, il ne m'écoute pas...

— Et vous croyez qu'il m'écoutera, moi, mon colonel ?

— Essayez toujours de le raisonner.

Naturellement, c'est peine perdue. Félix rabroue « Mimile » :

— Ne vous occupez pas de ce qui se passe entre Bruno et moi, Crassous leader ! Ça ne vous regarde pas !

— Mais, mon colonel...

— Ça va, ça va ! Allez, venez...

— Je...

— Allons, venez, je vous dis !

C'est un ordre. Visiblement, Brunet ne tient pas du tout à ce que son officier mécanicien reste près de son piège. Et pour cause, il vole avec un moteur complètement mort ! Il consomme presque autant d'huile que d'essence. Pour tenir l'air, Félix a fait installer dans le Mammouth un fût de 200 litres d'huile avec une pompe Japy. En vol, lorsque les niveaux deviennent alarmants, le mécano pompe directement du fût dans le réservoir, jusqu'à ce qu'il déborde ! Bien sûr, cela se fait secrètement en dehors de Martin, qui n'aurait pas manqué d'interdire de vol l'appareil.

Le 12 décembre, dans l'après-midi, le Mammouth armé tourne au-dessus des dunes. Pour ce vol d'entraînement, Félix est resté au sol, le sergent-chef Mazure est chef de bord, sergent Desbordes copilote, sergent-chef Delenne mécanicien. Soudain, l'appareil tombe comme une pierre et s'écrase au sol, la mécanique vient de lâcher.

Mais l'opération Timimoun s'achève. Le nettoyage de la région est un succès complet. A présent, il faut « regrouper la baraque », ce qui n'est pas un mince travail !

« Mimile » et les mécaniciens changent les moteurs grillés des H 34, à l'endroit même où ils se sont crashés dans le désert. « Nanar » et « Tonton » sont de la partie. La « chèvre » apportée d'Oran fait des difficultés, les trois pieux métalliques s'enfoncent inexorablement dans le sable.

— Bon. Au lieu de soulever les moteurs pour les mettre en place, nous descendrons les hélicoptères !

C'est le cric à l'envers. Les paras qui gardent les pièges creusent alors le sable sous les roues des Siko, jusqu'à ce que l'appareil se présente en face du moteur à monter reposant sur le sol. Puis, le travail terminé, c'est l'essai en vol :

— Moteur en route !

Tout est parfait. Le H 34 décolle. Il s'élève. Le moteur est bon. Puis c'est le crash ; comme les autres, le moteur est grillé. Il n'a tenu que dix minutes.

Décidément, le piège du désert se resserre sur les hélicos de

Brunet. Le colonel Bardoux, chef des services techniques de la 5e RA, vient se rendre compte sur place de l'ampleur du désastre. Puis un beau matin arrive à Timimoun un officier de l'armée de l'Air. Il débarque d'un Martinet, lunettes de soleil, chemise blanche, galons astiqués.

— Voici un « cerveau musclé du Palais de la Sueur[1] », mon capitaine !

Les mécanos de « Mimile » ont le nez pour savoir à partir de quel moment les ennuis commencent. De son côté, Martin pense à Cayenne et, en effet, il est rapidement critiqué sur son travail d'adjoint technique, on l'accuse de mauvaise maintenance, de mélanges d'huiles... Félix défend âprement « Mimile », mais ne peut avancer aucune explication rationnelle, à part le sable.

Le sable !

Le lendemain matin, « aux aurores blafardes », coup de gueule du mécanicien du Martinet de l'autorité devant redécoller pour Paris. Un seau de sable vole par la portière :

— Quel est le con qui m'a fichu un seau de sable là-dedans ? Il n'y en a pas assez dehors comme ça !

Renseignements pris, c'est l'autorité-chemise-blanche qui emmène un seau de sable du Sahara pour le faire analyser à Paris, à cause des moteurs grillés. Voyant son seau débarqué, il se met en colère. « Mimile » le rassure :

— Si vous en voulez, du sable, allez aux ateliers d'Air France ; là-bas, ils sont en train de réparer nos moteurs. Il paraît qu'il y en a quinze kilos à l'intérieur de chacun, vous pourrez l'analyser sur place !

Mais une question empêche Martin de dormir : par où entre donc le sable dans les moteurs ? Deux seules voies d'accès possibles, le reniflard et le carburateur. Or, le reniflard se trouve à l'intérieur de l'appareil et le carburateur est muni d'un filtre.

⁂

« Tout est facile après, note amèrement Bigeard dans son compte rendu d'opération de Timimoun. Pourtant, en ce qui nous concerne, la destruction du rebelle, même cette fois, s'est jouée comme prévu, suivant un plan pesé et suivi. Mais nos difficultés ne viennent pas de l'ennemi... Le combat que nous devons mener pour imposer des méthodes de combat valables — essayer de faire comprendre, souvent en pure perte, le jeu que nous jouons depuis plus de deux années, sortir de leur routine des cadres vivant bien souvent sur un passé, obtenir des moyens adaptés, conserver le tonus d'un régiment qui manque d'effectifs, qui a vu partir tous ses officiers, qui perd ses meilleurs sous-officiers au combat avec la certitude qu'ils ne seront

1. Lire : officier supérieur de l'état-major de Paris, boulevard Victor.

pas remplacés — tout cela n'est guère facile. Et cette conclusion, ajoutée aux nombreuses déjà écrites, ne changera rien... mais nous le savons... »

Le désert va retomber dans son éternel silence. « Bruno » regroupe ses paras et Brunet récupère ses hélicoptères perdus.

Bigeard remercie tous ces hommes qui ont lutté ensemble :

« Un mois et demi au cœur du désert avec la collaboration totale des équipages d'hélicoptères, des aviateurs. Le tout dans un magnifique élan. Splendide bilan certes, mais mieux encore : une victoire de l'esprit et du cœur... »

Enfin, dans son ordre du jour du 17 décembre 1957, il écrit :

« Une épopée se termine... elle se termine bien. Le Grand Erg occidental n'a plus de secrets pour nous. Les souvenirs accumulés ne peuvent rester qu'entre nous, ailleurs ils seraient incompris... Nos contacts radio resteront gravés dans nos mémoires :

« — Bruno à Carton... Argent-Pistache — ou Corail... Bruno à Marsouin Bruno aux Marat... Bruno à Piper Roméo et Papa, à Nord Leader... et puis les hélicoptères qui ont vécu notre vie au cœur des dunes.

« Il y avait là Mammouth bien sûr qui ne pouvait finir qu'au champ d'honneur.

« Et puis... Auroch Noir et Jaune.

« Dans sa simplicité émouvante tout cela restera gravé dans nos cœurs.

« A une époque où il est plus facile de renoncer que de vouloir, une poignée d'hommes qui osent encore croire ont montré ce qu'il était possible de réaliser.

« — Chic aux aviateurs,
« — chic aux paras,
« pour cette réussite sans bavure aucune. »

« BRUNO. »

***

Une nouvelle année de guerre s'achève.

Jamais les hélicoptères n'avaient été poussés aussi loin, bien au-delà des limites du possible. Ainsi la mécanique se plie-t-elle à la volonté de l'homme résolu — mais pour quelle fin ?

Sous les photos [1] de ses paras, à l'abri d'un creux de dune juste avant de donner l'assaut, Bigeard écrira avec un peu de tristesse [2] :

« ... Le grand vent chaud du Sahara effacera demain les traces de nos pas. Il déplacera les dunes, ensevelissant pêle-mêle les douilles vides, les boîtes rouillées et les armes perdues, et jusqu'au souvenir de ce combat... »

---

1. Photos de l'auteur.
2. *Aucune bête au monde...*, colonel Bigeard, sergent-chef Flament, Pensée Moderne, J. Grancher éd., livre dédié au sergent-chef Sentenac.

CHAPITRE XVI

INVENTION DES FILTRES A SABLE

A l'EH 2, « Mimile », et toute la mécanique, travaillent encore en février 1958 sur la vingtaine de moteurs grillés de Timimoun. Cette tâche le tiendra aux ateliers jusqu'à Pâques...

En attendant, le capitaine Martin ne sait toujours pas par où entrait le sable pour faire craquer ses moteurs. Pas un seul d'entre eux n'est allé jusqu'à sa limite de fonctionnement avant révision, c'est-à-dire 600 heures. Dans les meilleures conditions, ils n'ont jamais dépassé 200 à 250 heures. Certains ont craqué au bout de 10 minutes... Cet exploit dans le Sud a valu à Brunet de se faire attaquer de toutes parts ; on rapporte avec complaisance que, tel un amiral à Trafalgar, « il a détruit son escadre au Sahara ». Mais « Félix » a heureusement pour lui son dynamisme, sa valeur et ses... antécédents. Il laisse dire.

Le 21 février, un H 34 fait tourner son moteur en rodage sur la piste de La Sénia. « Mimile », toujours tracassé, regarde en fumant son éternelle pipe. Ses yeux se fixent machinalement sur les petits tuyaux en caoutchouc qui pendent à 30 centimètres du sol, sous l'appareil. Sur les Siko, tous les cylindres du moteur en étoile dirigés vers le bas sont ainsi équipés de tuyaux sur la pipe d'admission, afin d'éviter le blocage hydraulique : à l'arrêt du moteur, le dépôt d'huile qui se produit dans la culasse est évacué de cette manière.

Sur le ciment de la piste, il y a une flaque d'eau. Elle frémit, non pas sous l'effet de l'air déplacé par les pales, mais comme si elle était sollicitée, « aspirée » par les tuyaux de caoutchouc.

Pour « Mimile », c'est la révélation. A pleine charge, les roues de l'appareil s'enfonçant dans les dunes de Timimoun, ces satanés tuyaux devaient aspirer le sable comme avec une paille ! Martin s'approche pour regarder le phénomène de près : la fumée de sa pipe file vers les tuyaux comme dans un conduit de cheminée.

— Voilà le piège ! s'exclame Martin.

Pour vérifier sa découverte, il fait apporter cinq bouteilles de soda remplies d'essence. Des mécanos accroupis les tiennent, tuyaux prêts à être engagés dans les goulots. Il demande au pilote de se mettre en régime de décollage, comme s'il venait de se poser. Exécution, le pilote fait un signal que Martin répercute aux mécanos : engagés dans les bouteilles, les tuyaux les vident en deux secondes !

Le mystère éclairci, il ne reste plus qu'à trouver une solution au problème posé.

Le ventilateur chargé de refroidir le moteur canalise l'air à travers le radiateur d'huile, sortant par un orifice presque au ras du sol, à proximité des petites tuyauteries. Dans le désert, cet air projeté avec force creuse au sol en quelques secondes une cavité pouvant loger un homme couché. Il émulsionne le sable, le rendant encore plus pulvérulent et favorisant ainsi son aspiration par les tuyaux. Pour parer à cela, Martin fait confectionner une gamelle en tôle, sorte de déflecteur canalisant l'air vers l'arrière, parallèlement à l'appareil, au lieu de frapper dans le sable. Résultat, celui-ci ne frémit même plus. Les cinq petits tuyaux n'étant plus utiles dès l'instant que le moteur tourne, il décide de les équiper à sa façon. Pour cela, il fait fabriquer une boîte en tôle, dans laquelle viennent aboutir les tuyaux. Un robinet de vidange permet au mécano d'évacuer l'huile lorsque l'appareil est au sol.

— Crassous leader, je veux voir fonctionner ça tout de suite ! lance Félix tout excité.

Le temps d'équiper un appareil et c'est le décollage dès le lendemain. Les essais sont effectués avec le H 34 n° 479 dans les dunes de Aïn el Türck au cap Falcon, à l'ouest d'Oran. C'est un succès complet et le moteur sera mené sans histoire jusqu'au bout de son potentiel, soit 600 heures.

La démonstration étant concluante, un ingénieur de Sud Aviation obtient du colonel Brunet d'emporter le prototype. Le système de « Mimile », sans modification en ce qui concerne le déflecteur, mais la petite boîte artisanale remplacée par des filtres AMA, plus techniques quoique onéreux, sera adopté. Depuis, il est monté en série sur tous les appareils. De leur côté, les « observateurs » américains de la firme Sikorsky détachés à l'EH 2 félicitèrent le capitaine Martin. Dans la revue *Aviation Week*, ils lui attribueront la paternité du système — et même le grade de colonel !

Mais l'armée de l'Air ne les suivra pas sur ce dernier terrain...

L'état-major n'étant non plus enclin à considérer les trouvailles des « bricoleurs en escadre », fit la fine bouche devant la boîte en tôle de « Mimile ». Il confia l'étude du filtre antisable à la société Bertin (des aérotrains). Il en résultat un H 34 transformé en monstre d'un poids prohibitif. Expérimenté (en hiver !) dans les sables d'Ermenonville, il fut abandonné, inutilisable sous le soleil d'Afrique, de par son poids excessif et la perte de pression à l'admission qu'il entraînait. On en revint alors à la petite boîte du « bricolo d'escadre ».

*
* *

Le 19 mai 1959, l'opération « Pierres Précieuse » est en cours. Sur le terrain, dans la région de Molière dans l'Ouarsenis, se trouve le colonel Mayer chef d'état-major du général Challe, le même officier parti en mission en Corée à Noël 1952 accompagné du capitaine Martin. Un message radio est capté, retransmis par Air France, ainsi que cela se produira plus d'une fois dans le ciel d'Algérie. C'est un appel de « La Flèche », disant :

« Prévenez Mimile à l'EH 2, moteur HS à Molière, demande dépannage. »

A La Sénia, Martin a l'habitude. Ses douze caisses à munition peintes en jaune, marquées *EH 2 dépannage moteur*, sont prêtes en permanence. A l'intérieur se trouvent toutes les pièces de rechange prévisibles, recomplétées au retour de chaque mission. Onze caisses pour la mécanique, la douzième pour la nourriture et la boisson, l'intendance suivant rarement sur les lieux.

La bourrique neuve est arrimée dans le Nord 2 501 venu d'Alger, « Mimile », « Nanar », « Vonvon » et leurs caisses s'entassent. Le lendemain matin, Martin découvre le piège à dépanner :

— Ça ne va pas être une partie de plaisir, les gars ! Pour commencer, nous allons abattre les arbres dans le sens du vent.

Le H 34 au moteur à changer repose dans une sorte de puits aux pentes abruptes, de 80 mètres environ de côté. Les mécanos jouent les bûcherons, puis « Mimile » annonce :

— Nous allons faire descendre notre moteur neuf en sling avec précautions.

Mais le vent vire de bord. Il faut défricher à présent le côté opposé pour l'approche. Enfin, le moteur est déposé près du piège, le dépannage commence.

Tac, tac, tac !

Soudain, c'est l'accrochage. L'élément de Légion, venu assurer la protection, prend à partie des fellaghas qui se dévoilent, un combat dans les parois du puits surplombant le H 34 s'engage. Les balles sifflent de tous côtés, risquant à chaque instant d'endommager le piège. Finalement, les légionnaires ont le dessus, le dépannage peut se poursuivre dans le calme. Mais il fait soif dans le trou : « Mimile » puise de l'eau à un petit ruisseau qui coule là, le cadavre d'un fell immergé en amont n'étant découvert que plus tard au décollage.

Le dépannage terminé, l'adjudant-chef Faure redécolle son appareil. Excellent pilote, il l'arrache de ce puits mal famé. Mais il connaîtra une fin dramatique. Plus tard, à Colomb-Béchar, roulant au sol avec son H 34, il entrera en résonance. Son régime étant trop bas, il ne pourra pas décoller — seule chose à faire sinon couper. Sa tête ayant heurté la cabine, il tombera dans le coma. Inerte, il restera étendu sur un lit, les yeux ouverts, durant six mois, puis mourra sans avoir repris connaissance.

Mais les pilotes des hélicos ne sont pas les seuls à mourir à la guerre.

« Vonvon », l'un des mécaniciens de choc de « Mimile », rentre de permission. Yvon est originaire de Saint-Brieuc. C'est un dimanche matin comme les autres, chacun est au travail. « Vonvon » demande au capitaine Martin :

— Où est « Nanar », mon capitaine ?

— « Nanar » ? Il est à Aïn-Séfra ! Nous avons là-bas un DIH sur une grosse opération...

— Bon. Alors, mon capitaine, je vais y aller moi aussi.

— Non, il n'y a pas de raison.

— Mais « Nanar » y est !

— « Nanar » y est, « Nanar » y est ! C'est parce qu'il fallait qu'il y soit !

— Bof, mon capitaine, si « Nanar » est parti, je...

— « Vonvon », tu es bien ici !

Un temps, puis :

— Alors, mon capitaine, voulez-vous venir au bar ? J'arrose mon retour de permission avec les camarades.

— D'accord.

Là, « Vonvon » prend le capitaine par les sentiments. Il l'appelle « Mimile la Pipe », comme en opération ou dans son atelier. Martin cède. « Vonvon » part avec un H 34 transportant deux unités de feu devant recompléter l'armement du Mammouth dans le Sud oranais. L'appareil arrive à Aïn-Séfra à la nuit tombée. Soudain, le pilote aperçoit, dans un coup de phare qu'il donne, un mur de pierres droit devant lui. Il vire sec. Les pales touchent le sol, l'appareil explose avec ses deux unités de feu.

C'était à trois cents mètres à peine du parking des hélicoptères. Le mur de pierres ? Les « pierres écrites », rochers couverts de peintures rupestres, que les légionnaires ont entourées d'une grille pour les protéger des graffiti des touristes et des « quillards ». « Vonvon » n'a pas retrouvé « Nanar ».

Il ne pourra pas lui raconter sa dernière permission à Saint-Brieuc. Et, à La Sénia, « Mimile » ayant appris la catastrophe erre dans son atelier de mécanique. Il a laissé éteindre sa pipe.

CHAPITRE XVII

BABOT

— La chaloupe est à la coupée, commandant !

La chaloupe, c'est une jeep, et la coupée, la porte d'un Sikorsky. Qu'importe ! Pour les marins de l'Aéronavale, se retrouvant avec leurs hélicos dans le djebel, c'est la tradition qui continue et qu'ils traînent avec eux.

Après une période de support logistique auprès du GH 2 de Sétif, ils s'installent à Sidi-bel-Abbès en n'ayant qu'une hâte, celle de voler de leurs propres rotors. Ce moment venu, la Marine mènera un aussi beau combat à terre que les autres armées et son activité sera très importante [1].

Le 3 avril 1958, la 31 F de l'Aéronavale se trouve engagée dans le djebel Ouch Kamakar, où elle effectue une série d'héliportages au plus près, facilitant ainsi le succès de l'opération. L'appareil du leader, le LV Ghesquière, est touché lors du transport de deux canons de 75 mm sans recul avec leurs munitions. Au cours de cette action, 133 rebelles sont mis hors de combat, 102 armes dont 7 automatiques, une tonne de munitions sont récupérées.

Le 8 avril, dans le djebel Oum Mechra, la manœuvre héliportée effectuée avec les équipages de l'Aéronavale permet l'anéantissement d'une bande rebelle qui perd 90 tués, 32 prisonniers, 12 armes automatiques, dont 4 mitrailleuses, 100 fusils.

Successivement équipée de Bananes, puis de HSS 1, version Marine du H 34, l'Aéronavale sera présente à terre dans les combats du djebel jusqu'à la fin de la guerre.

Mais voici Babot, dit « le Babs » !

Massif, souriant ou encore poussant de grands coups de gueule,

---

1. Voir en Annexes VI, VII, VIII et IX l'Organisation des hélicoptères de la Marine en Algérie, ainsi que les tableaux récapitulatifs de son activité.

c'est une figure légendaire dans l'Aéronavale. Les hélicos de la Marine, c'est son affaire ! Avant d'être « pacha » du groupe d'hélicoptères de l'Aéronautique navale n° 1, et alors encore commandant de la flottille 31 F., il est déjà remarquable de culot. Il se comporte en « seigneur de guerre ». Avec la complicité de son CST (chef de service technique), l'OE Martelli, il arrive par exemple à dévaliser au profit de sa flottille les magasins de l'ALAT tant à Sétif qu'à Alger. Détournant adroitement certains éléments critiques des groupes moto-propulseurs (moteurs) des H 21 destinés à l'armée de Terre, il obtient ainsi une disponibilité des Bananes Marine dépassant 90 %.

Mais le matériel sans l'homme n'est rien.

Qu'il soit mécanicien, pilote. chef de détachement ou matelot, l'individu est toujours sensible à l'intérêt que lui porte son chef, et qu'il sent près de lui.

Comme tous les grands capitaines, Babot est un entraîneur d'hommes. S'il exige pour les inspections la tenue tergal kaki uniforme de chez son tailleur Benhamou, personne ne se plaint. Car il sait aussi octroyer des permissions ayant le grand mérite de n'être point apostillées et qui laissent au bénéficiaire la solde AFN. Il va même jusqu'à exiger le transport gratuit de ses gens par les avions SO 30 P depuis Alger ou Lartigue (Oran).

A Sidi-bel-Abbès, en plein milieu des terres, Babot retrouve avec ses marins l'ambiance des escales. Bel-Abbès, c'est le fief de la Légion, mais l'on y trouve aussi des aviateurs, des biffins et les matelots de la 31 F. de Babot. Le colonel commandant la garnison a dû réglementer l'accès aux rues chaudes de la ville, l'accordant tel jour à telle arme. Une autorisation écrite vite appelée « Bon de Saillie » tient lieu de sauf-conduit. Naturellement, lors de leurs « virées à terre », les marins du « Babs » sont rapidement pris en défaut par les patrouilles de la Légion. Un rapport émanant du commandant de la place atterrit sur le bureau de Babot avec le motif : « Les Q/M X et Y de la flottille 31 F. ont été trouvés en zone réglementée sans autorisation. » Une rubrique demande qu'une punition soit infligée par le chef de corps, une autre appelle des commentaires. « Le Babs » répond : « Punition infligée néant. Commentaire : Je suis moi-même un fervent du bobinard. »

Vieux de la vieille aux commandes, Babot n'aime pas toucher au manche en Algérie. Il pense qu'il a mieux à faire et, pour avoir l'œil et l'esprit libres, il s'est choisi trois copilotes. En fonction de son humeur et de la mission du jour, l'un de ces « Capitaines de Pavillon » prend les commandes de l'hélicoptère où il a mis sa marque. S'il s'agit d'une mission réglementaire avec des possibilités de retour nocturne ou de survenue de mauvais temps, le très efficace et méticuleux PM Sacksteder possède la discipline et le talent nécessaires pour empêcher tout dérapage [1].

---

1. Promu ultérieurement officier pour faits de guerre, le capitaine de frégate Sacksteder commande actuellement la BAN Dugny-Le Bourget.

Ancien chasseur d'Indochine, rescapé d'un dramatique appontage et survivant étonné d'un blocage des reins avec 7 g/litre d'urée dans le sang, le PM Gendrot [1] dit « Brutus » est choisi par « le Babs » pour les missions où des risques divers peuvent se présenter lors des pauses et des embuscades à proximité des mess de la Légion. Cela ne l'empêche pas d'ignorer complètement ce qu'est le stress opérationnel.

Le troisième homme auquel Babot fait appel moins souvent est un ancien chasseur de nuit, le PM Lichty, qui possède une veine insolente et se trouve de ce fait insensible à toute appréhension. C'est le pilote tout indiqué pour les missions effectuées à l'occasion des coups les plus tordus dans les coins les plus mal pavés — comme certaine descente de nuit dans un ravin du côté de Frenda, pour Bigeard.

Mais la préoccupation essentielle de Babot reste axée sur la mise en place des hélicoptères armés dans les flottilles de l'Aéronavale.

Contrairement à ce qui s'est passé dans les armées de l'Air et de Terre, le capitaine de corvette Babot obtient dans la Marine des appuis et des encouragements précieux. L'amiral Ploix, commandant l'Aéronautique navale en Algérie est un homme qui a des idées originales, c'est un officier très ouvert qui accepte la novation et les risques pris pour essayer d'améliorer le rendement opérationnel des hélicoptères. L'amiral Geli, préfet maritime de la 4ᵉ Région (Algérie), est un chef comme on les aime, l'homme qui « couvre » les initiatives de ses subordonnés d'une façon absolument parfaite. Babot se met au travail.

Pour l'armement des hélicoptères, tout vient d'un concept d'utilisation. Depuis la dernière guerre, aux U.S.A. et par voie de conséquence en France, les armées de l'Air ont préféré la mitrailleuse de 12,7 mm au canon de 20 mm pour armer les matériels volants, en revanche, les aéronautiques navales ont définitivement opté pour le canon de 20 mm.

La mitrailleuse de 12,7 mm envoie un projectile lourd mais qui n'a d'effet qu'à l'impact, par contre, le canon de 20 mm présente l'avantage de tirer une munition explosive-incendiaire dont, même si le projectile n'atteint pas le but lors d'un tir au sol, le bruit de l'explosion, les éclats et l'incendie provoqué sont autant d'effets psychologiques sur l'adversaire ! Et si le but de la guerre n'est pas de tuer et de détruire, mais de neutraliser en faisant des prisonniers, *a fortiori*, cette arme semble des plus appropriées dans une action de lutte contre la rébellion et d'appui des troupes au sol.

Babot choisit donc l'arme de l'Aéronavale, le canon de 20 mm, mais encore faut-il en trouver un qui, associé à un système amortisseur, permette de monter l'arme, mobile, sur un affût fixe à l'hélicoptère sans que pour autant le tireur et la structure de l'appareil encourent aucun risque et que l'emploi en soit malaisé.

---

1. Egalement promu ultérieurement pour faits de guerre.

L'arme idéale reste le canon de 20 mm MG 151 d'origine allemande, abandonné par Félix sur son Mammouth au profit des mitrailleuses de sabord. L'effort du canon au recul est sensiblement le même que celui de la mitrailleuse Browning de 12,7 mm. Mais, en montage rigide, l'effet de « marteau piqueur » durant la rafale est préjudiciable à la structure de l'appareil et rend imprécis le pointage.

Alors intervient un vieux complice de Babot qui « bricolait » avec lui armes et armements au Centre d'Expérimentation de l'Aéronautique navale de Saint-Raphaël dans les années 49/50, l'officier des équipages, armurier, mitrailleur, bombardier, Guinard, responsable armement de la base aéronavale de Lartigue. Guinard découvre dans l'arsenal de Mers-el-Kébir un affût de DCA allemand pour MG 151 sur lequel les armes sont montées par l'intermédiaire d'un système amortisseur permettant le tir « en balancé » : ce lien élastique interposé entre le canon et l'affût fait qu'au cours du tir en rafale, l'arme se conduit comme une masse oscillante libre. L'effort au recul est ainsi limité et l'effet de « marteau piqueur » si désagréable tant au tireur qu'à l'hélicoptère disparaît pratiquement.

Le choix du MG 151 semble excellent bien que la vitesse initiale du projectile ne soit que de l'ordre de 650 mètres/seconde, mais cela est bien suffisant. Le tir d'hélicoptère, plate-forme volante dominant l'objectif, est sensiblement un tir tendu, effectué la plupart du temps à la verticale du but, à 1 000 pieds, soit environ 300 mètres. En tir plongeant, la vitesse initiale et le faible temps de parcours corrigent largement l'abaissement vertical.

Le rodage du canon de 20 mm sur hélicoptère Marine se fera à bord d'une Banane à laquelle Babot donne l'indicatif charmant et désuet de « Couleuvrine ». A l'occasion d'une opération se déroulant les 3 et 4 avril 1959 dans la région du djebel M'Zaïta et de Tircine, elle intervient pour la première fois au-dessus du djebel Taffrent, tuant deux fellaghas, dont un chef de section.

L'installation du canon est très simple. L'affût quadripode d'origine trop lourd et encombrant est remplacé par un support en tôle roulée, appelé « pot de fleur »[1]. Il encaisse tous les efforts, et leur transmission, au lieu d'être faite directement au plancher, est amortie par une plaque d'inertie en acier intercalée entre celui-ci et la structure de l'hélicoptère.

La Direction des Etudes et Fabrications d'Armement, en l'occurrence l'atelier de Mulhouse, spécialiste à l'époque des armes de petit et moyen calibres, intervient pour étudier et réaliser des liens élastiques modernisés et d'emploi plus sûr que ceux de récupération allemande. Enfin, pour armer les HSS de la Marine du canon de 20 mm monté sur son support « pot de fleur », il suffira de quelques boulons à enlever et à revisser sur la plaque d'inertie.

---

1. Voir photo en hors texte.

Mais, si l'armement des appareils de l'Aéronavale a pu se faire plus facilement que dans les ateliers de Félix à La Sénia, leur emploi comme arme sur le terrain rencontrera certaines oppositions...

***

Le LV Michel, commandant la 32 F. et l'officier technicien de la flottille, l'ingénieur mécanicien Salmon, sont tout fiers de leur hélico armé, baptisé « Rameur Canon ». L'appareil est expérimenté au cours d'une petite opération dans le secteur de Saïda. Le général commandant le GATAC n° 2 dont dépend la flottille [1] assiste aux essais. Les premiers résultats sont des plus encourageants et l'hélicoptère de la flottille est déclaré opérationnel.

Malheureusement, les difficultés commencent.

Le commandant de la base, se faisant l'interprète de certains grands chefs de l'armée de Terre, interdit formellement au LV Michel d'entreprendre des opérations avec cet appareil. Le commandant du GATAC, aussitôt alerté par le marin, répond :

— Continuez, je vous couvre !

Des rapports s'envolent alors dans toutes les directions, les retombées ne se font pas attendre. Les marins de la 32 F. apprennent « que le Ministre en exercice [2] fait savoir qu'il serait possible de traduire en Conseil de guerre, pour insubordination, certains officiers qui voudraient s'obstiner à armer les hélicoptères »...

N'est-ce qu'une simple menace et vient-elle seulement d'aussi haut ? Il n'y a pas de fumée sans feu et la 32 F. est obligée d'entrer dans une semi-clandestinité.

Dans un coin dérobé du hangar affecté à la flottille, les armes sont entretenues et les affûts rendus démontables par quelques armuriers au comportement sûr. Les bandes de munitions gréées dans le plus grand secret sont apportées nuitamment à bord des appareils devant partir en opération. Les canons enveloppés de couvertures sont roulés sous les sièges du cargo, les culasses posées entre deux bidons d'huile et les affûts en pièces détachées sont camouflés dans les caisses d'outillage de deux ou trois appareils.

Au moment des départs en opération, le commandant de la base surgit inopinément au milieu des hélicoptères et passe une inspection rapide pour tâcher de découvrir les armes. Il ne trouve jamais rien.

Aussitôt arrivé sur les lieux de l'action, tout est remonté en un tournemain et le « Rameur Canon » commence à évoluer dans le ciel des djebels.

Les résultats sont immédiats. L'hélicoptère armé assure tout

---

1. Le général Ezzano ; son adjoint le colonel Grigaut deviendra ultérieurement chef d'état-major de l'armée de l'air.
2. M. Guillaumat.

d'abord le marquage et l'appui-feu permanent des zones où les cargos doivent déposer les commandos, puis, une fois l'opération mise en place, il patrouille à l'intérieur du bouclage pour débusquer les fellaghas.

Dès que les djounoud sont découverts, l'appareil décrit aussitôt un cercle, dont l'adversaire occupe le centre. Un déluge de feu s'abat sur lui, ne lui laissant aucun répit. Dès qu'une bande de munitions est terminée, le pilote bascule instantanément son appareil et retrouve la même orbite mais en sens inverse. Alors que les fellaghas échappaient à l'avion quand, après une passe de tir, il devait s'éloigner pour une nouvelle présentation, il leur est maintenant pratiquement impossible de sortir du cercle infernal décrit par l'hélicoptère armé.

Au tout début de l'engagement, les rebelles pris à partie se défendent avec conviction, mais les manœuvres continuelles et imprévisibles de l'appareil le rendent très peu vulnérable. Ensuite, à cause du tir nourri et ininterrompu des canons de 20 mm, les rescapés doivent chercher leur salut en s'enterrant sous des rochers ou des racines.

Ces interventions qui obtiennent toujours des résultats fixent sur place l'élément adverse et désignent avec une grande précision son emplacement. Dans la majorité des cas, les troupes amies arrivent rapidement au contact et prennent leurs dispositions en conséquence.

Malgré les interventions répétées du « Rameur-Canon », le commandant de la 32 F. ne sera pas obligé d'avouer son insubordination. Son existence est pourtant le secret de Polichinelle, et tout le monde sait qu'il est régulièrement engagé en opération. Devant l'évidence, les oppositions disparaissent. Aucun DIH ne pourra plus prendre l'air sans être accompagné d'un hélicoptère armé. Les formations de HSS de la Marine en seront bientôt dotées toutes les trois par Babot.

***

A la mi-janvier 1958, Babot utilise ses Bananes comme... bombardiers au sud de Tlemcen, sur les hauts plateaux alfatiers !

Sur cet hélicoptère, les attaches du cargo-sling sont parfaitement utilisables pour installer un lance-bombes de 5 bombes de 250 livres à fragmentation. Babot en fait mettre en place sur les appareils de la 31 F. en détachement à El-Aricha, afin de les employer dans des opérations de bombardement de nuit. Il charge le LV Beau de calculer des tables de tir. Guidées par les radars du barrage, les Bananes décollent ainsi équipées sur des objectifs mobiles désignés. Les bilans obtenus sont intéressants, en particulier sur des éléments de ravitaillement détruits au sol après leur franchissement.

Babot propose ensuite de généraliser ses Bananes-bombardiers auprès des unités de l'armée de Terre, dont l'intervention en appui-feu lourd peut se faire en dix minutes à peine (sans que la demande ait à transiter par un PCA pour aboutir à une base aérienne toujours éloignée du lieu de l'action). Mais l'idée du capitaine de corvette ne sera pas retenue, le projet du marin venant empiéter sur le domaine réservé à l'armée de l'Air, et étant destiné à aider une armée de Terre que l'affaire dépasse souvent. Arme nouvelle, la plupart des combattants ne savent pas encore utiliser l'hélicoptère de combat. Ils lui demandent trop et ils sont contrariés si le but n'est pas atteint, ou encore c'est l'hélicoptère qui en fait trop et ils sont alors déconcertés. C'est un peu un conflit de générations et les heurts sont inévitables.

Les colonels Bigeard, Buchoud et Fourcade, les commandos Marine, la DBFM et la Légion en saisissent cependant les avantages, mais les lance-bombes du « Babs » seront décrochés de ses Bananes.

Leur expérience de bombardement terminée, que deviennent les marins de la 31 F. et leurs Bananes, détachés au bordj d'El-Aricha, dans le sud de Tlemcen ?

CHAPITRE XVIII

A LA 31 F.

En ce mois de janvier 1958, les marins vivent à la dure sous la tente. Il fait froid, ils n'ont pas de chauffage. Détachées dès leur arrivée à Sidi-bel-Abbès, en provenance de Sétif, les deux Bananes de la 31 F. sont parées en permanence près du bordj. La mission principale est le contrôle des nomades transitant sur les hauts plateaux alfatiers. A la base, le renseignement est inexistant. Les marins vont donc de guitoune en groupe de rhaïmas prendre contact avec le responsable, pour signifier aux nomades que, désormais, les familles sont autorisées à poursuivre leur nomadisation... mais seulement en deçà d'une ligne, à 80 kilomètres de la frontière marocaine. Le no man's land rendu ainsi désert devrait permettre d'intercepter les fellaghas venant de l'extérieur, en attendant l'achèvement du barrage électrifié en construction, au nord et au sud.

Le 18 janvier, les deux appareils décollent vers huit heures. A leur bord, embarque un stick de soldats du bordj, commandé par un aspirant du contingent. Leader, le LV Mousset, copilote, le maître Hériaud, mécanicien, le SM Carère. Sectionnaire, le SM pilote Sacksteder, copilote, le LV Beau, mécanicien, le maître Kersaudy.

La nomadisation commence. Les Bananes évoluent, se posent, contrôlent des groupes de tentes, repartent. L'autonomie des deux appareils commence à se réduire. Soudain, à 80 km environ à l'est d'El-Aricha, Mousset annonce à la radio :

— De leader, je vois des fells qui foutent le camp !

Dans un repli de terrain, une petite tente, qui jusque-là était passée inaperçue, laisse échapper un groupe d'une douzaine d'hommes qui éclatent tous azimuts.

— Je me pose au nord ! annonce Mousset. Sacks, poussez et bouclez au sud !

La seconde Banane n'a pas le temps de se poser que Mousset lance tout à coup à la radio :

— De leader, je suis touché, je me pose !

Alors qu'il se mettait en stationnaire à une quinzaine de mètres de lui, un homme a sorti un fusil de chasse de sous sa djellaba. Calmement, il a visé l'appareil, à hauteur de la verrière des pilotes. Mousset n'a eu que le temps de remettre du manche en avant et reprendre de la translation. La chevrotine atteint la boîte de la transmission du rotor avant, sectionnant net un conduit de liquide hydraulique, qui inonde la tête des pilotes. Le leader se repose cent cinquante mètres plus loin.

Posé au sud pour boucler au plus vite, Sacksteder égrène son stick, une dizaine d'hommes à peine. C'est peu, trop peu. Il lance au mécanicien du bord :

— Kersaudy, prenez la carabine US et allez avec les deux derniers gars !

Le mécano breton saute à terre avec les deux voltigeurs. La Banane reprend l'air.

Aussitôt, les pilotes aperçoivent l'un des fuyards. Ils se portent au-dessus de lui pour le « rameuter » avec le souffle du rotor en direction des trois hommes déposés à terre. Malheureusement, les deux soldats du contingent ont pris un cap différent de celui du mécanicien ; Kersaudy se retrouve seul pour aller boucler le rebelle. Terrorisé, celui-ci se retourne, fixant ce monstre métallique et bruyant qui fond sur lui. Son chèche voltige, sa djellaba laisse voir ses pataugas. Pour fuir, il hésite entre l'hélicoptère et l'homme à la carabine. Il fait son choix, mais c'est le mauvais : craignant l'impressionnante machine, il marche vers l'homme.

Le mécanicien et le fellagha avancent l'un vers l'autre. C'est un moderne *OK Corral* sur les hauts plateaux alfatiers, dans le sud de Tlemcen. Un duel de western commence.

Kersaudy tire devant les pieds du rebelle, ne voulant pas le tuer, ni atteindre l'hélicoptère qui se maintient au ras du sol derrière lui. L'homme avance toujours. Kersaudy tire trois balles, puis clac ! plus rien.

Le chargeur est vide. Est-ce à la suite d'un essai de tir ou d'une chasse au sanglier ? Ce n'est pas le moment d'essayer de se rappeler qui a fait quoi !

Les deux hommes ne sont plus qu'à quelques mètres l'un de l'autre. Le fellagha plonge la main sous sa djellaba, sort un pistolet, vise Kersaudy, appuie sur la détente. L'arme, un 7,65 mm espagnol, s'enraye.

Le mécanicien et le rebelle continuent leur marche. Arrivés au contact, c'est le corps à corps. Ils roulent au sol. Le fellagha cherche à arracher la carabine, croyant qu'elle est encore chargée.

— Posez-vous, crie Beau à Sacksteder qui tient les commandes. J'y vais !

Le lieutenant de vaisseau pense qu'il a son poignard avec lui. Une fois l'appareil au sol et dessanglé, il pourra intervenir pour dégager le mécanicien. Et puis, une lueur, une image, frappe son esprit. Il se souvient que pour une fois, le matin en embarquant, au lieu de laisser sa carabine dans le cargo sur la banquette, il l'a glissée derrière son siège ! En un éclair, l'arme se retrouve dans sa main, le canon sort par la verrière ouverte.

Au sol, Kersaudy se bat toujours ! Il sent le souffle de l'hélicoptère à une dizaine de mètres de lui. Il ne pense qu'à sauver sa carabine, pensant que les autres vont venir à la rescousse.

Droitier, assis dans le siège de droite, Beau devrait épauler gauche. Tant pis, le temps presse : il vise ! A la fraction de seconde où il pense pouvoir atteindre la *bonne* cible, il appuie sur la détente. Rien ne se passe, dans son émoi il a oublié d'enlever la sécurité !

Au sol, le combat continue.

A présent, le fellagha a saisi Kersaudy à la gorge, il lui assène des coups de crosse de pistolet. Mais Beau a repris sa ligne de mire. Au moment où le fellagha se soulève, il tire. La balle l'atteint juste derrière la tempe gauche, l'homme s'écroule sur le côté. Kersaudy se relève la figure en sang, pommette fendue, arcade sourcilière éclatée. On récupère le stick éparpillé pour rejoindre Mousset et son appareil en difficulté à 1 500 mètres de là.

Une fois neutralisé le groupe rebelle, l'équipage Mousset-Hériaud-Carère s'approche de Beau. Hériaud lui dit :

— Tenez, capitaine, vous l'avez bien mérité, c'est pour vous ! Nous l'avons trouvée dans le ratissage, et elle appartenait à l'adversaire de Kersaudy...

C'est une canne. Beau l'a encore aujourd'hui, et il la prend souvent pour aller dans les petits chemins de la région de Rostrenen, en Bretagne.

⁂

Avec son tandem de Bananes, le LV Beau poursuit sa mission sur les hauts plateaux alfatiers de la zone frontière. Dans la nuit du 7 au 8 février 1958, un écho fixe est capté par le radar COTAL sur l'ébauche de barrage qui s'étire au nord d'El-Aricha. Est-ce une aberration, un faux écho, un fell ou un renard ?

— Allez, on y va ! décident les marins.

Le capitaine Aubert qui commande la station de détection prête deux gars avec un FM. N'ayant jamais volé sur hélico, l'occasion paraît excellente de lui accorder son baptême de l'air.

Décollage par nuit noire totale, l'appareil est suivi au radar et guidé par radio. Dès le départ, Beau a comme une sorte de pressentiment. Il annonce :

— Je prends 500 pieds sol, comme sécurité.

— O.K. reçu.

Il aurait été dit 300 ou 950 pieds, cela n'aurait pas autrement ému l'opérateur radar enfermé dans son local obscur.

Beau est au poste gauche, le second maître Courio aux commandes du poste de droite. Contrôlée par l'opérateur au sol, la Banane évolue en direction du nord. Les pilotes connaissent le secteur et n'ignorent pas qu'elle s'est engagée dans une vallée, entre deux djebels. Bientôt, la radio annonce :

— Vous êtes à 30 secondes... à 20 secondes... 10 secondes...

Beau ordonne au pilote :

— Allumez le projecteur.

Courio tend la main sur sa droite et appuie sur la commande *on*. La surprise est totale.

A l'extérieur, c'est le brouillard le plus complet, opaque, dense. Le monde a disparu, la planète n'existe plus. Le faisceau très puissant du projecteur frappe le brouillard sans le percer, la verrière de la cabine semble s'être transformée en une boule de lait. Les reflets annulent la faible luminescence des cadrans des instruments, dont les potentiomètres ont été réglés « au milligramme ». Leur lecture précise devient impossible. Beau lance à Courio :

— Allez, commencez à descendre !

Il tente d'entrevoir le sol entre les pédales du palonnier. A ce moment-là, il se rend compte à l'oreille que Courio ne descend pas : le pilote met la gomme et... grimpe ! A l'interphone, Beau ordonne sèchement :

— Mon vieux, je vous ai dit de descendre, sacré nom d'une pipe, et pas de monter !

L'autre ne répond pas. Il plonge. Une chute brutale, inexorable. Beau comprend que Courio est entré en vertige aérien. Il a perdu toute référence, il est crispé sur les commandes, tétanisé. Beau hurle :

— Lâchez, lâchez, Courio ! A moi : je prends ! Je prends !...

Le second maître est un homme costaud. Beau sent la planète qui se rapproche à toute allure. La grande aiguille de l'altimètre à peine perceptible accuse la descente. Courio, figé, ne lâche toujours pas. Beau accentue sa pression mais dans la ressource, faute d'instrument *ad hoc* si peu visible soit-il, il amorce trop sec le virage pour venir au cap inverse et sortir de la vallée. Au tour de Courio, toujours tenté de descendre, d'empêcher l'appareil de passer sur le dos. Et voilà les deux pilotes se contrariant et s'associant à la fois pour éviter la catastrophe. Dans la nuit et le brouillard éblouissant, c'est un carrousel difficile à restituer après coup : au moins trois tours complets, peut-être quatre dans des attitudes acrobatiques, rotors hurlants avec tout un éventail de régimes moteur.

— Eteignez le projecteur, éteignez le projecteur ! supplie Beau.

Et Courio manœuvre enfin cet unique interrupteur à l'autre bout du cockpit, à sa droite...

Alors, d'un seul coup, les instruments réapparaissent, ils redeviennent visibles, c'est un magnifique arbre de Noël ! Le salut...

Le calme revenu, Beau annonce à la radio :

— Donnez-moi un cap de retour, nous annulons la mission, les deux pilotes ont eu le vertige en plein brouillard.

L'opérateur au sol transmet le message en omettant le *eu,* et l'action qui vient de se dérouler est comprise au présent.

Babot est là. Le pacha devient vert, il va vers la porte, sort de la baraque en disant :

— Ils sont foutus.

Le trajet de retour se fait sans histoire. La Banane se présente, se pose. Tout le monde est là pour les accueillir. C'est l'étonnement, le silence. On regarde ces fantômes rescapés du ciel descendre de l'appareil. On n'a pas perdu de passagers, ni le FM.

Beau demande à Courio :

— Mais enfin, qu'est-ce qui vous a pris sur l'écho de monter au lieu de descendre ?

— Capitaine, c'était épouvantable ! Quand j'ai allumé le projecteur, j'ai eu l'impression de tomber dans un puits sans fond. Par réflexe, j'ai augmenté la puissance pour remonter, pour nous sortir de là au plus tôt...

Le matin même, à l'aube, Beau reprend les commandes. Il revient et se pose sur les lieux. Il affiche la même fenêtre barométrique à l'altimètre dont il avait vaguement repéré l'indication minimale dans la ressource acrobatique.

Il se sent envahi de sueurs froides et d'une peur rétrospective : quelques heures plus tôt, la Banane a tangenté le sol à 50 pieds tout au plus. Quinze mètres à peine...

CHAPITRE XIX

LA 31 F. A BIR-EL-ATER

Le 8 février 1958 à 11 h 10, l'armée de l'Air attaque avec ses avions la base FLN de Sakiet Sidi Youssef, en Tunisie, tout près de la frontière à l'est de Souk-Ahras. Le bombardement est une réponse aux tirs de mitrailleuses fellaghas installées en Tunisie. Une heure plus tôt, un avion survolant le poste français de Sakiet a été touché, à cinq cents mètres de la frontière, en terre algérienne.

Ça bouge de plus en plus sur le barrage tunisien où le grand commandement s'attend à une offensive généralisée de l'ALN. Le 13 février, la 31 F. de l'Aéronavale est mise aux ordres du GATAC de Constantine pour emploi opérationnel. Les Bananes de la Marine doivent aller s'installer à Batna. Pour héliporter les régiments dans la zone du barrage lors de franchissements rebelles, les appareils auront à sauter chaque fois les monts des Némentcha.

Babot est furieux. Il ne pense qu'à trois choses primordiales, la rapidité, l'efficacité et l'économie de ses moyens. D'un coup d'hélico, il bondit à Bône voir le général Vanuxem.

— Alors, marin, qu'est-ce que tu viens faire dans le coin ? lui demande le général qui le connaît depuis l'Indochine.

— Eh bien, mon général, je possède le bouquin du professeur Gauthier, le géographe bien connu, intitulé *Voies de pénétration romaines en Afrique du Nord dans l'Antiquité...*

— Oui. Et alors ?

— D'après le professeur, l'une de ces voies se situe du côté du Bec-de-Canard, mais celle qui semble la plus rodée passe par Bir-el-Ater. En m'en rapprochant avec mes hélicos, je pense que nous serions à pied d'œuvre. J'économiserais du potentiel, mes marins se mettraient sous la tente, j'aurais avec moi mes mécaniciens et le matériel de dépannage et...

— Bon, je vais étudier la question. Repasse demain.

Le lendemain matin, Babot se présente, voit le chef d'état-major du général, le colonel Beauvalet, qui lui dit :

— Commandant, votre exposé a intéressé le général. Il a eu l'air de...

— Vous savez, mon colonel, je voudrais bien avoir une réponse ! Je suis venu ici pour ainsi dire à la sauvette.

— Venez.

Vanuxem lance à Babot :

— Comment, tu n'es pas encore parti ?

— Où ça, mon général ?

— Mais à Bir-el-Ater, voyons !

De Sidi-bel-Abbès, le nouvel officier en second de Babot, le LV Ghesquière [1], téléphone à Beau, à El Aricha :

— Allez, tu récupères toutes tes billes, retour ici dans les meilleurs délais !

— Comment, ça, je rentre avec tous mes moyens ? Avec les boules de pétanque, aussi [2] ?

— Affirmatif !

La 31 F. est regroupée et fait mouvement sur Bir-el-Ater, tout au sud de la frontière tunisienne, vers le Sahara.

Bir-el-Ater, c'est un trou perdu. A cette époque de l'année, il y fait froid. Les troupes sont installées dans la nature, au pied des 1 338 mètres du djebel Onk. On attribue aux marins et à leurs Bananes une espèce de plateau couvert d'alfa et de poussière, mitoyen avec le camp des fellaghas prisonniers, un simple barbelé les sépare. Les marins installent cinq ou six tentes ; ils n'ont pas de cuisine.

Pilotes et mécaniciens commencent par aller « mendier » leur subsistance en se faisant inviter auprès de la popote du Génie, de la Légion, puis des Spahis. Bien sûr, cette situation ne peut pas durer. On essaie d'améliorer l'ordinaire et d'acquérir une autonomie. On se bat presque pour un œuf. Guillemot et Beau s'en vont chasser l'alouette... à la carabine US. Ils arrivent à en toucher, mais ils n'en rapportent que la tête et les pattes. Une huppe, pourchassée longuement, restera hors de portée. Qu'aurait-elle donné dans la gamelle pour l'effectif d'une flottille ? Des vivres achetés sous les rhaïmas sont pauvrement accommodés sur des boîtes, à feu de sable imbibé d'essence. Babot décide :

— Nous allons construire une cuisine !

Avec des jeeps empruntées au Génie, des sacs de ciment, des pierres ramassées dans le djebel et les fellaghas du camp d'à côté, les travaux avancent rapidement. Enfin, pour le toit, des tôles ondulées sont judicieusement négociées contre une liaison de Banane pour ramener des salades fraîches de Tébessa. Mais c'est encore insuffisant.

---

1. Actuellement contre-amiral commandant l'aviation de patrouille maritime.

2. On conçoit aisément qu'elles faisaient souvent partie du lot de bord des cargos, au même titre que les cartes de tarot.

— Dans quoi allons-nous laver les patates ?

On donnerait une fortune pour acheter n'importe quelle marmite à cochons. Qu'à cela ne tienne, moteur en route, décollage, poser, dans les magnifiques ruines romaines de l'huilerie de El Ma El Abiod, les marins récupèrent une imposante auge romaine. Elle est taillée dans un seul bloc de pierre, belle comme un sarcophage du haut empire. Il faudra passer plusieurs heures pour la percer d'un trou de vidange.

Mais c'est très vite l'affluence des troupes dans le secteur. Le 3e RPC, que « Bruno » vient juste de quitter, arrive lui aussi à Bir-el-Ater, le 8e RPIMA de Fourcade s'implante plus au nord-ouest, à Chéria. Le 6e Spahis du colonel de Galbert, les régiments d'artillerie et les unités du Génie s'étoffent. De 200, l'effectif passe à plusieurs milliers d'hommes. L'incidence immédiate est le manque d'eau potable. Bir-el-Ater signifie « le puits de la fin », le dernier avant le désert. Or, l'eau de l'endroit est magnésienne et, à force de puiser, le niveau baisse rapidement. On arrive vite à la magnésie. Les hommes sont pris d'une « courante » générale.

A la 31 F., dès le mois de mai avec les premières chaleurs, la situation devient préoccupante. La prime alimentaire n'aurait pas suffi à acheter dans le commerce local les 5 à 6 litres d'eau minérale indispensables par homme et par jour. Il faut trouver une solution ; l'affaire monte jusqu'à l'état-major de la région maritime à Oran. Tout le monde là-bas est d'accord sur le principe mais personne ne veut payer. Les services du commissariat de la Marine se renvoient la balle : les Subsistances n'ont jamais payé d'eau, les H.C.C. s'occupent comme leur nom l'indique de l'habillement, du couchage et du casernement, mais jamais au grand jamais de l'eau qui pourrait être bue ! Finalement, un ordre impératif du préfet maritime, toujours l'amiral Géli sur intervention de l'amiral Ploix, charge les Approvisionnements de la Flotte, l'un des services du commissariat, d'assurer la 31 F. en eau.

La flottille peut redevenir opérationnelle à cent pour cent.

Les Bananes de la 31 F. sont employées dans toutes les opérations sur la zone du futur barrage électrifié et tout au long de la frontière tunisienne. Des caches sont découvertes. Au cours d'un héliportage, le moteur de l'une des Bananes tombe en croix, il faut le changer sur place. Guillemot, spécialiste des charges suspendues, apporte un moteur neuf en sling de Bir-el-Ater. Les soldats de l'armée de Terre prêtent leur concours ; le moteur est déplacé sur vingt mètres en le faisant glisser sur des bastaings enduits de graisse, comme les pierres au temps des pyramides.

La vie quotidienne s'organise. Arthur, le fennec, vole avec le maître pilote Maraval. On lui a ouvert un authentique carnet de vol, régulièrement mis à jour, et Maraval l'installe dans sa combinaison. La mascotte de la flottille habite avec les officiers mariniers mais le malheur, c'est que les fennecs vivent la nuit. Avec lui, impossible de dormir. Arthur grimpe au sommet de la tente entre le velum et le toit, puis se lâche pour faire des glissades en couinant de plaisir, comme un fou.

— Je m'en vais lui scotcher la gueule ! décide un maître mécanicien excédé. Comme ça, il ne pourra plus couiner !

C'est mal connaître Arthur. Alors, on sort les cartes de tarot. A Bir-el-Ater, la vie entre les héliportages d'assaut est une longue veille...

Un matin, Babot ordonne au LV Beau :

— Allez, ça a l'air calme en ce moment dans le coin : vous prenez votre piège et vous filez à Marine Bône. Vous ramènerez deux bouteilles d'acétylène, une d'oxygène, une autre d'hydrogène, quelques...

— C'est bien joli, commandant, mais vous savez comme moi qu'il est interdit de transporter des trucs pareils dans les hélicos !

— Je m'en fous : vous vous débrouillez, comme d'habitude. Allez, en avant toute, le cap sur Bône !

— Bien, commandant.

En somme, c'est une mission de combat sur les arrières amis.

Puis Beau repense soudain aux camarades restés à Bir-el-Ater. Sous la tente, ils ont installé une vasque romaine récupérée dans les ruines avec l'auge à patates. Elle est circulaire, très belle, magnifiquement conservée. Beau a une idée :

— Sous la guitoune, remplie d'eau claire, elle devrait faire très bien. Je vais ramener des poissons rouges.

Après bien des difficultés, il trouve à en acheter. Les deux petits poissons rouges sont mis dans un bocal, au milieu de turbulences épouvantables, tenus à la main pendant trois heures de vol par le mécano, ils arrivent cependant à bon port. Sous la tente de la Marine, ils vivront fort bien dans la vasque romaine. Malheureusement, le LV Beau ayant quitté plus tard Bir-el-Ater recevra de leurs nouvelles par l'officier mécanicien, l'ami Martelli :

— Vos poissons rouges ? Je suis désolé, mais ils sont morts...

— Comment cela ?

— Eh bien, un soir, nous avons invité des gars de la Légion. Vous les connaissez, n'est-ce pas ? Ils ont vu du rouge, se sont dit : « Pourquoi ne pas mettre du vert ? Rouge et vert, ça fera les couleurs de la Légion... » Alors ils ont versé du pastis pur dans la vasque...

***

Venue à Bir-el-Ater pour quinze jours, un mois, on ne savait trop, la 31 F. de l'Aéronavale y séjourne cinq mois.

Arrivés là sans rien ou presque, ils appareillent en ramenant « quelques affaires ». Leur déménagement nécessite deux Nord Atlas, un SO 30P, sept wagons de chemin de fer. Le célèbre ingénieur mécanicien Martelli se désole. Il faut se résigner à abandonner sur place une station radio, un groupe électrogène, un demi-tonneau...

Mais en dépit du soutien logistique des derniers temps, le personnel est éprouvé. Si certains pilotes rentrent apparemment aussi impeccables qu'au départ, tel le maître Sacksteder, par contre, d'autres, comme les maîtres Maraval et Heriaud [1], tout en restant solides, présentent des symptômes curieux : traces blanches largement établies sur la peau, gibbosité au cou, etc. En définitive, le seul à avoir vraiment étalé, c'est Arthur le fennec, dont le carnet de bord s'alourdit d'heures de vol.

Le LV Beau est chargé d'organiser les bordées de permissionnaires de la flottille, considérée gelée opérationnellement. Naturellement, tout le monde ne peut pas partir en même temps : les plus fatigués seront de la première bordée. Le quartier-maître Téréné, arrivé à Bir-el-Ater avec un poids de 75 kg, ne pèse plus que... 53 kg !

Beau a remarqué un autre quartier-maître mécanicien chargé de tout l'outillage du détachement. Le garçon a perdu une dizaine de kilos, il est devenu presque diaphane.

— Bon, alors vous, pas question de rester ici à Bel-Abbès en plein été. Je vous mets de la première bordée et, dès demain, direction la France !

— Oh non, capitaine, surtout pas ! Je ne veux pas partir, je ne veux pas rentrer en France...

— Mais enfin, après plus de cinq mois passés à Bir-el-Ater, et dans l'état où vous êtes...

— Non, non, capitaine, je ne veux pas rentrer maintenant. Je suis fils de cultivateur : je vais arriver pendant le gros des moissons et je suis tellement crevé que je me sens incapable d'aider. Là-bas, ils ne comprendraient pas.

— Je vois. Retapez-vous : vous serez de la seconde bordée...

L'avant-dernier à rejoindre Bel-Abbès est le LV Mousset. Il a fait un crochet par Bône pour évacuer un guépard ramené tout petit de Mauritanie par le 3e REI : devenu adulte, le félin supportait mal le climat humide de la côte méditerranéenne et, perclus de rhumatismes, sa mutation s'imposait.

Embarqué dans la Banane à l'intérieur d'une solide cage en planches, le félin devenu fou en vol a failli venir à bout de ses barreaux pour dévorer un autre passager du cargo : Philéas Delegorgue, rédacteur du journal militaire *le Bled* et auteur de célèbres chroniques écrites à la manière de Pierre Dac, n'en mène pas large derrière ses grosses lunettes.

Le poser du LV Mousset à Bel-Abbès ne ressemble à rien de précis. C'est tout à la fois un atterrissage roulé, une autorotation, une manœuvre indéterminée faite à plus de 100 nœuds, puis le pilote coupe sèchement moteur et rotor. Remis de ses émotions, Philéas

1. Tous deux morts en accident aérien ultérieurement en métropole.

commencera ainsi sa chronique aimablement intitulée *De l'influence de la relativité sur le comportement de l'aéronavale* :

« Si je vous demandais quelle est la différence qui existe entre une hermine d'hiver et un petit ramoneur, vous seriez tous d'accord pour me répondre que l'hermine d'hiver est blanche avec la queue noire, tandis que le petit ramoneur est noir avec une échelle sur l'épaule... »

Peut-être le résultat d'une certaine forme de traumatisme...

Quant au guépard, il ne s'en est pas remis.

CHAPITRE XX

AVEC LES BANANES DE L'ALAT DANS LE CONSTANTINOIS

Le djebel Tarf se dresse seul, isolé au milieu de la plaine bien dégagée de Morsott, entre Tébessa et Souk-Ahras. Les katibas entraînées en Tunisie passent par ici pour rejoindre les Aurès et la Kabylie. Après être sortis du relief de la frontière, les fellaghas franchissent rapidement la zone plate de nuit et se cachent dans le refuge du Tarf. Là, ils attendent durant une ou deux nuits le moment favorable pour franchir le nouvel espace de plaine et continuer leur route.

Le 10 janvier 1958, un renseignement important donne au PC du colonel Lemonnier[1], commandant le secteur de Canrobert, les indications suivantes :

« Près de 200 rebelles se trouvent dans le djebel Tarf avec un important armement, des mitrailleuses, etc. La nuit prochaine, ils seront encore là. Pour les prendre, il faut arriver juste avant le crépuscule, car ils mettent des choufs pour surveiller dans la journée tous les mouvements. Mais, à partir de six heures du soir, lorsque la nuit commence à venir, ils savent qu'ils ne risquent plus rien, les opérations sont terminées pour la journée, les hélicos ne volant pas la nuit. Rassurés, les choufs redescendent dans un petit village, un peu plus bas, pour dormir. C'est à ce moment qu'il faudrait intervenir, rapidement et en force... »

Ce matin-là, les équipages sont convoqués au briefing prévu pour 11 heures. Outre le DIH de Tébessa, les troupes « grenouillant » dans le secteur sont présentes : le 8e RCP commandé par le colonel Fourcade, le 16e Dragons sous les ordres du colonel Lemasson[2]. L'affaire est montée, le dispositif mis en place.

1. Ancien de Diên-Biên-Phu et camarade de captivité de « Bruno ».
2. Il commandera plus tard l'ALAT, de même que Cannet.

Cinq Bananes de l'ALAT décollent pour La Meskiana où elles laissent les mécaniciens pour embarquer la première vague de commandos. La formation redécolle, composée de Cannet-Laferrière, Lebot-Brusadelli, Vidal-Hauser, Leautier-Dagorn, Gombert-Amauger. Légèrement en avance sur l'horaire prévu, les hélicos tournent un peu en l'air, puis mettent le cap au nord. Bien que passant à proximité du djebel Tarf, ils donnent l'impression d'aller se mettre en place pour une opération du lendemain.

La feinte réussit.

Les changements de cap des Bananes désorientent les choufs rebelles. D'autre part, les Corsaire de la Marine sont en retard mais tant pis, cap sur le Tarf !

Garnier balise la DZ et dégage rapidement, tandis que les H 21 effectuent leur approche. Les Corsaire arrivent enfin. Chaque chasseur, ayant son objectif désigné, envoie tout son armement de bord sur une seule passe. L'effet de choc sur les fells est fantastique. Les avions straffent ensuite jusqu'en finale ! Le leader des hélicos commence à s'inquiéter mais le tir des chasseurs est précis.

Les rebelles surpris réagissent aussitôt. Les uns cherchent à gagner les crêtes, les autres s'organisent dans les mechtas immédiatement prises à partie par l'aviation.

Tout va très vite, les poser successifs sur les différentes DZ s'effectuent à partir du terrain de Canrobert. La formation se pose au pied sud du djebel Tarf, se trouvant ainsi aux premières loges pour suivre le combat, pendant que les mécanos recomplètent les pleins.

L'accrochage instantané a fixé les rebelles fuyant vers les crêtes, rapidement mis hors de combat par les paras du 8e RCP héliportés. Les HLL qui se sont retranchés dans les mechtas subissent l'étreinte des éléments de bouclage. Le combat s'intensifie, bientôt limité à la seule cuvette abritant les mechtas. Un véritable déluge tombe du ciel, les T 6, Corsaire, Mistral font passe sur passe, attaquant à la roquette, au canon ou à la mitrailleuse. Les paras tirent au mortier, canons sans recul, armes automatiques. Les chars du 16e Dragons appuient de leurs tourelles, par des tirs directs au but. Les rebelles se défendent encore farouchement. Le capitaine commandant la 4e Compagnie du 8e RCP est tué à la tête de son unité. Des éléments du DIH de Tébessa se joignent aux combattants : Mary a été déposé à la première rotation, le photographe Catroux remplace momentanément un voltigeur blessé.

Et c'est la nuit. Le rougeoiement des mechtas en flammes projette des ombres dansantes sur les flancs du djebel. Les dernières rafales crépitent, les munitions explosent dans les brasiers. On regroupe les hommes, les armes. Lebot et Vidal décollent, ramenant les blessés sur Tébessa, puis la formation des H 21 prend l'air un peu plus tard.

L'opération est une réussite complète, le poser « coup de poing » des Bananes ayant totalement surpris les rebelles [1]. Pour la katiba venue de Tunisie, cette étape est la dernière.

Seul, isolé au milieu de son immense plaine, le djebel Tarf retourne à son silence.

Mais il n'est plus un refuge sûr, à la tombée de la nuit, lorsque les choufs redescendent.

***

A la même époque, tout au nord-ouest du Constantinois, de terribles inondations ravagent la région de l'oued Kébir, dans le secteur d'El Milia. Les populations sont évacuées en catastrophe par hélicoptères. Un DIH de Bananes de l'ALAT est à pied d'œuvre. Les appareils survolent les étendues recouvertes d'eau et, du haut du ciel, les équipages repèrent les habitants réfugiés sur les terrasses et les toits des mechtas. Il faut faire très vite, impossible de se poser. Les Bananes se présentent, font un stationnaire à la verticale des sinistrés, mais comment les embarquer ? Il y a des femmes, des enfants, des vieillards...

La technique du treuillage s'impose. L'appareil restant en stationnaire, le mécanicien descend au bout d'un câble, brèle les rescapés l'un après l'autre dans un harnais, pour être ensuite remonté à bord.

L'IPSA Ghislaine Garnier est venue avec le DIH pour apporter ses soins. Elle n'est pas lourde et n'a pas froid aux yeux. Cela permet de la faire descendre au treuil pour sauver les habitants menacés, de préférence à un mécano un peu trop costaud. Les rotations se succèdent sans interruption. Une équipe de l'émission télévisée « 36 chandelles » de Jean Nohain filme l'opération.

Dans la soirée du 17 janvier, les Siko du détachement d'El Milia se posent sur une étendue plate, en bordure de l'oued Kébir qui se jette dans la mer entre Bône et Philippeville. Après de violentes averses, il entre en crue soudaine, à la tombée de la nuit. Le lieutenant Boscheron se rend compte immédiatement que l'eau va emporter son S 55, le flot arrivant au-dessus des roues...

— Allez, moteur en route ! Nous allons décoller pour nous mettre au sec !

L'obscurité vient rapidement, le vent souffle en rafales, le plafond est très bas, la pluie brouille la vue. Le Siko décolle pourtant. Les camarades voient l'appareil s'élever à faible altitude afin de conserver la vue du sol. Un virage, l'hélico bascule soudain, il disparaît dans les flots.

---

1. Pertes amies : 2 tués, 8 blessés. Pertes rebelles : 116 tués, 31 prisonniers. Armement récupéré : 11 mitrailleuses, 7 canons de rechange, 2 FM, 19 PM, 41 fusils de guerre, etc.

Les eaux montent toujours, charriées dans les méandres encaissés de l'oued. La météo reste très mauvaise. Personne n'a vu réapparaître les hommes de l'équipage.

Le commandant du GH 2 adresse le télégramme suivant aux différents détachements d'hélicoptères :

« Ai regret vous informer équipage Lt Boscheron et chef Morisset en essayant de sauver son appareil menacé par les eaux dans la nuit du 17 au 18 janvier a disparu. Toutes recherches à ce jour sont restées vaines. Signé : Crespin. »

Le lendemain matin à la première heure, la Banane du sergent-chef Doussaint et du maréchal des logis Thamin reprend les recherches entre El Milia et la côte. Le sergent-chef Pavageau est à bord, la Banane effectuant durant son trajet le ravitaillement des postes de la Légion isolés par l'inondation dans la vallée.

Au quatrième passage en survolant l'oued Kébir à 80 mètres d'altitude — proie bien tentante — l'appareil se fait tirer d'une colline toute proche par une mitrailleuse fellagha MG 42. La rafale touche le système de chauffage à air chaud, un arbre de transmission est coupé : la Banane tombe lentement, par l'arrière. Elle se crashe dans les eaux du côté de la colline tenue par les fellaghas, sur la rive droite en descendant l'oued.

N'étant pas harnaché, le mécanicien Pavageau se retrouve le premier dans l'eau, équipé seulement d'une paire de rangers, d'un gros pull et d'une combinaison légère. Les deux pilotes sortent peu après, emportés eux aussi par le courant de l'oued en crue. Mais, alourdis par leurs bottes et pantalons fourrés, le blouson de pilote, ils n'ont aucune chance de s'en sortir. Roulés par les flots, ils disparaissent rapidement. La Banane est brassée dans le courant, puis elle s'abîme.

Le premier souci de Pavageau est de s'éloigner de la rive d'où les ont tirés les fellaghas, pour tenter de rejoindre la rive opposée. Heureusement, il est très bon nageur. Ses efforts durent une heure, dans l'eau glacée. Enfin, il prend pied sur la berge. Il y a une route, qu'il connaît bien pour l'avoir survolée des quantités de fois. Il sait qu'il trouvera un peu plus loin, à deux kilomètres environ, l'un des postes de la Légion, que la Banane a ravitaillé un peu plus tôt. Trempé, sans arme, il se met en route. Un convoi s'apprête à partir à leur recherche en remontant l'oued, car les légionnaires ont entendu l'appareil, les rafales, puis plus rien. Pavageau se présente au poste :

— Je suis le mécano de la Banane qui vient de se faire descendre...

— Combien étiez-vous à bord ?

— Trois. Les autres ont disparu.

Et Pavageau s'écroule sans connaissance. Il se réveille à l'infirmerie du poste, changé, propre. Crespin le rappelle à Aït Arnat pour l'envoyer se reposer chez lui en permission exceptionnelle.

Entre-temps, le commandant du GH 2 a adressé un nouveau télégramme aux commandants de détachement, annonçant la disparition de Doussaint et Thamin. Il précise aussi que les recherches continuent pour retrouver l'épave et leurs corps, mais l'oued Kébir est toujours en crue. La Banane sera retrouvée trois semaines plus tard, dans la vase, à la décrue des eaux, ainsi que le corps de Doussaint.

Au retour de sa permission, Pavageau est convoqué au « Kremlin ». Crespin lui demande :

— Est-ce que tu veux continuer à être en escadrille et voler, ou bien préfères-tu être affecté ailleurs ?

— Mon colonel, je préfère continuer à voler. Vous savez, depuis l'Indo, je suis habitué à avoir de la chance...

— O.K. Je comprends ça. Tu peux rejoindre ton DIH.

Le sergent-chef Pavageau ignore encore qu'en Algérie il a attrapé la *schcoumoune*. En français, cette maladie s'appelle la malchance...

A partir de fin janvier 1958, régiments paras et troupes de secteur détruisent l'une après l'autre les bandes locales implantées à l'ouest du barrage tunisien. Des bandes armées, qui, venant de Tunisie, parviennent à franchir le barrage, sont anéanties au cours de la journée suivant leur passage. Un accrochage a lieu ainsi chaque semaine et les héliportages se succèdent à une cadence folle.

A Guelma, l'EHO 1 se trouve jumelé avec le 1er REP pour mener les opérations dans le secteur. La plupart du temps, chaque héliportage se prolonge par un accrochage et, deux fois par mois, l'équivalent d'une katiba est détruit. Devant une telle détermination, des bandes armées font retour en Tunisie après avoir « tâté » du barrage. Enfin, des convois de recrues, levées en Algérie et dirigées vers le pays frère pour s'y organiser et s'y armer, sont interceptés.

Le 14 février, dans les Beni Mezlines, près de Guelma-Millésimo, l'EHO 1 est en cours de rotation avec des commandos à bord de ses six cargos. Soudain, le leader appelle le commandant de l'opération :

— Ici, Bleu 1 ! Je suis en 46 F 82 : y a-t-il des harkis avec vous dans le coin ?

— Ici Jacky ! Des harkis ? Négatif !

— Eh bien, moi, j'en vois ! Ils se déplacent colonne par un, l'arme à la bretelle ! Environ une compagnie marche en direction de l'ouest...

— Ce ne peut être que des fells : héliporte au plus près !

Le terrain n'est pas trop bahuté, mais la végétation dense ne facilite pas les choses. Dès le poser, c'est l'accrochage. D'autres héliportages se succèdent et permettent l'encerclement de la bande. Le combat terminé, le bilan est impressionnant, représentant l'anéantissement d'une bande rebelle forte de 180 hommes. 13 mitrailleuses, 5 FM, 40 PM et 116 fusils de guerre sont récupérés.

Le 26 février, toujours dans le même secteur, 254 rebelles sont tués, 9 mitrailleuses, 8 FM, 60 PM, 10 PA et 127 fusils de guerre, 1 lance-roquettes antichar sont pris.

Le 18 mars, chaque appareil de l'EHO 1 héliporte plus de 200 commandos dans la journée. Cette formation du GH 2 comptant 6 appareils opérationnels et renforcée en cours d'opération par l'EHO 3 de Tébessa, cela fait plus de 2 000 commandos héliportés, repris, déposés sur de nouvelles DZ dans la même journée. Un rythme fou pour les hélicoptères.

Mais l'action ne se limite pas uniquement à la région de Guelma-Souk-Ahras, elle descend jusqu'à Tébessa où se trouve un autre détachement du GH 2.

Indochine, octobre 1953 : le premier Sikorsky H 19 n° 589, acheté aux U.S.A., est monté par l'E.L.A. 52 de l'Armée de l'Air, à Saigon. *(Coll. Martin.)*

Westland S 51 effectuant une évacuation sanitaire, au cours de la bataille de Banh Hine Siu, au Laos, en janvier 1954, avec le 3e bataillon de parachutistes vietnamiens. *(E.C.P.A., photo Pierre Ferrari.)*

▲
Sikorsky H 19 se posant dans l
cuvette de Diên Biên Phu sou
les tirs de mortiers, en mars 1954
(E.C.P.A., photo Jean Péraud.)

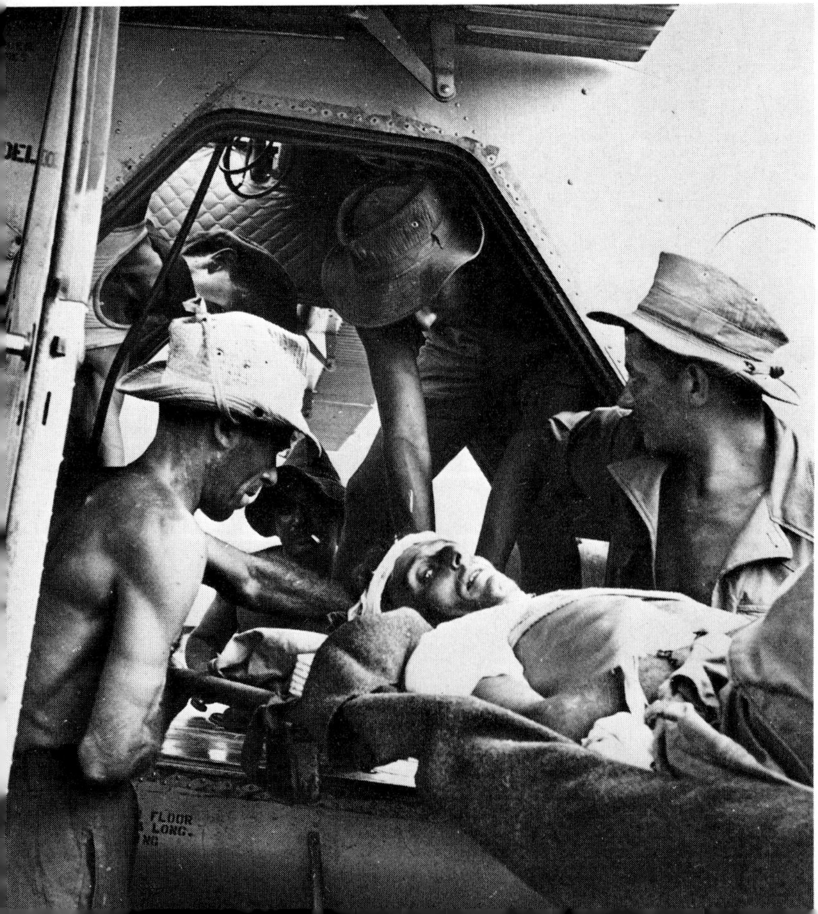

◄
Transbordement des blessés d
Diên Biên Phu, à Luang Prabang
le 14 mai 1954. *(E.C.P.A., phot
Georges Liron.)*

L'apparition des hélicoptères dans le ciel des djebels va changer le visage du combat moderne. Banc d'essai mondial de l' « aéromobilité », la guerre d'Algérie mettra au point le tandem hélicoptères + aéroportés. Ici, un cargo H 19 se présentant en finale pour un poser. *(Photo Flament.)*

Retranché dans les montagnes, l'adversaire n'est plus en sécurité. Les hélicoptères surviennent et frappent comme la foudre. Véritables ascenseurs du ciel, ils déposent les soldats en haut des djebels, dont l'escalade aurait demandé parfois des journées entières. *(Photo Flament)*

Mais l'hélicoptère reste un engin fragile, très vulnérable à cause de sa vitesse réduite. Sa protection s'impose. *(Coll. Bernieau.)*

▲
▶

L'héliportage d'assaut, nouvelle formule pour attaquer vite et fort, avec un minimum de pertes. *(Photo Flament.)*

Le colonel Félix Brunet, de l'Armée de l'Air, « inventeur » de l'hélicoptère armé. Une foi et une détermination farouches malgré les difficultés rencontrées. *(Coll. Joly.)*

Première version de l'hélicoptère armé : un canon de 57 sans recul tirant dans l'axe, une mitrailleuse de 12,7, deux de 7,62. *(E.C.P.A.)*

Les mitrailleuses sabord côté gauche du « Mammouth » armé de Félix Brunet. Les plaques de fixation sont en tôle récupérée dans de vieilles citernes, les supports tubulaires des tuyaux de canalisations d'eau. L'anneau sert à accrocher le tireur avec ceinture et mousqueton. Du bricolage « à la française » avec les moyens du bord, contre vents et marées. *(Coll. Martin.)*

A l'origine des hélicos armés de reconnaissance de l'Armée de Terre, le Bell 47 G, équipé de deux fusils mitrailleurs 24/29 calibre 7,62. Les tireurs sont solidement fixés par des courroies dans les deux brancards latéraux, réservés jusque-là aux évacuations sanitaires. Les chasseurs alpins sont sélectionnés pour leur petite taille et leur poids plume. *(COMALAT.)*

Le canon de 20 mm monté sur son affût en tôle roulée, dit « pot de fleur », goulotte d'évacuation de douilles et maillons. *(Coll. Martin.)*

◄
L'Aéronavale, elle aussi, arme ses HSS : affût tribord du canon allemand de 20 mm MG 151 sur le « Rameur-canon » de la 32 F. *(Coll. Ferlaud.)*

L'hélicoptère-canon de la 31 F a été abattu dans le secteur de Saïda. Une boule de feu en plein ciel : Castaignos, Baudoin, Blanchard et Borin sont morts. Un an plus tard, le LV Beau revient sur les lieux, au milieu des tôles calcinées. Pour déposer simplement un bouquet de violettes. *(Coll. Beau.)*
▼

Crespin : un meneur d'hommes doublé d'une volonté forcenée, celle de vouloir doter l'Armée de Terre de ses propres aéronefs. Sans « Le Big », l'EH 2 de Sétif n'aurait jamais été ce qu'il fut. ▶

▶ Commandant du GHAN 1, le CC Babot dote les trois flottilles de l'Aéronavale de HSS armés. Ici, en 1961, avec Marc Flament : des anecdotes recueillies sur le terrain pour raconter l'histoire des hélicoptères. *(Coll. Flament.)*

Les mécaniciens à l'heure des pleins, roulant les fûts de deux cents litres d'essence sous la chaleur torride ou dans la neige et la boue. Ici, ravitaillement de la 31 F dans la région de Ghassoul, en 1959. *(Coll. Beau.)*

Les colonels Bigeard et Brunet, à Timimoun. « Bruno » et « Félix » forment un tandem efficace pour tenter un pari impossible qui sera tenu : les Sikos vont réussir à vaincre le désert. *(Photo Flament.)*

« Bruno » dans les djebels de Saïda, pour gagner la guerre de Pacification avec des troupes de secteur. Une carte sur le sol, poste SCR 300, flamme « Croire et Oser », sa pipe et... un DIH à quelques mètres. Accroupi derrière lui, le commandant Péretti, de l'Armée de l'Air, prêt à décoller aux commandes de son Alouette PC. *(Photo Flament.)*

La méconnaissance d'emploi des hélicoptères durera plusieurs années. En débarquant de France, les officiers découvrent souvent les hélicos du djebel comme un outil entièrement nouveau. Ici, les Bananes de l'A.L.A.T. servant à l'instruction des capitaines, lors d'un stage à l'école de contre-guérilla de Bigeard à Philippeville, en 1958. *(Photo Flament.)*

◄
Banane de l'A.L.A.T. ramenant l'épave d'un Piper crashé dans le djebel, au nord-est de Guelma, en octobre 1960. *(Coll. Bernard-Bordes.)*

▲
Banane de l'A.L.A.T. franchissant le mur du son. Dessin illustrant le Journal de Marche de l'Escadrille EHO 2. *(Coll. Cannet.)*

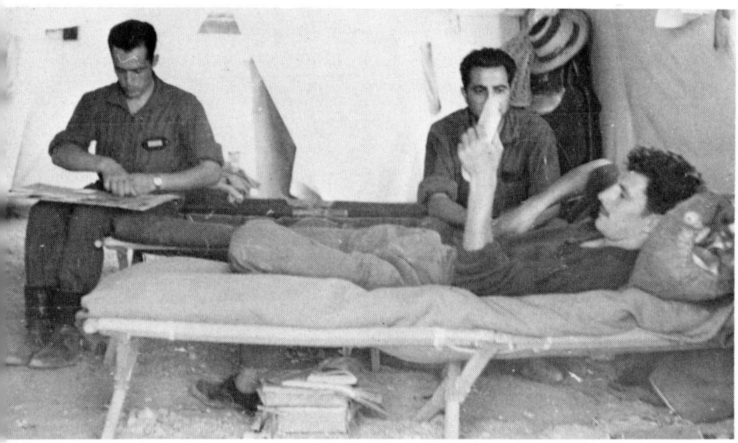

◄
Les équipages des hélicos vivent sous la tente, au pied de leurs appareils. Ici, un détachement de l'Armée de l'Air à Tindouf, en mars 1957. *(Coll. Joly.)*

Ci-dessous : Contrôle de la population nomade, sur les hauts plateaux alfatiers, par les HSS de l'Aéronavale. *(Coll. Monnier.)*

▲
Cargo de la 33 F dans la neige lors d'une opération de pacification. *(Coll. Ghesquière.)*

En haut à droite : Les « mousses » de l'A.L.A.T., des volontaires du contingent, toujours disponibles. A eux le graissage et la pompe Japy, les fûts de deux cents litres. *(Coll. Brusadelli.)*

Ci-contre : Entre deux évacuations sanitaires, les I.P.S.A. n'hésitent pas à donner un coup de main avec le sourire. *(Coll. Brusadelli.)*

▲
Une partie de l'impressionnant bilan de la bataille de Souk-Ahras. Les hélicoptères l'ont rendu possible en intervenant directement sur les katibas venant de franchir le barrage tunisien. La preuve est faite de l'efficacité des héliportages d'assaut et de l'emploi intensif des cargos constitués en DIH. *(Coll. Rabany.)*

◄
Un HSS de la flottille 32 F, de l'Aéronavale, héliportant une compagnie du 2e R.E.I. dans le secteur d'Aïn-Séfra, à l'occasion d'un franchissement du barrage marocain. *(Photo Flament.)*

ısqu'à la fin de la guerre, l'héli-
ɔptère poursuivra sa mission
ımanitaire en procédant aux
ʼacuations sanitaires. Le Bell,
ʼemier appareil arrivé en Algé-
ɛ, sauvera des milliers de vies.
Photo Flament.)

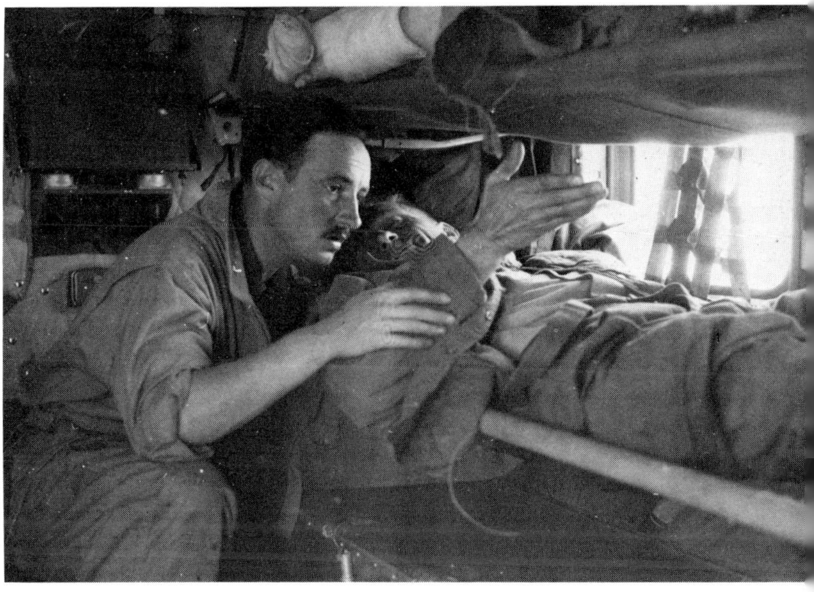

▶
ɛs mécaniciens de bord se trans-
ɾment souvent en infirmiers. Il
ur faut alors trouver les mots qui
ssurent, même s'ils ne parlent
ıs l'arabe. *(Coll. Beau.)*

▶
es « blessés spéciaux » sont les
ıorts déclarés décédés à l'arrivée.
Photo Flament.)

▲

Les armes se sont tues. Démontées, les Bananes perdent leurs ailes. Les appareils de l'EHO 10 et 20 de l'A.L.A.T. rembarquent sur le porte-avions La Fayette le 19 octobre 1962, à destination de Toulon. Une page de l'histoire des hélicoptères est tournée. *(Coll. Fileux.)*

◀

Leur mission accomplie, les hélicos vont quitter les djebels. Après avoir tourné bien au-delà de leurs limites de sécurité, ils vont regagner leurs bases, puis la France. *(Photo Flament.)*

CHAPITRE XXI

DU COTE DE GUELMA

L'Alouette de reconnaissance du colonel Jeanpierre, pilotée par Vial, tourne au-dessus de la zone de poser. Peut-être est-elle arrivée un peu tôt sur le secteur au nord de Guelma, mais le balisage est en place. D'ailleurs, la formation de six appareils arrive.

La première Banane est pilotée par le commandant d'escadrille, le copilote est le lieutenant Jammet. C'est le H 21 « BET ». La DZ est un petit plateau aux abords tourmentés, buissonneux.

L'apparition des hélicos dans le djebel ne cause plus comme à ses débuts un désarroi profond dans les katibas. A la guerre, il n'est pas de procédé de combat nouveau qui, le temps de surprise passé, ne provoque chez celui qui le subit une parade plus ou moins efficace.

L'hélicoptère, bien sûr, n'a pas échappé à cette règle. L'affolement, la terreur des rebelles, leur fuite éperdue sans combattre, qui étaient spectacle courant lors des premières opérations héliportées, sont dépassés. Les fellaghas se sont organisés et passent à la contre-offensive. Ils « pensent » eux aussi hélicoptère, sélectionnent les armes automatiques les mieux adaptées, forment des tireurs d'élite.

Car l'hélicoptère est un engin bien vulnérable ! S'il est léger et très maniable, sa fragilité reste grande, sa faible vitesse accroissant le danger. Une quinzaine d'impacts de 7,5 suffisent à détruire un H 34. Une mitrailleuse de 12,7 tirant à 800 mètres sur un hélico est capable de le détruire en trois secondes. Face à des troupes rebelles de la valeur d'une katiba normalement dotée d'armes automatiques, la durée de survie d'une Alouette PCV survolant le djebel à vitesse normale à basse altitude varie de une à cinq minutes, suivant la densité des armes.

Le 16 mars 1958, l'Alouette est venue tourner comme d'habitude à la verticale de la DZ. Mais il n'y a pas eu de réaction au sol, le coin semble tranquille. Le H 21 « BET » de Bernieau se présente. C'est Jammet qui fait l'approche, le commandant de la formation a ordonné aux autres appareils de serrer, ayant la possibilité de pouvoir se poser tous en même temps.

Alors qu'il arrive presque au contact du sol, des lueurs s'allument dans l'axe. Une arme automatique, à vingt mètres à peine, tire droit devant une rafale interminable.

Le bout de la pataugas de Jammet est emporté, une balle détruit l'horizon artificiel en dégageant un nuage de fumée terrible dans la cabine. A l'intérieur du cargo, les légionnaires, assis face à face le long des cloisons, voient le plancher s'ouvrir longitudinalement, « suivant le pointillé ». Personne n'est touché. Cinq balles se logent dans la bulle. Tous les câbles d'alimentation du tableau de bord sont sectionnés, le H 21 n'a plus d'instruments de bord mais le moteur tourne toujours. La Banane saute par-dessus le tireur fellagha en remettant toute la gomme. Entre les entrées et les sorties, toutes cloisons perforées, elle compte 65 impacts !

Dans le courant de la journée, l'arme automatique est capturée, l'officier de renseignements questionne le tireur :

— Pourquoi n'as-tu pas tiré sur l'Alouette, lorsqu'elle est arrivée au début ?

— Quand je l'ai vue tourner, j'ai compris ce que ça voulait dire. Je suis remonté de l'oued avec mon groupe de combat, je me suis mis en position pour attendre les autres hélicos qui allaient venir se poser. C'est plus intéressant, parce que dans l'Alouette il il n'y a que deux ou trois bonshommes.

— Tu n'as tiré qu'une seule rafale, vidant tout ton chargeur dans l'axe. Comment se fait-il que tu n'aies touché personne ?

— Parce que je suis un tireur d'élite. J'ai visé juste au milieu de l'appareil, et je ne l'ai pas manqué.

— Oui, toutes tes balles sont passées entre les deux pilotes et les soldats.

Le fellagha sourit :

— A ma place, un mauvais tireur aurait rafalé en « arrosant » partout, et tout le monde serait mort.

Bernieau et Jammet continuent les héliportages dans la foulée. Ils changent d'appareil. Avec le H 21 « AAR », ils font trois rotations de 34 commandos, puis deux autres de 21.

Jammet peste après ses pataugas hors d'usage, pensant que, parfois, les pilotes d'Alouette ont plus de chance que les équipages de Banane. Et le capitaine commandant l'escadrille scrute les nouvelles DZ en souhaitant n'avoir affaire qu'à des tireurs d'élite, tirant juste au milieu.

⁂

Le DIH de l'EHO 1[1] de Guelma a travaillé avec le 1er REP dans la région de Touggourt depuis novembre 1957. Après une courte interruption de janvier, ils se retrouvent en février à Guelma et opèrent ensemble sous les ordres du colonel Jeanpierre, dans la région de Mondovi.

Celui-ci utilise tous les moyens qui lui sont offerts et, un beau jour, on lui propose un concours intéressant. La brigade de gendarmerie de Mondovi possède un chien-pisteur de valeur, et Godefroid, son brave maître et gendarme, piaffe d'impatience de se rendre utile :

— Je pense que mon chien pourrait vous rendre de bons services, dit-il. C'est un pisteur terrible !

— Comment s'appelle-t-il ?

— « Gamin ».

— Bon. Je penserai à vous.

Le 29 mars à zéro heure, une patrouille du 4e Régiment de hussards a accroché un groupe de rebelles qui vient de franchir le barrage électrifié à quatre kilomètres au sud de Barral. L'officier commandant la patrouille a été grièvement blessé et les rebelles ont décroché en direction des maquis de l'ouest à la faveur de la nuit.

Une opération est déclenchée. Trois blessés récupérés déclarent faire partie d'une bande de 200 hommes fortement armés. Comment les retrouver dans ces maquis denses ?

A 5 h 45, le gendarme Godefroid est héliporté avec son chien « Gamin », qui se met aussitôt en piste à partir du barrage. La protection de l'équipe est confiée à un peloton du 4e Hussards et à des moghaznis de la SAS de Barral.

Le chien « Gamin » entraîne rapidement son maître et l'escorte de protection dans les collines du djebel Ousfeta, au sud de Barral. Son flair le guide sur une piste de montagne menant en direction de l'oued Adballah. En fin de matinée, la progression en terrain accidenté devient très pénible, les éléments de l'escorte de protection accusent de la fatigue. A midi, les traces se précisent et leur nombre laisse supposer que la bande est restée groupée. Elle ne doit plus être loin.

Le commandant du peloton demande des renforts et une compagnie entière du 1er REP est héliportée vers 12 h 20. Le pistage reprend, le gendarme Godefroid, « Gamin » et un moghazni en tête. Mais le chien entraîne l'équipe trop vite en avant des voltigeurs de pointe de la compagnie. Ce ne sont partout que buissons,

1. Escadrille d'Hélicoptères opérationnelle appartenant au GH 2. Celui-ci comprenait alors trois escadrilles Bananes EHO 1, 2 et 3, une escadrille Bell, une escadrille Alouette, une escadrille Siko et une escadrille avions.

chacun peut cacher un homme. « Gamin » tire sur sa laisse avec impatience. Des aboiements, des coups de feu, le gendarme Godefroid et le moghazni sont tués sur le coup. « Gamin » reçoit une balle dans la tête et une autre dans le poitrail. Il hurle à la mort. Le combat s'engage avec violence et, au bout de deux heures, la bande est anéantie.

« Gamin » s'est traîné jusqu'au cadavre de son maître, il lui lèche le visage et s'allonge sur celui dont il ne veut pas se séparer. Les légionnaires s'approchent, mais il ne les connaît pas. Malgré ses blessures, il se jette sur eux, le poil hérissé, les crocs en avant. Il est aveuglé par le sang qu'il perd, grogne de façon menaçante, refuse les friandises qu'on lui offre. Six légionnaires tentent de s'emparer du corps du gendarme, mais doivent reculer sous les attaques du chien. Les filets de camouflage ne pouvant venir à bout de son obstination, on emploie des grenades lacrymogènes.

Le corps du gendarme est évacué par Alouette, le chien blessé doit l'être à son tour avant le démontage de l'opération. Mais la bête ne veut rien entendre. Heureusement, le sergent-chef Huschard, un sous-officier du DIH, parvient à le mettre dans une couverture à force de flatteries. On embarque le chien dans la Banane de Bernieau et Jammet, qui décolle. Le trajet jusqu'au PC de l'opération n'est pas long, mais « Gamin » se pointe dans la cabine de pilotage ! Toujours grognant, plus furieux que jamais, il s'installe entre le pilote et le copilote. Ceux-ci n'osent pas faire de geste brusque, n'ayant qu'une peur, celle de voir le chien bondir sur eux pour leur donner un coup de dent et risquer de les envoyer tous au tapis.

Débarqué au PC, le chien ne peut être soigné sur place, il faut l'évacuer sur l'hôpital vétérinaire de Millésimo. Nouveau problème pour le rembarquer, personne ne pouvant l'approcher. Enfin, un homme du DIH a l'idée de lui dire :

— Allez, remonte dans l'hélicoptère qui t'a amené ! Allons, nous rentrons à la maison...

Le chien comprend mais il marche de plus en plus difficilement. Il se lève pourtant, tremblant sur ses pattes. Il souffre, il a perdu son maître. Il avance péniblement, regarde autour de lui d'un air désemparé. L'homme l'encourage encore :

— Allons, « Gamin », en avant !

La queue entre les pattes, « Gamin » se dirige vers le DIH. Il y a six appareils. Il identifie et rejoint son H 21, la Banane de Bernieau et Jammet. L'équipage retrouve peu après sa gueule menaçante dans la cabine durant le transport jusqu'à Millésimo, où on l'opère aussitôt. Le chien est sauvé.

Le 27 décembre 1958, au chenil de la gendarmerie de Beni-Messous, près d'Alger, une prise d'armes a lieu pour honorer la mémoire du gendarme Godefroid et remettre symboliquement à son chien « Gamin » la médaille de la gendarmerie nationale. Par la suite, il sera rapatrié en France.

A Gramat, en plein Causse du Quercy, où les chênes rabougris côtoient les murs de pierres sèches, entre Rocamadour et Padirac, la gendarmerie nationale a installé son centre de formation des maîtres de chien. « Gamin » y mourra bien des années plus tard, de sa belle mort : le centre porte aujourd'hui son nom.

CHAPITRE XXII

CHEZ LES MARINS DE LA 32 F.

Le 25 mars 1958, la 32 F., nouvellement formée et équipée de HSS Sikorsky flambant neufs, participe à sa première opération importante dans les monts de Tlemcen. Les équipages étant insuffisamment aguerris, la responsabilité des héliportages incombe aux chefs de dispositifs de la 11e Escadre de Sikorsky H 34 de l'armée de l'Air, basée à Oran-La Sénia.

Les marins suivent avec quatre appareils. La mise en place se fait au petit jour et, après quelques renseignements succincts, le premier héliportage des éléments d'infanterie commence. C'est une bonne opération de début pour les pilotes de la 32 F. car le terrain est favorable. Les collines sont couvertes d'une végétation abondante mais il y a des clairières assez dégagées pour les atterrissages. L'air est frais, l'altitude ne dépasse pas 600 mètres, le pilotage ne sera donc pas très « pointu », façon de travailler appréciable pour des débutants.

A la première présentation, le chef du dispositif aperçoit à sa grande stupeur deux GMC arrêtés sur la zone de poser. Il ne peut pas savoir que ces camions se sont complètement fourvoyés, et il signale qu'il va héliporter une centaine de mètres plus à droite, dans une clairière plus petite, mais suffisante.

Au moment où il est au sol avec le n° 2, le n° 4 en présentation annonce qu'il vient d'être touché, apparemment sans gravité. Le commandant ordonne aussitôt aux appareils en l'air de virer sur la gauche pour sortir du champ de tir de l'arme automatique et attendre de nouvelles instructions. Il y a beaucoup de bruit sur les ondes, le Piper et les T 6 sont assez bavards. Le message passe mal, mais tout le monde a compris qu'il y a danger et qu'il faut s'écarter. Dans ce cas, les 16 commandos mis à terre ne vont pas tarder à subir le choc de toute une katiba. Chaque chef de bord décide alors de continuer l'approche.

Le n° 6 de la formation qui se trouve être le second appareil de la 32 F., pilotes le LV Ferlaud et l'EV Baudin, est touché de plusieurs balles de mitrailleuse. Les impacts s'entendent très distinctement sur le fuselage, mais les commandes continuent à répondre normalement, le moteur tourne rond. L'hélicoptère atterrit et repart sans autre incident.

Pour le n° 7, pilotes LV Renaud et SM Lavenne, qui vient immédiatement derrière, c'est le drame. Le tireur fellagha a trouvé la bonne hausse, l'appareil encaisse une rafale de plein fouet. Le SM Lavenne — premier pilote — installé au poste de droite s'effondre sur les commandes et les bloque. Une balle ayant coupé la commande moteur, les gaz s'ouvrent en grand, le moteur part en survitesse et l'appareil désemparé pique dangereusement vers la forêt de chênes verts.

Arrivé à la flottille quelques jours plus tôt, le LV Renaud n'est pas sérieusement entraîné. La nécessité faisant loi, il participe à cette opération en tant que copilote. Mais il réagit immédiatement, reprend le contrôle de l'appareil, profite du fait que le moteur tourne toujours pour sortir du djebel et survoler la vallée toute proche, où se trouve le PC de l'opération. Il coupe enfin le moteur emballé et descend en autorotation. Etant perfectionniste, il dédaigne les petits champs tout prêts à l'accueillir sans trop de problèmes et décide d'atterrir sur la route goudronnée.

Si l'on n'est pas pilote d'hélicoptère, on peut se faire une idée d'un atterrissage sans moteur, en imaginant une voiture à pleine vitesse lancée contre un mur, et que l'on arrêterait d'un seul coup de frein à quelques centimètres de l'obstacle. En effet, si le pilote d'hélicoptère casse sa descente trop tard, l'appareil s'écrase au sol. S'il la casse trop tôt, il décroche de plusieurs mètres et s'écrase également. Il faut donc arrondir rigoureusement à la bonne hauteur pour que les roues trouvent appui sur le sol au moment où l'appareil décroche.

Malgré la difficulté, l'autorotation du LV Renaud est réussie de façon magistrale et il se pose en douceur sur l'étroite bande d'asphalte. Au même moment, un convoi de GMC arrive en sens opposé et doit stopper précipitamment devant cet obstacle qui tombe inopinément du ciel devant lui.

Le pilote, le mécanicien et les commandos essaient d'extraire de l'habitacle le SM Lavenne, sévèrement touché et inconscient. Bondissant du véhicule de tête, un capitaine tout excité apostrophe Renaud avec violence :

— Non mais, ça ne va pas bien ! C'est à se demander si vous avez tout votre bon sens pour encombrer ainsi la route, au risque de créer un accident sérieux ! Je vous donne l'ordre de dégager immédiatement votre « véhicule » ! Bon Dieu, il y a assez de place dans les champs pour stationner, non ?

Décidément, Courteline n'est pas mort en Algérie.

⁂

Un renseignement précis indique qu'une katiba se trouve dans le désert au sud-ouest de Colomb-Béchar.

Le terrain se présente comme une immensité plate, paysage minéral sans la moindre végétation. Il est coupé par un petit ravin bordé de falaises et d'énormes tables de basalte. Dans le fond du ravin sinue un oued à sec où croissent quelques palmiers. C'est là que se cachent les rebelles.

Les premières troupes se postent sur le bord du plateau dominant le lit de l'oued. Les B 26 arrivent et bombardent la zone des palmiers, les fellaghas giclent de toutes parts et c'est l'accrochage.

Tout a été si vite, sitôt les bombes larguées, que, d'un côté comme de l'autre, personne n'a pu s'établir sur des positions sûres. Un groupe de combat traverse une longue dalle, finement polie par le vent et le sable, pour aller s'installer dans un éboulis situé à quelques mètres. Une arme automatique rebelle le prend à partie, cinq hommes tombent.

Leurs camarades sont restés accrochés au sommet des parois qui bordent un petit affluent de l'oued. De leur position, ils n'ont aucune vue sur ce qui se passe de l'autre côté. Mieux placés, les fellaghas s'installent rapidement et un de leurs éléments prend en enfilade le petit affluent. Devant passer sur la dalle où cinq des siens gémissent en demandant du secours, la section amie ne peut plus bouger.

Les T 6 et le Piper tentent vainement de repérer les armes automatiques rebelles dans ce chaos de roches noires, mais n'y parviennent pas. Plusieurs volontaires tentent de rejoindre les blessés en rampant pour les tirer à l'abri, mais ils sont aussitôt pris sous le feu de la mitrailleuse et doivent renoncer. Il fait une chaleur atroce, la journée s'étire lentement.

Vers la fin de la matinée, le colonel commandant l'opération convoque le LV Ferlaud à son PC pour lui ordonner d'envoyer un hélicoptère chercher les blessés. Le marin fait le point :

— Dans le petit oued, à quelques mètres seulement de la section clouée au sol, il y a une plate-forme en contrebas. Je pense qu'elle pourra recevoir un appareil. Une fois sur la plate-forme, seul le rotor dépassera. En faisant l'approche par l'oued, et vu l'absence de vent, la tentative peut être faite, à condition d'aller vite. Ensuite, au décollage, il faudra virer immédiatement à droite et bondir en altitude comme une balle, pour que les fellaghas n'aient pas le temps d'ajuster leur tir. Nous pourrons prendre les blessés qui auront été amenés sur la plate-forme et...

— Il n'en est pas question ! s'insurge le colonel. Il n'est pas possible d'approcher les blessés, même en rampant !

Ferlaud se demande ce qu'il pourrait faire de mieux :

— On ne peut pas approcher les blessés en rampant et vous

estimez qu'un hélico de trois mètres de haut et dix mètres de long, qui va faire la roue comme un paon sur cette dalle, a une chance, lui, de passer à travers ? Ce qui va arriver, et c'est une certitude absolue, je vais vous le dire, mon colonel ! L'hélicoptère sera détruit, son équipage tué et vos blessés continueront à se dessécher au soleil ! J'ai le regret de vous annoncer que je refuse la mission.

Le colonel n'insiste pas. Ferlaud prie le ciel pour que le combat évolue rapidement, lui laissant quelques atouts pour jouer l'évasan. Il en discute avec son équipage. A ce moment, l'appareil piloté par le SM Brand lance son moteur. Interrogé par Ferlaud, le pilote répond :

— Par ordre du colonel, je vais récupérer cinq blessés et...

— Coupe ton moulin, tu n'as d'ordres à recevoir que de moi !

Avec le PC, c'est la rupture. En fin d'après-midi — le combat évolue lentement — Ferlaud décolle pour tenter l'évasan. Pendant l'approche, les gens au sol font de grands signes pour faire comprendre que la mitrailleuse rebelle prend à partie l'hélicoptère. L'appareil atterrit sur la plate-forme inférieure, les fellaghas tirent à une centaine de mètres. Le mécanicien prend contact avec le chef de section, mais les blessés sont toujours au même endroit, malgré plusieurs tentatives pour les en tirer. La mort dans l'âme, l'équipage redécolle, rejoint le PC. A la nuit tombante, le DIH regagne Colomb-Béchar.

Ferlaud ne peut pas dormir. Par expérience, il sait que les rebelles vont profiter de l'obscurité pour décrocher. L'évasan ne relève plus du suicide mais d'une action au risque calculé :

— Allons-y ! Sur place, la situation a dû évoluer, et nous ramènerons les blessés, qui pourront être soignés à temps à Béchar.

L'appareil décolle et se pose de nuit sur le terrain. Le secteur est enfin calme, les soldats s'affairent autour de leurs camarades. Deux sont morts, les trois autres vivent encore malgré l'épreuve épouvantable qu'ils viennent de traverser. L'appareil de la 32 F. les évacue sur l'hôpital, alors que les premières lueurs roses commencent à se dégager à l'est.

*
**

Ainsi, d'héliportage d'assaut en évasan, les équipages de l'Aéronavale se perfectionnent de jour en jour. Mais la méconnaissance d'emploi des hélicos reste encore une réalité quotidienne de la guerre d'Algérie. Pour certains colonels venus de France faire leur « tour opérationnel », c'est souvent l'étonnement :

— Joli p'tit moteur ! s'exclame l'un d'eux en contemplant la tête rotor d'un H 19 à Méchéria.

Un autre, s'adressant au maître pilote Gloaguen de la 33 F., venu en renfort à Tiout, petite oasis près d'Aïn-Séfra, avec son H 19, décide :

— Bon, nous sommes pressés, c'est un petit héliportage et le voyage sera court. Pour gagner du temps nous allons mettre six hommes assis sur les banquettes, et huit debout dans le couloir.

En somme, un peu comme dans le métro à une heure de pointe. Alors qu'avec seulement une boule de pain dans le cargo, à 6 000 pieds et le collectif en haut, le pilote en aurait déjà eu ras les pales.

Mais comment le travail des Flottilles dans le djebel est-il perçu en haut lieu ?

Babot vient d'apprendre qu'une mission de représentants de l'état-major Marine de Paris est de passage à Mers-el-Kébir. Parmi la délégation se trouve le capitaine de vaisseau Espouy considéré comme « une terreur », étant au plus haut niveau, tout particulièrement chargé de la sécurité aéronautique et de l'application des règlements en la matière. Il ne faudrait tout de même pas qu'on lui raconte n'importe quoi sur ses hélicos aux emplois mal connus ! « Le Babs » prend aussitôt un appareil et fonce :

— Voulez-vous voir ce qu'est exactement le travail de nos équipages, commandant ? ... Non, non, vous ne nous dérangez pas, vous savez, ce n'est qu'une affaire de cinq minutes à peine... Bon alors, puisque nous y sommes...

Transit de Mers-el-Kébir à Sidi-bel-Abbès. Cette visite impromptue n'aura rien à voir avec les inspections protocolaires. Babot entraîne son monde sur un héliportage en cours de la 31 F., façon cinémascope.

Au retour, plutôt sidéré, le responsable de la sécurité raconte :

— Je voyais ces espèces de grosses libellules, de grandes sauterelles qui quittaient leur zone d'emport et qui grimpaient le long des pentes, se faufilaient dans les arbres pour se poser sur une roue, sur deux parfois. J'étais étonné de voir ces rotors tournant au milieu des obstacles de toutes sortes, des rochers tout proches. Comment font vos pilotes pour ne pas avoir d'accidents ? Pour moi, c'est la révélation : j'imaginais que votre travail consistait à partir de la base mère, d'aller sur un terrain organisé prendre des troupes et, pour gagner du temps, de les amener à un autre terrain organisé où les gars...

— En somme, que nos Bananes faisaient le travail d'un GMC volant ?

— Assez, oui. Mais vous n'avez jamais eu de pépin ?

— Bah, de-ci, de-là, mais rien qui ne justifiât un compte rendu d'accident...

CHAPITRE XXIII

LA BATAILLE DE SOUK-AHRAS

Dans le Constantinois, aux environs du 15 avril 1958, à l'ouest du barrage les bandes locales qui assuraient le recueil et l'acheminement vers l'ouest des convois sont détruites ou désorganisées. Leur effectif est passé de 450 en janvier à environ 70.

En Tunisie environ 600 rebelles destinés à la Wilaya III (Kabylie) attendent dans la région de Ghardimaou la possibilité de franchir le barrage. Certaines de ces bandes ont subi plusieurs échecs sur le barrage entre Souk-Ahras et Duvivier. 1 500 rebelles destinés à la Wilaya II (Nord constantinois) font de même dans les camps des régions de Ghardimaou et Sakiet.

Stationnées en Tunisie, mais circulant sans arrêt en Algérie entre la Tunisie et le barrage, les bandes locales des 2e et 3e Bataillons de la base de l'Est et de la nahia de Morsott représentent un effectif de l'ordre de 1 500 hommes.

Devant la destruction des bandes locales de l'ouest du barrage, et pour continuer à déverser hommes et armes en Algérie, l'ALN se doit avant tout de réimplanter des effectifs locaux bien armés et bien entraînés à l'ouest du barrage pour assurer la « survie » des bandes qui réussiraient à franchir l'obstacle.

L'ALN a donc décidé de créer et de diriger dans le quadrilatère Duvivier — Souk-Ahras — Drea — Kel-el-Aks, un nouveau bataillon, formé par prélèvement de combattants d'élite sur les autres unités de la base de l'Est, très solidement encadré et armé. D'un effectif d'environ 400 il sera doté d'au moins 12 mitrailleuses et 24 fusils mitrailleurs. Il sera le 4e Faïlek [1] de la base de l'Est.

Les premiers renseignements sur sa formation ont été recueillis le 23 mars par le 2e Bureau de la 11e DI. En avril, les renseignements

1. Bataillon léger.

ne cessent d'arriver nombreux, par déserteurs et informateurs. Le 24 avril, au moment où le 4ᵉ Faïlek quitte la Tunisie, ses chefs, son armement, ses effectifs, les grandes lignes de son itinéraire et sa mission sont connus.

Il devra franchir le barrage « en force », d'un seul bloc, au sud de Souk-Ahras.

Et, puisque le 4ᵉ Faïlek doit forcer le barrage, l'ALN va essayer de profiter de sa tentative pour faire également passer le barrage à de nombreuses bandes : 4 compagnies et demie destinées à la Wilaya III et 2 compagnies et demies destinées à la Wilaya II, soit au total 700 hommes environ.

Avec 1 500 locaux, 2 000 HLL destinés aux Wilayas II et III et un Faïlek de 400 hommes, cela fera près de 4 000 rebelles, volume auquel la zone est constantinoise va devoir faire face dans le secteur de Souk-Ahras.

Les DIH du Constantinois peuvent s'attendre à être engagés dans cette dure partie.

Au cours de la nuit du 27 au 28 avril 1958, le barrage tunisien est attaqué en trois points dans le secteur de Souk-Ahras.

Près d'Aïn Tahamimine des rebelles tentent un passage en creusant une tranchée sous le réseau. Vers 1 h 30, la herse mobile les surprend, intervient et les repousse. Au matin, l'examen des traces conduit à évaluer l'effectif qui a tenté le franchissement à une centaine d'hommes.

Dans la boucle d'Aïn-Affra, une tentative identique est faite. Les rebelles après avoir coupé les haies Morin sont passés sous le réseau Est, mais n'ont pu attaquer le réseau Ouest qui est intact. La patrouille de vérification du réseau découvrira au matin les traces de leurs travaux et la preuve de leur échec. Là encore, il s'agissait d'une bande d'une centaine d'hommes au minimum [1].

A 1 km au nord d'Aïn Seynour, l'alerte électrique est donnée à 4 heures. Une patrouille envoyée sur les lieux découvre les traces de franchissement d'une importante bande venant de l'est. Les HLL ont franchi les deux réseaux longeant la voie ferrée en passant sous la haie électrifiée, sans donner l'alerte électrique, puis ont coupé la bretelle qui longe la route. Deux cadavres de rebelles électrocutés sont relevés au point de passage.

Dès le lever du jour, le GMS n° 2 qui possède d'excellents pisteurs est mis sur les traces de ce passage. Deux RAV sont déclenchées simultanément avec les Piper de Souk-Ahras, l'une sur l'axe du djebel Gourine, l'autre sur l'axe Kef-el-Aks.

Le GM du 9ᵉ RCP prend l'affaire à son compte. Tous les moyens

---

1. Les renseignements recueillis par la suite révéleront effectivement qu'il s'agissait de deux convois de la Wilaya III et qu'au total 280 à 300 HLL ont ainsi abandonné leurs tentatives, séjourné ensuite quelques jours dans les Ouled Bechiah, puis sont repartis en Tunisie.

disponibles des secteurs sont, en plus, orientés vers la recherche et l'interception.

A 9 h 15, le GMS n° 2 suivant les traces de la bande arrive au contact vers la cote 900. Simultanément, le Piper découvre les HLL sur le djebel Arous. La chasse est appelée, et s'efforcera de fixer les rebelles pendant la manœuvre du GM 9e RCP pour se mettre en place. Tous les moyens orientés vers la recherche de l'adversaire convergent sur le point d'accrochage.

Dès cet instant, les hélicoptères entrent en action :

Deux compagnies du 9e RCP venant de la Piste des Sources sont héliportées. Le sous-groupement du 2/152e RIM est héliporté au sud-ouest du djebel Arouz. A l'ouest, deux compagnies du GCNA sont héliportées vers 16 h par le DIH de Sétif au nord du Koudiat Mahaiet et Adjerad.

Toutes les unités sont au contact, la bande encerclée est presque entièrement détruite [1].

Pendant ce temps, la recherche du renseignement se poursuit à l'est du barrage. Un élément du secteur de Laverdure est envoyé sur les traces de la bande qui n'a pu franchir le barrage dans la région d'Aïn Tahamimine et le repli de la bande est jalonné.

Dans la matinée, un rebelle rallié à une patrouille de la CA du 153e RIM déclare appartenir à une compagnie du 4e Faïlek qui, avec une compagnie de Kabyles, se trouvait le 27 à 23 heures au sud-est de Souk-Ahras. Le sous-groupement du 153e est aussitôt reporté sur cette région.

Vers 16 heures, un fort élément rebelle [1] est accroché vers la cote 875. La chasse intervient et prend à partie l'adversaire implanté dans l'oued Bou Salah. Mais les troupes sont insuffisantes pour un bouclage efficace. Le DIH de Guelma se pose à Sedrata, une compagnie du 14e RCP pourra ainsi être héliportée au nord de Bou Salah, un peu avant la nuit.

Sur le terrain, les unités restent en bouclage. Mais, au matin, l'opération de ratissage ne trouvera plus l'ennemi qui s'est vraisemblablement échappé en direction du nord. Ce convoi rebelle a franchi le barrage en deux éléments. Le premier, comprenant 2 compagnies du 4e Faïlek et 2 compagnies de la Wilaya II, dans la nuit suivante, 28 au 29, le deuxième dans la nuit du 30 avril au 1er mai.

Les conséquences de l'accrochage de l'oued Bou Salah sont donc extrêmement importantes pour la suite des opérations : c'est à lui que l'on devra l'échelonnement en deux paquets du passage de l'ensemble du convoi.

— Est-ce que vous avez vu passer des fellaghas cette nuit ?

---

1. Bilan en fin de journée : pertes amies, 3 tués, 6 blessés. Pertes rebelles : 125 tués, 17 prisonniers, 1 mitrailleuse, 7 fusils mitrailleurs, 8 PM, 90 fusils de guerre, 1 PA.

2. Les renseignements recueillis par la suite prouveront qu'il s'agissait d'une partie d'un très gros convoi composé du 4e Faïlek (à 3 compagnies) et de 3 compagnies de la Wilaya II (au total 600 HLL) et que ce convoi devait franchir en bloc le barrage dans la région de Souk-Ahras pour se rendre dans le Kef-el-Aks.

— Des fells ? Ma foi, non !

— C'est bien dommage ! Parce que, cette nuit, il y a eu un franchissement important du barrage.

— Eh bien, non, nous n'avons vu passer personne.

En arrivant à son terrain de Souk-Ahras, ce 29 avril au petit matin, le capitaine Rabany tombe en pleine effervescence. Depuis plus d'un an, il commande l'unité de l'ALAT de la 11ᵉ Division d'Infanterie. La base n'est qu'un petit terrain d'aéro-club, installé sur une sorte de promontoire, avec une piste de huit cents mètres s'arrêtant brutalement sur l'oued Medjerda. Deux grands hangars, des baraquements, des tentes pour le personnel, quelques Piper, les « Mouchards du Ciel », un Bell détaché de Sétif. Le bar, bien équipé, s'appelle *Au lotissement du ciel.* Décidément non, personne au terrain n'a vu passer des fellouzes.

Le Bell décolle, transportant le colonel adjoint au général commandant la 11ᵉ DI et le GSSA. A peine après avoir quitté la piste et être arrivé à la verticale de l'oued Medjerda, il reçoit une rafale de FM tirée de la cote 721 et la bulle de l'appareil explose. La bande rebelle est retrouvée, tous les moyens vont être balancés sur le djebel Mouadgène.

Le 9ᵉ RCP du lieutenant-colonel Buchoud est désigné pour être héliporté. L'escadrille nº 2 du DIH de Tébessa, commandée par le lieutenant Vidal, embarque les paras de la compagnie aux ordres du capitaine Rouchette. Brusadelli, second de Vidal, est en serre-file. Pavageau, le mécanicien rescapé de l'oued Kébir, fait équipage avec le capitaine Marchal et le sergent-chef Lallemand.

L'approche de la zone est l'affaire de quelques minutes à peine. Au sol, des buissons à hauteur d'homme couvrent la DZ, vaste comme un champ de foire. Les six Bananes se posent simultanément. Chaque appareil n'a embarqué qu'une dizaine d'hommes, car c'est la première rotation.

Dès l'arrivée au sol, un terrible feu d'artifice se déclenche.

Les rebelles ont attendu que tous les appareils soient posés pour se dévoiler, ils se lèvent avec ensemble dans les buissons, tirant de toutes leurs armes. Un véritable massacre commence [1].

Les Bananes doivent redécoller en catastrophe. Le pilote-lieutenant Hauser se retourne pour regarder dans son cargo et constate :

— Bordel, il y a deux gus qui ne veulent pas descendre !

Et puis, il voit du sang partout, comprend aussitôt, met toute la gomme, ramenant ainsi les deux hommes blessés dans son cargo [1].

Posées au milieu de près de 400 fellaghas, toutes les Bananes sont touchées, mais aucune n'est descendue. Marchal, apercevant son mécanicien Pavageau dans son cargo, l'engueule vertement :

— Merde, tu prends la place d'un commando, alors que tu n'as rien à foutre ici ! Bordel, c'est la poisse !

---

1. Pertes amies pour les journées des 29 et 30 avril : 47 tués, 68 blessés.
1. Deux des rares survivants de cette rotation.

Décidément, le rescapé de l'oued Kébir n'a pas la baraka...

Mais les premiers hommes posés dans le Mouadgène « appellent leur mère », il faut leur porter secours. Deux DIH assurent la noria, tous les éléments disponibles convergent sur la zone d'accrochage. Les appuis de feu sont assurés par l'aviation et par deux batteries et une section du 4/8e RA, une batterie du 1/8e RA et une batterie du 1/28e RA. Le 1er REP en alerte à Duvivier depuis le matin héliporte une compagnie sur Souk-Ahras.

Le capitaine Rabany dirige ses moyens air de sa base. A la verticale des troupes à terre, un Piper guide le poser des Bananes. Le pilote est le maréchal des logis Couturier, l'observateur, l'aspirant Six, un jeune appelé, qui annonce soudain à la radio :

— Je vais me poser.

— Vous poser ? C'est complètement dingue ! Attendez votre tour !

Dans l'espace aérien du terrain, il y a une densité invraisemblable d'avions et d'hélicoptères qui tournent en rond, c'est presque le trafic d'Orly ! Rabany n'a qu'un seul et unique poste SCR 300 pour faire toute la circulation aérienne et les appareils se posent les uns derrière les autres, décollent de même. En bordure du terrain, l'affluence est grande aussi, les civils accourent en voiture de Souk-Ahras, qui n'est qu'à quatre kilomètres, pour assister au spectacle du combat qui se déroule devant eux.

Mais l'aspirant Six rappelle en insistant à la radio :

— Je me pose quand même en bout de piste, en sens inverse...

— En... sens inverse ? Ça va pas, non ?

— Ben, mon capitaine... il faut dire que le pilote a reçu une balle dans la cuisse. Il pisse le sang de partout ! Il est incapable de piloter : à présent, c'est moi qui suis aux commandes...

— Vous...

— Alors, qu'est-ce que je dois faire pour me poser ? Parce que je ne peux pas rester comme ça. Jusqu'à présent, ça va, mais je ne sais pas piloter...

— Avez-vous seulement... quelques notions ?

— Ouuui... je me suis un peu amusé avec le manche. Comme bagage, vous savez, mon capitaine, c'est plutôt léger...

— Tant pis. Nous allons faire avec.

L'atterrissage s'effectue assez bien. Une ambulance vient cueillir le pilote blessé. Couturier a l'artère fémorale touchée, il a perdu beaucoup de sang, mais il sera sauvé. La bataille continue à se dérouler au bout du terrain d'aviation, à cinq minutes à peine dans le djebel El Djemel et le Mouadgène.

Mais, dès 18 heures, il apparaît que l'affaire ne pourra être réglée avant la nuit qui tombe vers 20 heures. Profitant de celle-ci, de nombreux rebelles essayeront de s'échapper.

— Ordre à tous les véhicules de se porter sur la route et de s'installer face à l'est !

Tous les trains vides des compagnies, tous les véhicules des PC du 9e RCP, soit près de 150 véhicules, sont disposés en travers de la route, à raison d'un véhicule tous les vingt mètres. La nuit tombée, ils éclairent la partie est de la route par où peuvent venir les rebelles. Grâce à ce bouclage, l'ennemi sera maintenu dans la nasse malgré six tentatives de franchissement chaque fois repoussées.

Pour les équipages des hélicoptères, la journée harassante n'est pas terminée, les évasan continuent. Marchal reste debout jusqu'à 5 heures du matin, puis va se coucher. Pour se lever à six.

L'action reprend dès l'aube du 30. Elle consiste à nettoyer l'ensemble du terrain compris entre la route de Souk-Ahras-Sedrata et le barrage en y acculant les rebelles.

L'effort principal est confié au 1er REP agissant au centre entre un groupement Nord comprenant des unités du II/60, du 153e RIM, du 26e RIM et agissant au nord de la Medjerda et le 9e RCP nettoyant le Mouadgène au sud, où ont eu lieu les combats de la veille. Plus au sud, le 14e RCP et le 1/152e RIM fouillent les djebels Bou-Chiba et Djelila.

Les combats durent toute la journée, les hélicos tournent sans désemparer. Le bilan est important [1].

En trois jours de combats, les rebelles ont perdu 400 hommes et 340 armes de guerre. Malgré cela, Radio Le Caire annonce le 30 au soir que le drapeau fellagha flotte... sur Souk-Ahras.

Le 1er mai à 6 heures, le 2e REP est amené au terrain d'aviation de Souk-Ahras avec le DIH de Sétif.

Vers la même heure, le poste des Tuileries (7 km sud de Souk-Ahras) donne l'alerte, un incident est signalé entre ce poste et la ville. Le rodéo recommence, les héliportages d'assaut reprennent. L'affaire se poursuit ainsi de 9 h 30 à 19 h 45, sans interruption, avec l'appui de l'aviation et de l'artillerie. En fin de journée, le bilan est de 5 tués et 20 blessés amis, les rebelles ayant perdu 75 tués, abandonné 4 prisonniers, 2 mitrailleuses, 2 FM, 5 PM, 35 fusils de guerre, 1 PA.

Comme celui établi le 30 au soir, ce bilan sera incomplet. De nombreux cadavres fellaghas et de l'armement ne seront découverts que lors des opérations de fouille et d'inhumation effectuées les jours suivants.

La recherche obstinée et systématique des petits groupes isolés se poursuit, car il importe de les retrouver et de les détruire avant qu'ils n'aient pu se regrouper ou s'enfuir vers l'ouest. Les journées des 2 et 3 mai permettent cette destruction et consacrent définitivement la défaite rebelle dans la bataille de Souk-Ahras.

Du bilan général des opérations qui se sont déroulées du 28 avril au 3 mai autour de Souk-Ahras, il ressort qu'une masse de 1 100 rebelles s'est présentée sur le barrage.

---

1. Pertes rebelles pour les journées des 29 et 30 avril : 257 tués, 11 prisonniers, 10 mitrailleuses, 11 fusils mitrailleurs, 1 mortier de 50, 4 piats, 57 PM, 146 fusils de guerre, 2 PA.

Sur ce chiffre, 300 HLL environ n'ont pu passer et ont fait demi-tour, tandis que 800 hommes réussissaient le franchissement [1]. 650 au minimum de ceux-ci ont été mis hors de combat ou tués. Sur les 150 rescapés (appartenant à des unités différentes, dont plusieurs chefs ont été tués, ne constituant plus un ensemble organisé et cohérent), 70 environ ont éclaté en petites fractions entre Duvivier, Souk-Ahras, Drea et Sfa-Ali, le reste ayant vraisemblablement réussi à dépasser vers l'ouest la région du Kef-el-Aks.

Le sergent-chef Mabrouk, de la 2ᵉ Compagnie du 4ᵉ Bataillon de la base de l'Est, fait le récit des combats de ces journées [2] :

« *Le mardi 29 avril nous étions accrochés (deux compagnies du 4ᵉ Bataillon et deux compagnies de Smendou) à partir de 10 heures du matin jusqu'à minuit. Nous sommes sortis de l'encerclement à 88 militants de la 2ᵉ Compagnie. Avec nous était l'aspirant Dallel-el-Hadj.*

Le lendemain nous étions encore encerclés dans la forêt de Tiffech. Nous nous sommes battus avec l'ennemi jusqu'à 9 heures du soir. Nous étions 88 militants et l'aspirant Dallel-el-Hadj était aussi avec nous, et nous marchions sans guide car nous étions tous des militants de la 2ᵉ compagnie...

...Le lendemain matin à 6 heures, ils sont venus bombarder directement sur nous la 1ʳᵉ et la 2ᵉ section et nous sommes restés sur place car de tous côtés c'était la plaine.

Nous sommes restés à attendre que les deux autres sections viennent nous protéger pour qu'on tente de sortir en force. Eux, ils n'ont pas voulu nous protéger jusqu'au moment où l'ennemi a commencé à nous bombarder avec l'artillerie et aussi les avions de tous les modèles et aussi ont commencé à venir des avions Bananes qui ont descendu des militaires sur toutes les crêtes.

Après un moment l'ennemi s'est arrêté de tirer avec l'artillerie et les militaires se sont avancés sur nous de tous les côtés. La 1ʳᵉ et la 2ᵉ section, nous avons commencé l'accrochage avec les militaires. A partir de 7 heures les deux autres sections sont restées à nous regarder. Ils n'ont pas voulu nous protéger. Eux, la 3ᵉ et la 4ᵉ section, ils se sont repliés en regardant comment nous nous battions avec l'ennemi, et nous étions dans un de ces terrains... »

Les combats de Souk-Ahras se sont caractérisés par leur acharnement, leur ampleur et l'emploi intensif des hélicoptères. Les problèmes logistiques ont pris chaque jour plus d'importance. L'âpreté et la durée de ces combats ont conduit à organiser des évacuations

1. 150, nuit du 27 au 28 au nord d'Aïn-Seynour ;
450, nuit du 28 au 29 au sud de Souk-Ahras ;
200, nuit du 30 au 1ᵉʳ au sud de Souk-Ahras.
2. Document récupéré le 25 août 1958 par le 3ᵉ GCNA sur le cadavre d'un HLL dans la région de Lapaine.

et des ravitaillements hors de proportion en tonnage et volume avec ceux pratiqués précédemment. Pour ce qui concerne les ravitaillements, il y a eu rupture de stocks en munitions de 155 HM 1 et... en essence d'hélicoptère. 65 % des évacuations sanitaires ont été faites par hélicoptères et 35 % par ambulances. L'évacuation de deux Bananes crashées a immobilisé pour chacune d'elles une compagnie pendant 36 heures pour en assurer la garde et a nécessité l'envoi d'équipes spécialisées du GH 2 de Sétif et de détachements de levage avec Wreker 10 tonnes.

Les combats de Souk-Ahras apportent la preuve de l'utilité d'un renforcement en hélicoptères (avec leur potentiel !), permettant de doter chaque régiment ou GM d'un Siko ou d'un Westland et de disposer d'un ou deux appareils à l'échelon du commandant de l'opération [1].

***

Le bruit des combats s'est arrêté.

Les rebelles ont perdu une cinquantaine d'armes automatiques et plus de 400 armes individuelles. Cet armement récupéré est exposé à Souk-Ahras sur la Place Thagaste. Les musulmans de la ville viennent le voir, en silence [2].

— Les Français ont exposé là de vieilles armes qu'ils ont sorties de leurs magasins ! tente de faire croire le FLN.

L'homme de la rue est prêt à se laisser convaincre. Mais, pour des raisons sanitaires autant qu'humanitaires, les jeunes gens de Souk-Ahras sont chargés de l'assainissement du champ de bataille et de l'enterrement des morts sous la direction des maghzens. Cette opération lève leur scepticisme, il y a tellement de cadavres...

— Allez, on arrête, dira l'un d'eux. A présent il fait trop chaud : on laisse les autres aux oiseaux...

***

Les pleins refaits, les Bananes quittent Souk-Ahras. « La Foudre », Dagorn, Bonnein, Gombert sont exténués. Bonnein termine l'opération avec 9 de tension. « La Foudre » jubile, se disant :

— Arrivé à Sétif, je vais passer sur l'escadrille n° 3. Ouf, avec Marchal, c'est terminé !

C'est alors qu'arrivé à mi-chemin par le travers de Constantine, Marchal, incorrigible, appelle à la radio :

— Ici un DIH retour de Souk-Ahras avec 6 Bananes disponibles. Si vous avez quelque chose pour nous, on y va !

---

1. Selon la conclusion du rapport d'opération de la 11e DI et GSSA.
2. Voir photo en hors-texte.

Mais Crespin sait, lui, ce qu'est la fatigue des hommes. Il préfère les voir rentrer à la base pour se laver les pieds et changer de chaussettes. Marchal est déçu. A côté de lui, « la Foudre » ne peut s'empêcher de lui faire remarquer dans l'interphone :

— Ah merde ! Mon capitaine, la prochaine fois que j'embarque avec vous, j'emporte un parachute, et je me largue !

Quant aux équipages des Bananes, ils commencent à penser sérieusement que Pavageau a le mauvais œil. Le mécano rescapé de l'oued Kébir attire visiblement les pépins sur lui. S'il n'avait pas été dans la Banane de Marchal et Lallemand lors du combat de Souk-Ahras, peut-être la DZ n'aurait-elle pas été tenue par les fells ?... Encore deux ou trois accrochages malheureux, un train d'arraché, et cette accumulation de catastrophes apparaît criante. Face à la malchance, les équipages deviennent superstitieux. Alors, Crespin convoque Pavageau au « Kremlin » :

— Veux-tu venir travailler avec moi ?

— ...

— Je t'affecte à mon secrétariat personnel. Tu travailleras avec l'adjudant-chef Chauveau...

— Vous ne craignez pas que je vous apporte la *schcoumoune*, à vous aussi, mon colonel ?

— Non. Allez, au travail !

Un patron comme Crespin n'a pas les moyens matériels de se payer des états d'âme.

Les hélicoptères se posent, les équipages descendent de leurs pièges. Harassés d'avoir volé durant des heures, surveillé des cadrans, regardé autour d'eux, scruté le sol, les hommes s'étirent dans le soleil qui décline. Ils sentent l'huile et le kérosène, la poudre des combats.

Le mécano tourne autour de sa machine. Le chef de bord s'éloigne pour rendre compte de sa mission. Pas de grandes phrases, peu de mots, quelques consignes.

Quatre-vingts heures de vol opérationnel par mois, en plein été, par rotations de 20 ou 30 minutes, cela représente des heures de pompe Japy sous le soleil, des heures d'attente en alerte au pied des appareils, des journées commencées avant l'aube et terminées après le crépuscule. C'est bien proche de la limite que l'on peut demander à un pilote dont la qualité des réflexes ne permet pas le moindre passage à vide car il a charge d'âmes.

Or tout cela forge les hommes, fait entrer l'individu dans une équipe où la camaraderie et l'esprit d'entraide font oublier le danger. Le courage passe inaperçu et la mort, souvent côtoyée et auprès de laquelle il faut apprendre à vivre, arrive à se faire oublier. Mais elle sait régulièrement se rappeler avec les combats, les morts, les blessés qui agonisent.

Il y a aussi la peur. Cette peur qui arrive *après*, lorsque le coup de chien est passé. La cigarette tremblant dans la main alors que, quelques instants plus tôt, la même main tenait si fermement et avec tant de précision les manches cyclique et collectif, chaque doigt ayant sa fonction bien précise. Or la peur elle-même est utile, elle sert d'échelle au courage.

Indochine, Algérie : ce sont les mêmes hommes que l'on retrouve, après la rizière, dans les djebels. Avec l'hélicoptère, aviateurs et marins partagent la vie de l'armée de Terre. Il en résulte un climat de confiance, d'estime réciproque, de camaraderie sous la direction d'anciens, « jeunes vétérans » des campagnes de 40-45. Cette génération aura sans doute du mal à retrouver plus tard la routine quotidienne, la paperasserie, le fonctionnarisme des bureaux, les multiples parapluies de certains chefs et l'absence d'une responsabilité toujours reportée à un échelon plus élevé, même pour des détails dérisoires.

Mais demain ces hommes seront prêts pour une nouvelle mission. Certains ne savent pas qu'elle sera peut-être pour eux la dernière.

SECONDE PARTIE

LA NOUVELLE FACE DE LA GUERRE

(1958-1962)

Si nous croyons que la machine abîme l'homme c'est que, peut-être, nous manquons un peu de recul pour juger les effets de transformations aussi rapides que celles que nous avons subies. Que sont cent années de l'histoire de la machine en regard des deux cent mille années de l'histoire de l'homme ?

(SAINT-EXUPÉRY, *Terre des hommes.*)

CHAPITRE PREMIER

LE 13 MAI DES HELICOS

— Ouf, on nous envoie enfin à la plage !
— Splendide ! Nous allons pouvoir roupiller sur le sable...
— ... nager...
— ... draguer...
— ... bronzer au calme.

Sous les ordres du capitaine Lebot, un détachement de quatre Bananes de l'EHO 1, appartenant au GH 2 de Sétif, décolle de Guelma. Les équipages sont envoyés en « repos » à Philippeville, dans le Constantinois. Un détail cependant, avant de passer en révision, les appareils termineront leur potentiel en se mettant à la disposition du colonel Bigeard. Pour ceux qui connaissent le colonel para, ce détail a son importance, et les équipages des Bananes peuvent dire adieu à leur repos sur la plage.

Le 7 mai, Chaban-Delmas vient inaugurer le premier stage de l'Ecole de contre-guérilla de Bigeard à Philippeville. Ministre du gouvernement démissionnaire, il s'assoit à côté des stagiaires sur un banc d'écolier. Bigeard attaque :

« Cela fait vingt ans que nous nous faisons corriger. Il faut que ça change. On ira jusqu'au bout. Du stage, dynamique et pratique, doivent sortir des gens qui auront la foi des Croisés, réformés au physique comme au moral... Il faut donner l'exemple de l'effort et de l'esprit offensif. Je veux vous voir quitter le centre gonflés à bloc, décidés à casser du rebelle et surtout à convaincre ceux qui ne croient pas, à les bousculer même... »

Ces élèves sont des capitaines reçus à l'Ecole d'état-major, ayant tous dépassé la trentaine. Ils viennent de toutes les armes et services, ont certaines idées préconçues, alors, la contre-guérilla...

Bigeard bouscule. Il les prend à bras-le-corps, il leur impose son rythme : « On vit mieux et plus longtemps en tournant à 3 000 tours qu'au ralenti », « Etre à l'heure, c'est déjà être en retard ». Ce ne sont pas des slogans, mais un état d'esprit. Au XVIIe siècle, la fière devise « Etre toujours prêts, plutôt une heure trop tôt qu'une minute trop tard » donnait chaque fois la victoire aux flibustiers. Ils étaient les guérilleros de la mer des Caraïbes et tenaient en échec des flottes entières.

A l'école de Philippeville, à l'aide des méthodes de la formation accélérée, Bigeard va faire profiter les capitaines de son expérience : le commandement sur le terrain, le travail inter-armes, l'appui-feu aérien, l'importance du PCV, l'emploi des hélicoptères. Plusieurs héliportages sont prévus durant le stage, et les quatre-vingt-dix capitaines seront tour à tour patrons et simples acteurs. Certains n'ont jamais vu d'hélicos d'aussi près et, pour la plupart, sa technique d'emploi est une révélation.

— Bon, voici que nous tombons sur des stagiaires qui vont faire joujou avec nous ! plaisante un mécano des Bananes.

— Ça ne va pas être la joie ! Le travail ne sera pas aussi facile qu'avec des commandos aguerris...

Mais les capitaines stagiaires sont fanatisés par l'esprit que leur insuffle Bigeard. Ils ne sont pas là pour jouer à la guerre, mais pour acquérir des connaissances, une expérience ne pouvant se trouver que sur le terrain. D'ailleurs, à Philippeville, ils n'ont aucune crainte de l'environnement, le territoire des fellaghas ne commence qu'après les premières lignes de crête.

Alors, tout se passe bien et, pour les équipages des Bananes, c'est presque du repos. Ce travail d'héliportages n'a rien à voir avec celui « grandeur nature » qu'ils font depuis des mois dans les pires conditions, sur des DZ parfois impossibles, comme à Souk-Ahras.

Avant de quitter l'école de contre-guérilla de Philippeville, Chaban-Delmas déclare :

— Il est inconcevable que sans l'aide extérieure et surtout lorsque celle-ci est pratiquement stoppée, ce qui est le cas en ce moment, près de 450 000 hommes en armes, face à 20 000 ou 25 000 rebelles réellement armés, s'enlisent en Algérie. Il faut adopter l'esprit offensif de tous les instants qui était l'apanage d'une partie de nos forces. Il faut transformer progressivement, mais vite, la plus grande partie, sinon la totalité de nos forces dans ce sens...

Mais n'est-il pas trop tard ? La foi des Croisés et les hélicoptères sauveront-ils ce qui peut encore être sauvé ?

***

« La Flèche » est rentré en France pour se transformer sur hélicoptère lourd, grâce à « Félix ». Il suit le stage H 34 au Bourget-du-Lac.

Les moniteurs s'affairent doucement avec les élèves. Ici, c'est la quiétude.

A l'école, l'atmosphère politique est lourde. On dénonce la carence des gouvernements successifs de la IVe République.

— Jamais personne n'est traduit en Justice, fulmine « La Flèche », encore moins fusillé ! Comme d'habitude !

Des tribunaux siègent pourtant. Le 9 mai, un communiqué du FLN annonce qu'au début du mois, le sergent Richomme, le soldat Decourteix du 23e RI et le cavalier Feuillebois du 18e Dragons, prisonniers depuis le 1er novembre 1956, ont été exécutés. Leur condamnation par un « tribunal spécial de l'Armée de Libération Nationale » est la « réponse » apportée à l'exécution de trois terroristes, celle de l'étudiant en chimie Abderrahmane Taleb, fabricant de bombes, et de deux complices qui les posaient.

Le Gouvernement français a « appris avec indignation l'exécution par le FLN des trois soldats français. Il élève contre ce crime odieux une protestation solennelle. Il salue la mémoire de ses martyrs ». La population d'Alger prend feu et les journaux l'appellent à une grande manifestation. Celle-ci est prévue pour le 13 mai.

Elle éclate comme un coup de tonnerre. Mais en réalité, pour l'Armée, le 13 mai fait plutôt « bordélique ». Rien de discipliné dans ces foules excitées de pieds-noirs et de musulmans qui déferlent sur le Forum, mais quel enthousiasme !

Partout, dans chaque unité, c'est l'effervescence. Chacun se demande ce qui se passe exactement et ce qu'il doit faire. A l'ALAT, sur la base d'Aïn-Arnat, il y a 2 000 hommes. L'expectative et le doute ne durent pas longtemps. Crespin rassemble tout son monde dans le plus grand hangar des Bananes et annonce :

— Le patron, c'est moi ! Ici, nous ne faisons pas de politique, nous sommes tous des militaires, et vous exécuterez les ordres que je vous donnerai. Rompez !

Sur la base Marine de Lartigue, près d'Oran, à l'appel du soir, l'équipage est rassemblé. Les esprits sont échauffés. Soudain, avant de rompre les rangs, les hommes se mettent à chanter. Spontanément, ils ont entonné *la Marseillaise.*

A Bir-el-Ater, pour les matelots encore au pied du djebel Onk, c'est aussi l'effervescence, c'est la fête. Des drapeaux tricolores flottent sur les guitounes (d'où peuvent-ils bien sortir ?). Les équipages de la flottille 31 F. sont tout excités :

— La politique va enfin changer, nous allons pouvoir chercher les fellouzes de l'autre côté de la frontière, directement dans leurs centres d'instruction ! Et cette guerre sera terminée en quelques semaines.

Tout le monde est prêt, les appareils sont en état. Des cartes d'état-major au 100 000e sont distribuées. L'ordre de passer la frontière est attendu avec impatience.

Il ne sera jamais donné.

Les troupes étant sous pression, une opération « de diversion » est montée. Au lieu de décoller en direction de l'est, les appareils iront grenouiller vers l'ouest, dans le djebel Onk...

Pour les hélicos du djebel, la mission continue...

***

Si ce mois de mai 58 est en passe de devenir historique, cela n'empêche pas les détails de la vie des équipages des hélicos d'être une réalité quotidienne.

Rentré de Souk-Ahras, le lieutenant Brusadelli du détachement de Tébessa va prendre un costume à Sétif, puis monte à Alger. Il vient passer sa visite médicale « personnel navigant » comme chaque membre d'équipage des hélicos doit le faire une fois par an. Naturellement, il tombe au milieu de la kermesse héroïque agitant le Forum. Sa visite médicale est une catastrophe. Reconnu inapte à cause d'un problème du côté des oreilles, il est interdit de vol. Furieux, il rentre à Sétif.

— Je vais arranger ton affaire, le console Crespin. Tu n'es pas sourd, n'est-ce pas ?

— Pardon ?... Ah non, bien sûr ! A Alger, j'ai entendu distinctement tous les slogans hurlés par la foule en délire et...

— Je vois. On l'entend d'ailleurs presque jusqu'ici... Bon. En attendant, tu vas t'occuper de mon centre d'instruction : 400 gus, c'est rien du tout. Pendant ce temps, je suis ton affaire.

Il s'en occupera en effet. Quelque temps plus tard, il lui annoncera :

— Allez, tu prends un avion et tu montes à Paris passer ta contre-expertise. Tu vas à tel endroit, tu donnes ce mot au commandant médecin dont voici le nom.

A peine arrivé à Paris, Brusadelli sera reconnu apte. Déjà, il entend presque aussi bien qu'avant. En attendant, on crie toujours sur le Forum, et l'on se bat dans le djebel.

***

— Le retour de De Gaulle, c'est le salut ! clame « La Flèche » à qui veut l'entendre. Déjà, quand j'étais en Angleterre...

C'était une autre époque. Ses collègues stagiaires ne veulent pas manquer l'occasion de plaisanter un brin. Ils lui offrent une magnifique casquette de chef de gare, probablement fauchée lors d'une « giganda ». Les étoiles ont été enlevées, remplacées par ces mots « Comité de Salut Public » [1].

« La Flèche » l'arbore sans être pour autant mis aux arrêts de

1. Le capitaine Le Flécher sera plus tard officiellement désigné pour prendre la tête du Comité de Salut Public d'Aïn-el-Turck (corniche ouest d'Oran).

rigueur, et il n'a qu'une hâte, c'est de rejoindre l'Algérie. Il y sera en effet lors de la première tournée du général de Gaulle, l'homme providentiel...

⁂

Il rentre à Oran au début de juin. Le « je vous ai compris » du balcon du G.G. lui fait monter les larmes aux yeux : le sauveur de l'Algérie française est là ! La foule en délire s'enivre au rapprochement des deux communautés, c'est un déchaînement d'allégresse, un raz de marée porté par l'enthousiasme.

Le général de Gaulle entreprend sans tarder une tournée triomphale à travers l'Algérie. Félix est chargé de mettre sur pied à l'EH 2 une armada d'une dizaine de Siko pour transporter la suite officielle en Oranie. C'est une « manip » importante et les H 34, appareils de combat, vont partir à présent à l'assaut des cœurs.

— Crassous, je veux une *grosse* croix de Lorraine sur l'avant du moteur de l'appareil du général ! ordonne Félix à son officier mécanicien.

— Mais, mon colonel, on ne pourra plus ouvrir les portes du moteur ! fait remarquer avec justesse « Mimile la pipe ».

— Eh bien, débrouillez-vous pour couper la croix de Lorraine en deux et en mettre la moitié sur chaque porte ! Allez, exécution !

Par ses mécanos, « Mimile » fait fabriquer une croix en aluminium de plus de 1,80 m de haut. Sur les deux heures du matin, elle est enfin mise en place à l'aide de rivets. Surgit le capitaine Bourdeau, chef des opérations :

— Contrordre, supprimez la croix de Lorraine !

Les mécanos soupirent, puis l'enlèvent. Au petit matin, recontrordre :

— Réflexion faite, il faut remettre la croix en place !

Philosophe, Martin lance une bouffée de fumée de Saint-Claude vers le toit du hangar :

— Pas de problème, le modèle est amovible et les trous sont déjà faits.

⁂

Pilotes et mécaniciens sont tendus à l'extrême, comme si l'avenir de l'escadre était en jeu. Les combinaisons sont neuves, les bottes noires aussi. Malgré la chaleur du soleil d'Afrique, elles sont même fourrées ! Chacun a son foulard au cou, vert, couleur de la Chasse, et arbore son insigne « Combattre et Sauver ». Le H 34 n° 582 a été équipé en appareil « VIP » avec des couvertures, bref, c'est le grand jeu.

— Crassous leader, vous serez le mécano de l'appareil du général !

Du coup, Martin se retrouve « hôtesse » du général de Gaulle. On lui confie les bouteilles de Perrier qu'il devra conserver auprès de lui à la demande, durant tout le voyage.

Enfin, Félix annonce :

— Je veux une minutie parfaite dans l'exécution de notre mission. La moindre faute d'un pilote ou d'un mécanicien sera sanctionnée. Après ça, il pourra aller se faire voir dans la biffe, l'ALAT, ou s'engager à la Légion pour se faire oublier pendant vingt ans, je m'en fous !

« Diable, pense " Mimile ", la guerre à côté de ça, c'est de la rigolade : douze pièges en l'air avec rien que des huiles et des généraux à bord ! Si par malheur le moteur de l'appareil du Grand Charles lâche sans prévenir, tous les autres voudront se poser aussitôt. Quel cirque ! Le moindre faux pas... »

Dès qu'il est revenu sur le devant de la scène politique après sa traversée du désert, tout le monde s'est aperçu que de Gaulle a pris du ventre, et surtout qu'il n'y voit plus très clair.

— Le Grand Charles n'est pas aussi aveugle qu'une taupe, pense « Mimile », mais il marche au radar. Il fait du véritable PSV. D'ici à ce qu'il manque la barre commando !

L'officier mécanicien fait remarquer à Félix :

— Le H 34 du général n'a que le marchepied « commando » pour monter à bord. Pensez-vous qu'il convienne bien pour notre VIP ?

— Tudieu de malheur, tu as raison ! Débrouille-toi, trouve quelque chose !

Martin aménage un escabeau métallique des hangars servant aux mécaniciens. Ses quatre marches feront l'affaire, Félix approuve :

— C'est parfait ! Mais l'appareil VIP ne pourra pas le transporter en même temps que les autorités : il faut ajouter un H 19 !

La mission particulière de ce H 19 consiste à transporter l'escabeau spécial devant permettre à de Gaulle de descendre de son piège sans manquer la marche et se casser la figure. Il sera nécessaire que l'appareil se pose au minimum cinq minutes avant l'arrivée de la flottille officielle, à chaque escale prévue. Ensuite, sur la DZ, tout devra aller très vite.

— Bah, pour approcher un escabeau...

— Tss, tss ! Il faut détacher deux mécanos de l'escadre, qui devront être rapides et futés. Affectés à l'escabeau officiel, il faut leur faire faire des répétitions minutieuses.

Un coup de commando ne saurait être mieux monté, minuté, rodé. Félix s'est réservé le transport de la personne sacrée de De Gaulle. « La Flèche » transportera le général Jouhaud, l'amiral Cabanier, le général Dulac, le ministre des Armées Guillaumat, et puis aussi Michelet, Brouillet chargé des Affaires algériennes.

Tout est prêt. L'Histoire est en marche.

⁂

A l'escale de Zénata, « Mimile » détache la ceinture de sécurité de De Gaulle, qui s'avance aussitôt vers la porte, les yeux fixés sur « la lignc bleue des Vosges », il est prêt à lever les bras en V. Avec effroi, « Mimile » s'aperçoit soudain que l'escabeau installé comme prévu à la porte en guise de tapis rouge fiche le camp vers l'arrière !

— Sapristi ! constate Martin, c'est l'hélicoptère qui avance !

Le général pose un pied sur la première marche, puis l'autre plus à gauche, à la troisième marche, il va tomber de toute sa hauteur ! « Mimile » saute à terre, met un pied sous la roue de l'appareil, et s'appuie au maximum sur la jambe de train. Le H 34 s'immobilise aussitôt. *La Marseillaise* retentit, de Gaulle est déjà parti en avant. Perdu dans son rêve olympien, il ne s'est rendu compte de rien.

Guy Mollet, le général Ely, l'aide de camp de De Gaulle sont encore dans l'appareil... sans plus aucun escabeau à la porte. « Mimile » reçoit dans les bras le général Ely qui regardait les troupes alignées. Surgit le colonel Godard, chargé de la sécurité. Furibond, il assène un coup de pied aux fesses de Martin :

— Mais c'est un attentat ! Vous mériteriez qu'on vous arrête !

Ce n'est quand même pas le Petit-Clamart. Après explication, Félix se trouvait en premier pilote, c'est-à-dire à droite, du côté de la porte cargo, le copilote étant le commandant Bleton, à gauche. Dès le poser, Félix, voulant saluer de Gaulle à sa descente de l'appareil, saute par la porte du haut, donnant par mégarde un coup sur le manche. Les pales tournant encore, sans moteur heureusement, le H 34 est parti en avant. N'ayant pas de frein à sa place, le copilote Bleton ne pouvait l'arrêter.

Ouf, enfin tout est bien. Discours, bain de foule, de Gaulle a compris tout le monde et le montre aux édiles, aux anciens combattants. Il serre des mains. Vivats. Le faux pas de Zénata est presque oublié, c'est de la petite Histoire. Mais un peu plus tard au cours de la même tournée, l' « homme providentiel » en risquera un autre, lançant à la fin de son discours de Mostaganem son peu sincère :

— *Vive l'Algérie française !*

Mais peut-être de Gaulle y croit-il en débarquant en Algérie ? L'anecdote totalement méconnue du poste de Café Maure pourrait accréditer cette hypothèse. Elle est rapportée par Ferlaud, de l'Aéronavale, alors lieutenant de vaisseau à la 32 F., plusieurs appareils de cette flottille s'étant joints à ceux de Félix.

Lors de son périple, de Gaulle se pose au nord-ouest de Tlemcen dans les monts des Traras, au lieu-dit Café Maure. Acclamations, le général serre de nombreuses mains. Sortant de son bain de foule, il s'accorde un moment de détente qu'il met à profit pour visiter les installations militaires. Le commandant du petit poste qui lui fait les honneurs est un vieux capitaine aux cheveux tout blancs. Ils s'arrêtent face au réseau de barbelés ouest au-delà desquels s'étend un terrain en pente couvert d'une pauvre végétation d'épineux. Après un oued au fond d'un ravin, s'élève le premier contrefort d'une montagne pyramidale, le djebel Sofiane. Truffé de nombreuses grottes, ce relief offre un abri sûr aux fellaghas, et il est très fréquenté.

De Gaulle scrute le paysage et demande :

— Alors, capitaine, quelle est la situation ici ?

Le malheureux chef de poste devrait parler de la modicité de ses moyens, de ses effectifs. Il pourrait expliquer que, malgré les opérations importantes montées contre le Sofiane avec les troupes du secteur et celles de la DBFM venues en voisines, les résultats ont été plus que décevants. Mais le vieux capitaine aux cheveux blancs n'a pas le temps de réfléchir, d'expliquer tout cela. Il ne connaît pas la diplomatie et opte pour une franchise sans détours :

— Voyez-vous, mon général, si je reste tranquille sur mon piton, si je n'insiste pas pour traverser l'oued, les gens d'en face ne se montrent pas agressifs non plus. Il n'y a pas d'exactions au village, c'est en quelque sorte la paix armée...

Le visage de De Gaulle se ferme et pâlit.

— Monsieur, tonne-t-il d'une voix courroucée, nous sommes ici sur le sol de la France ! Vous venez de m'apprendre qu'il y a là, en face, des armes braquées contre notre pays. Je vous ordonne d'aller les chercher et pas plus tard que tout de suite !

Il tourne le dos au capitaine anéanti et donne le signal du départ.

Les pilotes mettent les moteurs des hélicos en route. Ce jour-là, des officiers ont cru qu'ils devaient s'engager à fond, et sur ordre, pour une Algérie française, alors que ce n'était peut-être qu'une erreur d'interprétation de leur part.

CHAPITRE II

NOUVELLES EVASAN

La nuit tombe rapidement sur Méchéria ce 21 mars 1958, et il ne fera pas très chaud, malgré la latitude. Le détachement de la 33 F. de l'Aéronavale est regroupé sous la tente pour le dîner. Tito et Nasser profiteront des restes : adorables marcassins, leurs parents ont fini quelque temps auparavant en marinade.

Il faut dire que les marins se taillent une solide réputation de savoir-vivre et de bien-manger. Ils aiment le confort. Arrivés dans un coin désertique pour quelques heures à peine, ils s'installent comme pour y passer huit jours ou un mois. Souvent, il leur faut tout remballer en dix minutes ou abandonner le travail commencé, mais cela ne les décourage nullement. Les légionnaires les comprennent, les aviateurs les envient, les biffins ricanent car ils n'ont jamais su mêler le confort à la guerre.

Pour son détachement de Méchéria, le LV Daguzan fait volontiers le marché et la cuisine, aidé par un matelot gâte-sauce. D'autres officiers ou officiers mariniers ne dédaignent pas non plus de confectionner à l'occasion quelques tartes. Alors, à Méchéria, les aviateurs tels que le « baron » de Fontanges, les capitaines Daubresse et Fontaine sont des habitués fervents du détachement Marine, de même que le capitaine de Coligny, vêtu comme un vrai saharien, toujours très grand seigneur.

Le repas du soir de la 33 F. se déroule normalement. La journée a été calme, les mécaniciens ont « bichonné » les deux H 19, dont l'un est rentré la veille d'une évasan des Arbaouats. Soudain, le commandant de Fontanges chef du PCA arrive et fait signe au LV Daguzan qu'il voudrait lui parler en particulier. L'officier de marine le rejoint à l'extérieur de la tente. Fontanges lui annonce :

— Je reçois à l'instant une communication radio du poste de Chellala où l'on vient d'amener un cavalier du 1er Chasseurs grièvement

ment blessé au ventre. Il a sauté sur une mine et ses seules chances de survie résident dans une opération urgente. A la radio, j'ai eu le médecin du poste qui m'a confirmé l'extrême urgence de son cas.

Un silence, le commandant du PCA et le pilote sachant tous les deux qu'il n'y a pas grand-chose à faire. Il fait une nuit noire de nouvelle lune, Chellala est dans une cuvette entourée de montagnes, aucune infrastructure n'existe sur le petit terrain. En vol, l'hélicoptère ne reçoit plus la radio dès qu'il se trouve à 50 kilomètres de Méchéria.

— Un vol dans ces conditions serait contraire aux règlements, émet le commandant Fontanges. Je me demande même s'il serait réalisable ! Enfin, je voulais tout de même vous en parler...

Daguzan reste évasif, les deux hommes se séparent. Le lieutenant de vaisseau réfléchit un moment puis rejoint la table. Le dîner s'achève. Daguzan jette un coup d'œil en direction du premier maître Rau, qu'il connaît depuis longtemps. S'il est quelqu'un de solide sur lequel il peut compter, c'est bien lui : calme, réfléchi, du sang-froid et l'expérience de plusieurs années comme moniteur sur hélicoptère.

— Allez, débarrassez vite la table ! Sortez les cartes ! Les mécanos, préparez le 33 F 9 !

Les hommes s'étonnent un peu, mais s'exécutent. Personne ne connaît Chellala mais les lignes de relief parlent sur les cartes au 100 000ᵉ. Les objections se multiplient, chaque difficulté est discutée, pesée. La mission ne devrait pas être insurmontable.

— Il faudra effectuer une navigation à l'estime très précise, annonce Daguzan. D'abord en ligne droite pendant quarante minutes en suivant grossièrement la piste. Nous volerons à l'altitude de sécurité. Il faudra donc tenir compte des vitesses différentes pendant la longue montée puis en croisière. Nous prendrons ensuite, toujours à l'estime et en fonction du vent, un cap qui nous fera suivre la vallée où se trouve le poste. Après quinze minutes de vol à ce cap, nous devrions capter la radio de Chellala. Ensuite, nous apercevrons les phares de quatre jeeps qui éclaireront la zone de poser...

— Et sinon... ?

— Eh bien, nous ferons demi-tour, nous retrouverons bien Méchéria...

La décision est prise. Coup de téléphone au PCA : « Nous décollons dans vingt minutes », et Daguzan raccroche pour ne pas entendre de nouvelles objections.

Blouson fourré, armement vérifié et complété, Daguzan et Rau rejoignent leur appareil à la lueur des lampes de poche. Le second maître Foucault, le mécanicien, a réchauffé le moteur. Le médecin-lieutenant Gillet, toubib de la base, sera du voyage. Les quatre hommes s'affairent et s'en tiennent aux paroles indispensables.

Le décollage roulé est plutôt délicat, l'appareil, très lourd avec ses pleins, penché en avant, se traîne. Il gagne lentement de la vitesse au ras d'un sol que l'on ne voit pas. Les pilotes gardent les yeux fixés sur l'horizon artificiel, le badin, le vario. Enfin l'appareil s'élève et tout se déroule ensuite comme prévu. Rau prend les commandes et avec lui cap, altitude, vitesse seront rigoureusement respectés. Daguzan assure la navigation à la montre.

L'obscurité est partout, impénétrable. Absence totale de repères, comme prisonniers de l'immensité de la mer. Enfin, cinquante minutes plus tard, de vagues lueurs se distinguent quelque part tout en bas :

— J'aperçois les phares des jeeps !

— Vous croyez ?

— Je pense que c'est ça...

C'est peut-être de la haute précision dans la navigation à l'estime — mais les marins ne touchent-ils pas toujours une côte ? Les lueurs entrevues sont pourtant bien celles qui balisent la DZ de Chellala. L'aprpoche rectiligne étant impossible, descente en virage serré aux instruments, puis poser en douceur.

Il faut attendre le blessé encore dans le poste. Si son état est par trop désespéré, l'hélicoptère ne redécollera pas, inutile de risquer une nouvelle fois la vie d'un équipage s'il n'y a aucune chance de succès. Gillet et le toubib de Chellala se concertent, il est près de minuit. Enfin, l'ambulance arrive, le blessé sous perfusion est rapidement embarqué dans le cargo.

Routine.

Décollage, nouvelle montée en virage, les marins mettent cap au nord puis à l'ouest. Et soudain à la radio la voix rassurante du PCA, c'est bientôt Méchéria et les lumières du terrain.

Poser, il est une heure du matin. Un avion conduit le blessé à Oran où il est opéré avant le lever du jour. Il s'en tirera.

Daguzan conservera pendant quinze ans dans sa poche le briquet offert par le colonel commandant le 1er Chasseurs « Régiment de tradition ». Un magnifique briquet en argent guilloché aux armes du régiment, lui rappelant cette première nuit de printemps 1958. Usé, poli, relégué dans son « coffre à souvenirs », il ne lui remémorera pas le visage d'un garçon blessé à peine entrevu trois secon-Chellala. L'approche rectiligne étant impossible, descente en virage serré dans le noir, et la tension nerveuse de ces heures de vol, cachée aux autres, grâce à la nuit complice.

⁂

Le 26 avril 1958 dans le djebel Djerferta, à l'ouest, dans l'Oranais, les troupes du secteur ont accroché au sud-est du Télagh. Le maréchal des logis Dounon est détaché avec son Djinn auprès du 12e RI. Il effectue une première évacuation sanitaire sans couper la turbine ni le rotor, car ça rafale d'un peu partout. Rentré à Sidi-bel-Abbès, on lui annonce :

— Repartez immédiatement sur l'opération chercher deux autres blessés, car une jeep vient de sauter sur une mine !

Il pose son Djinn à proximité de l'accident. Le toubib, un jeune sous-lieutenant appelé, arrive par la route avec une ambulance, et donne les premiers soins avant l'évacuation par l'hélico. Pour patienter, le pilote tourne autour de la jeep déchiquetée, avec d'autres soldats. Chacun y va de son commentaire :

— Le chauffeur aurait eu plus de chance si...

— Moi, je crois que le passager...

— C'était une mine antichar ?

— Non, un obus piégé, paraît-il...

— C'est l'enquête qui le dira !

— D'après moi, c'était un pellot de 105...

— En effet, quand on voit l'état de la jeep...

A force de tourner et de virer aux alentours, les blessés sont enfin prêts. Embarquement, retour à Bel-Abbès, puis on annonce peu de temps après à Dounon :

— Le toubib, tu sais, celui que tu as vu tout à l'heure sur le terrain ?

— Le jeune sous-bite appelé ? Oui, eh bien ?

— Il est mort. Il vient de sauter sur une mine. Une mine antipersonnel : il y en avait *partout*, tout autour de l'endroit où la jeep venait de sauter.

***

Une opération est montée dans le djebel Taya à l'ouest de Guelma. Les Bananes du GH 2 décollent du terrain de Millésimo avec les éléments de Rouge, la 2e Compagnie du capitaine Ysquierdo du 1er REP. Trois rotations déposent la totalité de la compagnie au petit jour, et les appareils rentrent au terrain en attente.

Moins d'une heure après, ils vont récupérer les légionnaires et les héliporter de l'autre côté de la vallée, à huit ou dix minutes de vol. Ils accrochent une demi-heure après avoir été déposés. Alors, sans discontinuer, le DIH fait la noria pour rameuter tout le régiment qui « marche au canon ». A neuf heures, tout est en place, Alouette et Bananes restant en stand-by, aux ordres du colonel Jeanpierre, à la verticale avec son PCV.

Durant la journée les combats se déroulent sporadiquement, et les Bananes permettent de faire roquer les compagnies sur le terrain. Vers la fin de l'après-midi, les unités descendent vers la vallée, nettoyant les dernières résistances. Le commando vietnamien, qui a été fortement engagé, signale un nombre important de blessés à évacuer.

L'adjudant Bonnein embarque à son bord la « miss » de service, Christine de Murville, et prend l'air. Il survole la zone indiquée pour l'évasan, aperçoit dans l'ombre grandissante la colonne du commando vietnamien serpentant au fond d'un oued. La Banane descend, le pilote pose la roue avant, la miss saute suivie du mécanicien, tous deux par la porte avant de l'appareil. Bonnein est tendu à craquer, son rotor avant « flirte » avec la paroi quasi verticale de l'oued, la partie arrière de l'appareil, compte tenu de la pente du terrain, est très largement dans le vide, à deux ou trois mètres du sol.

— Bon Dieu, qu'ils fassent vite ! ne peut s'empêcher de prier le pilote.

D'ordinaire, les blessés sont embarqués par la porte arrière mais c'est impossible. Il faudrait mesurer 2,50 m de haut pour brancarder, et une miss comme Christine n'excède pas 1,60 m, quant aux commandos vietnamiens...

L'IPSA et le mécanicien s'affairent. Bonnein tient son stationnaire en oscillant sur la roue avant. Il jette des coups d'œil inquiets sur la jauge de carburant dont l'aiguille s'incline dangereusement vers le zéro.

Au prix d'efforts inouïs, les blessés sont embarqués, au nombre d'une dizaine ! Le calcul de Christine en effet a été rapide : un Vietnamien ne pesant que la moitié d'un légionnaire, le H 21 doit pouvoir enlever autant de blessés. Malheureusement pour les nerfs du pilote, la lampe rouge indiquant que la réserve de carburant est largement entamée s'allume.

— Parés ?

Remontée à bord, Christine passe la tête dans la cabine et annonce :

— Vous pouvez y aller ! Mais il y a deux autres blessés à prendre...

— D'autres blessés ? C'est impossible ! Je...

— A quelques centaines de mètres plus haut, dans la rocaille, il y a une section qui n'en finit plus d'arriver avec ses brancards et...

— Nom de Dieu, regardez ma jauge !

— Il faut y aller, tu sais, absolument, ab-so-lu-ment !...

Bonnein regarde sa lampe rouge qui semble l'engueuler. Christine pleure presque pour le faire fléchir, mais le pilote a l'impression désagréable de jouer treize vies à la roulette russe :

— Mince ! si nous avons la « carafe » et qu'on se tue tous au fond de l'oued, qu'est-ce que je vais me faire passer par « le Big » ! Parce que c'est sûr, Crespin commandera encore le GH 2 dans l'autre monde !

La lampe rouge du tableau de bord est déjà un reproche. Bonnein décide pourtant :

— Bon, OK, on y va !

Les deux blessés sont embarqués en voltige. Le pilote n'a plus un poil de sec. Il se pose en douceur avec ses douze blessés à Millésimo, puis redécolle en direction de Bône à la nuit tombée. La miss, souveraine, surveille ses clients dans le cargo. Pas un trou d'air, c'est le grand calme après l'orage. Le mécanicien vient passer la tête entre les deux pilotes, pour voir si tout va bien. Tous les appareils sont parfaits. Puis, après quelques secondes, il laisse tomber :

— Tu sais, Bonnein, la lampe rouge de tout à l'heure, eh bien je ne suis pas sûr qu'elle s'allume quand il faut. Elle clignote un peu suivant son humeur du moment. Je n'ai pas eu le temps de réparer, ni de t'en parler. Alors, si toi tu te faisais de la bile pour le carburant, moi, je savais que tout allait bien.

Le pilote ne répond pas. Pourtant, il est furieux : impossible de se sentir un héros sans que quelqu'un ne vienne vous gâcher le plaisir.

***

— « La Flèche », on te demande au PCA ! C'est pour une évasan...

— Zut, avec ce PCA marqué en rouge !...

— En effet, ça ne va pas être de la tarte ! D'autant plus que sur la pente nord du djebel Sahary, l'accrochage est sérieux !

Dès que les troupes se sont installées dans la guerre, l'armée de l'Air a créé trois GATAC : Oran, Alger, Constantine, correspondant aux trois corps de l'armée de Terre. Dans chaque GATAC, des PCA, Poste de Commandement Air, ont été mis en place[1]. Avec cette forme nouvelle de combat « Air-Terre », il est essentiel que les différentes armées soient soudées. Ce sera une réalisation de l'état-major interarmées d'Alger (EMI).

L'idée des PCA était bonne, mais sa réalisation plus difficile. L'armée de l'Air n'a pas toujours mis ses officiers les plus appropriés comme responsables PCA. Il faut dire aussi que l'armée de Terre n'a jamais très bien compris l'emploi de l'appui aérien, hormis les paras et la Légion qui ont l'habitude de jouer les pompiers de l'Algérie en feu.

Par expérience, les équipages d'hélicos se méfient un peu des PCA mobiles. Largués dans la nature auprès de commandants d'opération, certains de ceux-ci ont une fâcheuse tendance à dire *amen* aux exigences des responsables de l'armée de Terre. Les uns comme les autres n'entendent pas encore grand-chose au maniement des hélicos. Alors, en un geste d'autodéfense, les équipages d'hélicoptères ont souligné en rouge les PCA réputés « dangereux » ! Tour à tour, il y aura Géryville avec ses djebels abominables, Orléansville, Tiaret, d'autres encore. Aujourd'hui, c'est celui de Djelfa.

« La Flèche » se rend auprès du PCA pour le briefing. L'opération montée le 1er août 1958 dans le djebel Sahary traque les bandes

1. Chaque GATAC avait plusieurs PCA. Exemple : celui d'Oran en avait à Tlemcen, Mostaganem, Tiaret, Saïda, Méchéria, Géryville, Aïn-Séfra. Ils correspondaient aux secteurs « Terre ». S'ajoutaient à cela les PCA mobiles mis en place pour les opérations.

de Bellounis. Celui-ci, après le massacre par l'ALN des habitants de Melouza fin mai 1957, s'est « allié » à la France. Le commandement lui a fourni 2 000 armes de guerre, mais le « général » du MNA s'est rapidement conduit comme les autres chefs rebelles. La rupture est consommée, il vient d'être tué, les combats continuent.

— Les demandes d'évacuations affluent, il faut faire vite !

— Bon. Quelles sont les coordonnées de la DZ, la position des troupes amies, celle des fellaghas, l'indicatif de...

Pour les patrons d'hélicos, c'est la routine, selon la Sainte Bible établie par Félix. Ne pas partir à l'aveuglette pour se ramasser à l'arrivée. Etre efficace avant tout, jouer « sécurité » à fond. Enfin, souci constant des hommes responsables de la vie d'autres hommes : rester profondément humain.

Le PCA, un lieutenant-colonel de l'armée de l'Air, bredouille quelques vagues données. « La Flèche », qui n'est pas tombé de la dernière volée de chevrotines, refuse de décoller dans ces conditions. Le PCA s'adresse alors aux équipages des six pièges de la Reghaïa qui se trouvent là avec les six autres d'Oran.

L'esprit de chapelle joue. Un H 34 de l'escadre de la Reghaïa décolle. Aux commandes, un vieux « chibani » retaillé, l'adjudant-chef Hugo. L'expérience du vol devra pallier la carence du commandement.

Quinze minutes plus tard, Hugo est atteint d'une balle en plein cœur. Son copilote redécolle en catastrophe mais l'évasan n'est toujours pas faite. Consternation des patrons Terre-Air, la situation semble bloquée.

Le point est fait à la radio, les événements se décantent enfin. Les fellaghas tiennent la DZ sous le feu d'un fusil mitrailleur. Après étude détaillée de la carte, « La Flèche » décide de tenter un poser en rase-mottes à grande vitesse pour effectuer l'évasan. Trente minutes à peine après la mort de Hugo, il décolle avec Delorme comme copilote.

L'approche en rase-mottes à grande vitesse se fait comme prévu, poser dans la foulée. Une longue rafale du FM rebelle, partie à deux cents mètres de la DZ en contrebas, accueille l'hélicoptère. A l'abri dans un petit creux, le H 34 n'est pas touché, « La Flèche » coupe le moteur et saute à terre.

— Où sont les blessés à évacuer ?

— Les blessés ? Quels blessés ? Ils doivent être un peu plus loin...

Dans le coin, c'est la pagaille la plus complète, il n'y a aucune coordination. Des blessés attendent pourtant quelque part, peut-être en train d'agoniser.

Furibond, « La Flèche » redécolle. En mesurant son impuissance, il pense que Hugo vient de se faire tuer pour rien.

Mais les hommes et les hélicos du djebel n'en sont pas à un sacrifice ou une excentricité près.

CHAPITRE III

DES COUPS TORDUS EN HELICOS

Ce jour de novembre 1958, l'adjudant Joly, de l'EH 2, a pris un capitaine dans le poste de Frenda pour une reconnaissance à vue au nord de Martimprey [1]. Le paysage se prête bien pour cacher une forte bande de rebelles qui font des exactions dans le coin. Le Bell tourne, vire, fait plusieurs passages sur les endroits suspects. Soudain, un groupe de fellaghas armés se dévoile, les rebelles s'engouffrant dans une grotte, dont l'entrée est une sorte de puits oblique.

— Bon Dieu de bon Dieu ! hurle le capitaine. Vous avez vu ? C'est un véritable terrier ! Allez, vite, on retourne au poste chercher des gars qui...

— Vous savez, mon capitaine, le temps d'aller au poste et de revenir, ils seront tous partis ! Et si plutôt on les bombardait ?

— Qu'est-ce que vous pouvez faire ? Vous n'êtes pas un B 26, que je sache ?

— Bien sûr que non. Mais, si vous voulez, je peux vous prêter quelques grenades...

— Vous en avez ?

— Oui. Seulement, il faudra me les rendre !

— Vous les avez en compte ?

— Non, elles sont « perso ».

— D'accord.

L'adjudant Joly a toujours dans son Bell ce qu'il appelle sa « trousse de secours ». A l'intérieur, des cartes, quelques boîtes de sardines, du fromage, une boussole. Tout cela, c'est très réglementaire, mais notre pilote a eu la précaution d'y ajouter une dizaine de grenades défensives, cadeau de quelques légionnaires complaisants.

1. A la fin de son séjour, l'adjudant Joly totalisera 1122 missions en 1582 h 15 de vols opérationnels. Il aura évacué plus de 200 blessés.

En cas de crash, le pilote pense que sa carabine US avec ses deux malheureux chargeurs lui paraît un peu légère.

Le capitaine dégoupille la première grenade et se tient prêt. Le pilote à l'habitude de larguer des fumigènes et lui donne le top. Coup au but, l'entrée de la grotte ayant pu livrer passage à un éléphant adulte. Au sixième passage, c'est la bavure :

— Merde !

Le capitaine a saisi une nouvelle grenade dans sa main, son index passe dans l'anneau de la goupille. Un faux mouvement, la grenade lui échappe des doigts. Elle tombe sur le plancher, glisse en dessous, disparaît sous le siège du passager. Le pilote avale sa salive, dévisage le capitaine.

— Elle n'est pas dégoupillée, annonce celui-ci.

— Vous en êtes... sûr ?

— Ouuui...

— Bien. A présent, nous rentrons.

— Mais il nous reste encore quelques grenades !

— Je sais, mais nous avons assez ri, non ? En plus, nous sommes en RAV, mon capitaine, pas en mission de bombardement ! Au fait, vous me rendrez les grenades qui manquent ?

— C'est promis. Dès notre arrivée au poste. J'en ferai apporter une caisse au bar.

***

Un autre « jeu » auquel sera appelé à jouer Joly, c'est celui de la recherche de mines en Bell.

Au retour d'une opération dans le Sud oranais, les camions suivent une piste construite par le Génie avec des bulldozers. Beaucoup de sable, de poussière, c'est un terrain idéal pour poser des mines invisibles. Plusieurs véhicules ont sauté dans le coin et le général commandant l'opération demande au pilote :

— Nous allons partir au-devant du convoi. Dans des endroits bien précis, je suis à peu près sûr qu'il y a des mines. Je vous les indiquerai. A ce moment-là, seriez-vous d'accord pour descendre dessus et effectuer un petit stationnaire ? En faisant envoler la poussière, en chassant habilement le sable avec le souffle de votre rotor, ce sera bien la mort si on ne voit pas apparaître les mines !

— Ben... Vous savez, mon général, je n'ai jamais appris à faire ça à l'école de...

— Vous n'êtes pas chaud ?

— Je n'ai pas dit ça, mon général !

— Bien. Allons voir.

La méthode se révélera bonne. Mais, n'étant pas orthodoxe, elle ne sera pas généralisée.

⁂

Le lieutenant Dupuch remonte les pentes du djebel Tagazou aux commandes d'une Alouette II, avec cette jouissance infinie de l'ancien biffin qui ne marche plus à pied. Sa demande de mutation modèle 310 018 a enfin abouti et il a réussi à quitter sa compagnie, la 7e DMR et la 21e RIMA avec lequel il est allé sur la Ligne Morice de la frontière tunisienne. Les poubelles de Nelsombourg commencent à s'estomper un peu dans le lointain, le fellagha se fait rare.

« Un de ces matins, pense Dupuch, tous les galonnés " jugulaire-jugulaire " vont refaire surface. Peut-être que le meilleur de notre temps est passé », en attendant... c'est l'absence quasi totale de DZ dans ce terrain en pente et, sous lui, le paysage défile, très accidenté, boisé, haché.

Les deux portes de l'Alouette ont été enlevées. Aux commandes avec Dupuch, son copilote ; le mécano est derrière. Tous les cadrans du tableau de bord sont parfaits et Dupuch ne peut s'empêcher de sourire : dans l'ALAT, on est très minutieux, quant aux aviateurs... Ceux-ci considèrent un peu l'Alouette comme la mobylette du ciel. Une fuite d'huile sur un moteur ne les affole pas, bien au contraire, c'est un signe de bonne santé et la preuve qu'il y a de l'huile. Une lampe rouge qui s'allume, c'est un clin d'œil complice. Oui, pense Dupuch, nous autres de l'ALAT manquons de cette fantastique philosophie des aviateurs, peut-être parce que nous sommes encore trop verts dans l'aéronautique.

Pour faire un bon bilan en Alouette II, il faut être deux pilotes, à cause de l'objectif se déplaçant au sol et qui ruse, ses changements de direction répétés et son passage à l'opposé du manche, là, le second pilote prend le relais. Le mécanicien, lui, se tient derrière avec son arme et, selon qu'il est droitier ou gaucher, il faut s'approcher de l'objectif par un côté ou par l'autre.

— Nous arrivons sur la zone, annonce laconiquement Dupuch.

Le mécano se tient prêt avec son arme. Des arbres, des buissons bas, puis :

— Attention ! lance Dupuch. J'en aperçois un à 10 heures ! Vu ?

— Vu !

— Prépare-toi, j'amorce le virage !

Le mécanicien abaisse son arme vers le sol qui défile. Il cale ses jambes pour ne pas se laisser déséquilibrer. L'Alouette se stabilise à portée idéale. Le tireur fait feu, il jubile aussitôt dans le micro :

— Touché ! Je l'ai eu du premier coup !

— Cinq sur cinq ! Je fais un cercle au-dessus de lui. Il est mort, ou seulement blessé ?

— Je crois qu'il est mort.

— Bon, OK. Je reviens dessus pour te larguer.

L'appareil s'est mis en stationnaire. Le mécano passe son corps à l'extérieur, s'accroche à un patin, suspendu à bout de bras. Arrivé à la bonne distance, il se laisse tomber, emportant avec lui un sac à dos rempli de cordes, indispensables pour ramener le bilan de l'opération à la base.

Dupuch tourne sur la zone et revient se mettre en stationnaire, le copilote descend un câble pour le cargo-sling. Arrimage rapide, un rétablissement du mécano sur le patin :

— On va se poser comme ça sur la base, mon lieutenant ? demande le mécanicien..

— Sûrement pas ! répond Dupuch. On va se poser sur le premier terrain plat pour conditionner notre prise. Un bilan, c'est un bilan !

— Bien pris.

L'exécution est immédiate et menée rondement. Même à la guerre, tout n'est qu'une question de tour de main. Dupuch prend le contact radio avec la base :

— Mission accomplie. Nous rentrons.

Le pilote pose son Alouette II, coupe la turbine. Des hommes accourent, le mécanicien s'apprêtent à jouer faussement les modestes.

Sur le patin de gauche, la prise ficelée représente un bilan impressionnant : un sanglier de plus de cent vingt kilos, tué d'une seule balle.

⁂

Dans le secteur de Frenda, au sud-ouest de Tiaret, le maréchal des logis Castan pratique de son côté la chasse au canard avec son Djinn. Sur le lac Préveau-Paradol, on trouve en effet de beaux envols de palmipèdes. Malheureusement, le bruit de l'hélicoptère ne permet pas d'avoir le temps de se rendre exactement compte s'il s'agit de miclou, de siffleur huppé, de milouin ou de grande macreuse. Peu importe, le tir se fait au fusil de chasse, portes enlevées. L'accessoire indispensable est une épuisette convenable, le ramassage se faisant en demi-stationnaire, les tours rotor descendant de 380 à 320.

Il existe une variante dite « du perdreau ». En Alouette, la technique reste la même, l'équipage est alors de trois et l'arme devient superflue, la capture se faisant à la fatigue. Le perdreau a en effet un vol très court et faiblit vite. En venant au-dessus de lui, on peut le coiffer, le prendre dans le rouleau d'air à l'avant du rotor. Le gibier écarte les ailes pour tenter de s'envoler de nouveau et puis il roule, il roule, il est abruti, complètement groggy. Il n'y a plus qu'à le ramasser. Cette chasse à courre exige un terrain plat, une bonne vue et le soleil dans le dos. Au retour, il est prudent de se poser pour balayer les plumes de la cabine, puis de tremper le piège jusqu'au ventre dans un étang pour laver la boue des patins, évitant ainsi les questions stupides, curieuses ou déplacées. A la flottille 33 F. de l'Aéronavale, l'équipage composé du maître pilote Gloaguen, du SM pilote Ladurelle et du SM mécanicien Langeron ne néglige ainsi aucun retour de mission. Ils ont une préférence marquée pour le perdreau à bec rouge foisonnant dans les vignes après les vendanges du côté de Tlemcen.

Bien sûr, toutes ces parties de chasse en hélicoptère ne sont absolument pas autorisées par le commandement. Et si l'on évoque parfois ces bilans particuliers, c'est qu'ils ne sauraient être faits qu' « accidentellement - tout - spécialement - pour - leurs - caractéristiques - mettant - les - équipages - dans - les - conditions - identiques - à - celles - qui... que... », etc.

L'honneur est sauf et, pour un respect plus étroit de la discipline générale, c'est-à-dire éviter autant que possible les ragots et les jalousies de ceux qui n'aiment ni la chasse ni le sport, mais qui adorent le gibier sans vouloir chercher à savoir d'où il vient, les Alouette II seront parfois spécialement équipées pour ces « vols d'entraînement », un porte-civière réglementaire servant au transport des blessés faisant parfaitement illusion.

Dans les manuels de l'Ecole supérieure et d'application du matériel de Bourges, traitant de l'entretien ou de la technique d'emploi des hélicoptères au sein de l'armée de Terre, nous avons cherché les recommandations particulières propres à ces missions de chasse.

Elles ne figurent nulle part.

Mais la majorité des pilotes des trois armées restent persuadés que la chasse à partir d'hélicoptère devrait figurer dans les tests école. Au plaisir de la chasse s'ajouterait une plus grande maîtrise de l'appareil — un perdreau étant plus véloce qu'une bordure en ciment survolée bêtement, et un sanglier se déplaçant rarement sur une pelouse reconnue à l'avance.

CHAPITRE IV

A LA 33 F.

Remontant de six cents kilomètres au sud, un groupe de djounoud vient tenter d'implanter de manière plus ferme la rébellion dans le pays mozabite, peu perméable au FLN. Une unité saharienne suit les hommes à la trace, à petites étapes, sachant que le temps travaille pour elle. Le commandant décide cependant d'accélérer l'affaire et lance les hélicoptères dessus. L'ordre séculaire qui règne au désert va se trouver bouleversé d'un seul coup.

Un DIH mixte 31 F. et 33 F. est mis en place dans la région désertique de la chebka du M'Zab, au sud de Ghardaïa. Le HSS canon de la 33 F. est servi par le PM Mériot, chef de bord LV Escano.

Des pisteurs sont embarqués dans les cargos pour leur faire gagner une dizaine de kilomètres d'un saut de puce, en quelques minutes. Une fois en l'air, ces guides, apeurés, sont complètement perdus. En vol, ils deviennent totalement inefficaces, ne reconnaissant même pas un axe général. Par contre, dès que l'hélicoptère les a reposés au sol, ils revivent d'un seul coup, s'éloignent de cinq ou six cents mètres. Les appareils attendent, moteur au ralenti, le SS canon en protection à la verticale. Les hommes du désert interrogent le sable, soulèvent des cailloux, inspectent une brindille, reniflent un tas de crottin. De retour, ils racontent des choses étonnantes :

— Le détachement que nous poursuivons est commandé par un Noir gigantesque monté sur une chamelle blanche.

Les hommes des hélicos sourient poliment, puis :

— Comment ça, un grand Noir ?

— C'est visible d'après les traces, les Noirs ont les pouces des pieds placés différemment. Celles que nous avons trouvées sont extrêmement profondes, donc il est grand et fort. Au point où ils en sont, les hommes qui montent du sud manquent d'eau, car ils ont coupé la langue de leurs chameaux.

En faisant cela, les conducteurs des caravanes empêchent les bêtes de manger et, s'ils leur ont fait faire le plein d'eau un ou deux jours auparavant, ils la polluent moins dans leur estomac. Mourants de soif, les méharistes peuvent les éventrer et la boire, pour survivre.

Enfin, les pisteurs annoncent :

— Les traces sont formelles, la bande n'est plus qu'à dix kilomètres.

Les marins sourient encore, n'y croyant toujours pas. Des traces ? Pas un seul d'entre eux n'en a aperçu l'ombre, même du haut du ciel.

Il faut pourtant faire confiance aux pisteurs. L'action est décidée pour le lendemain, la journée étant trop avancée.

Le lendemain, le HSS canon décolle, suivi des cargos. Quelques minutes plus tard, le Piper du PGA annonce à la radio :

— Les voilà ! Ils sont à peine à dix kilomètres de vous...

Le Barlu-canon rallie la zone, Mériot ouvre le feu, les cargos déposent les commandos. En moins d'une heure, tout est réglé.

Les pisteurs contemplent le bilan, muets, indifférents. Sur le sol, couché dans le sable du désert, les marins découvrent un Noir gigantesque, auprès d'une chamelle blanche.

***

Le H 19 de la 33 F. de l'Aéronavale évacue deux fellaghas blessés entre Aïn-Séfra et l'hôpital de Méchéria. Aux commandes, l'OE Gloaguen, son copilote à côté de lui.

Il fait très chaud. La porte du cargo est ouverte, la sangle fixée en travers de l'ouverture. Le premier maître mécanicien Mériot s'est assis une fois de plus à la place habituelle du chef de cargo, près de la porte, surveillant les deux blessés installés sur leurs civières. Le blessé du dessous regarde le mécano d'un air apeuré et, visiblement terrorisé, se frappe le front de l'index. Mériot se demande si l'autre n'est pas en train de le prendre pour un fou.

Le second blessé est très agité. Blessé à la tête, il a un énorme pansement autour du crâne, ayant reçu les premiers soins avant l'embarquement. Et voilà que l'homme balance soudain ses jambes en dehors de la civière pour descendre. Mériot bondit, le raisonne, le remet en place à plusieurs reprises. Il rejoint sa place près de la porte. A ce moment-là, le fellagha bondit à bas de sa civière, le saisit au cou pour l'étrangler, puis le pousse inexorablement vers la porte du cargo.

Bien que blessé, le rebelle est un homme costaud, c'est un type énorme. Saisi par surprise, Mériot se retrouve dans l'encadrement de la porte, le dos dans le vide, appuyé sur la sangle. Dans ces mouvements désordonnés, le cordon radio de son casque se débranche, il ne peut plus communiquer avec la cabine des pilotes.

On dit souvent que la peur n'évite pas le danger, mais elle décuple certainement les forces. Mériot parvient à reprendre le dessus, fait

réintégrer sa civière au blessé qui, épuisé par l'effort, se calme enfin.
Le mécanicien rebranche son casque et demande au pilote :

— Dans combien de temps arrivons-nous à l'hôpital de Méchéria ?

— Dans dix minutes, à peu près. Pourquoi, vous vous ennuyez, Mériot ?

— Non.

⁂

Le poste est installé entre les barbelés et la frontière marocaine. A Forthassa-Rharbia, l'altitude est de 1 431 mètres et il y fait froid. très froid. L'été, la chaleur est insupportable, mais le pire, c'est encore la solitude. Coupé du monde, chacun attend la relève en comptant les jours.

Les jours et les nuits.

Chaque nuit, les fellaghas viennent tenir les hommes en éveil. Ils envoient une fusée blanche qui donne l'alerte et tout le monde se lève, pour se précipiter aux créneaux. Attente, pas un coup de feu, pas un cri, c'est une fausse alerte. Au bout d'une demi-heure, chacun repart se coucher.

Une heure après, nouvelle fusée blanche. Cela dure ainsi toute la nuit, puis la suivante, et toutes les autres.

A ce régime-là, c'est pire que le désert des Tartares, et pour les hommes il y a de quoi devenir fou. Heureusement, ils ont le dérivatif du courrier, mais le poste ne le reçoit qu'une fois par mois par la route, et encore celle-ci n'est-elle pas sûre et très souvent minée. Alors, reste l'hélicoptère.

Le H 19 de la 33 F. de l'Aéronavale est accueilli à Forthassa comme le furent un jour d'été les chars de Leclerc à Paris. Les marins font ces rotations de bon cœur. Le mécanicien Mériot a son cargo envahi de sacs de lettres et de colis. D'ailleurs, il y en a tellement, ce jour-là, que l'appareil n'a pas pu tout prendre. Au poste, la déception est grande. Le commandant de bord du H 19 annonce :

— Bon, nous allons faire un second voyage...

Les yeux brillent, l'espoir renaît. Malheureusement, l'appareil une fois rentré à Aïn-Séfra, l'équipage reçoit un contrordre :

— Pas question de faire une autre rotation sur Forthassa, ça coûte trop cher en potentiel !

— Mais enfin, nous devons y retourner ! Nous l'avons promis aux gars...

— Bien sûr ! Evidemment, si c'était pour une évasan...

— Mais c'est la même chose ! Là-bas, si vous aviez vu l'expression déçue de ces hommes...

— Bon. Embarquez le courrier.

Mériot se retrouve de nouveau au milieu des lettres et des colis. Ce chargement représente un mois de mots d'espoir, de phrases rendant supportable l'attente du retour, l'annonce de peines et de joies.

Des « bafouilles », comme disent les gars faisant mine de ricaner, avec un simple nom et un secteur postal sur l'enveloppe « Par Avion ».

L'appareil approche, revient à la verticale du poste :

— Il est revenu ! Il est revenu !

Poser sur la DZ. Les hommes accourent et le pilote est obligé de couper son moteur. Il ne pourra pas redécoller. Les hommes s'agglutinent, tous veulent dire un mot aux marins, les remercier :

— Allez, restez un petit moment !

— Oui, venez prendre quelque chose !

— Avant de repartir, cela vous fera du bien...

L'équipage remercie poliment mais les autres insistent tellement ! C'est de bon cœur, comment refuser ?

— Bon, OK. Mais juste un petit truc, sur le pouce...

— Oui, oui, venez jusqu'au poste !...

Perdus dans leurs barbelés et leur isolement, les gars de Forthassa-Rharbia ont un geste large. En dehors des vivres de l'intendance, ils n'ont presque plus rien, mais ils donnent tout ce qu'ils ont :

— Tenez, c'est pour vous...

Au foyer, ils viennent d'ouvrir deux boîtes de fruits au sirop. Les deux dernières qui leur restaient...

CHAPITRE V

OU L'ON RETROUVE LES MARINS DE LA 32 F.

Triste journée d'hiver sur le djebel. Le ciel est bas, uniformément gris, le crachin tombe par intermittence. Il fait un froid humide et pénétrant.

Loin de leurs porte-avions, les marins des hélicoptères vivent dans la nature le même combat que l'armée de Terre. Les péripéties restent tour à tour cocasses ou dramatiques, les missions des équipages toujours différentes.

Sur l'extrême bordure nord-est des monts de Saïda, les troupes sont venues à pied, en camions, en hélicoptères. Le terrain est assez plat, mais recouvert d'un maquis serré, haut de plusieurs mètres, duquel émergent de place en place des bouquets de pins. Pour éviter les méprises, toutes les unités engagées portent un brassard rouge. Dans le ciel au plafond bas, un Piper, deux patrouilles de T 6 et le « Rameur-Canon » de la 32 F. effectuent des RAV.

Sur les ondes, c'est une cacophonie incroyable. Sans chef d'orchestre, il ne se passe rien sur l'opération, mais tout le monde a quelque chose à dire. L'un va visiter un petit bois, l'autre demande qu'on n'oublie pas de lui envoyer ses camions pour le recueillir à un point donné, un autre s'inquiète pour ses rations.

En plein milieu du dispositif, et le traversant en diagonale, coule un petit oued, à peine un fossé de 1,50 à 2 m de large, où court un filet d'eau. De place en place, la végétation qui le recouvre complètement s'éclaircit et laisse voir son cours assez rectiligne.

Il y a près d'une heure et demie que le Rameur-Canon patrouille le secteur. Il est passé et repassé vingt fois aux mêmes endroits. Enfin cette patiente obstination trouve sa récompense.

Dans un des passages moins touffus où l'oued se devine, trois, quatre, cinq silhouettes furtives marchant sur les talons les unes des autres, apparaissent et disparaissent rapidement. Des arbustes bougent alentour. Les hommes entrevus sont vêtus de kaki, portent un brassard rouge sur l'épaule.

— On ne dirait pas des troupes amies, émet le LV Ferlaud.

— Tu crois ? fait le LV Berthon aux commandes.

— Hum...

Cette allure propre aux hommes du bled, ces havresacs en peau de chèvre, ces regards inquiets tournés vers l'hélicoptère, cette hâte à s'enfoncer sous les frondaisons, cette progression en file indienne peu propre à un ratissage...

La colonne s'étire sur plus de cent cinquante mètres. Ce ne peut être que la katiba recherchée, qui a trouvé dans le maquis impénétrable la seule voie de circulation existante, lui permettant de sortir du bouclage quinze cents mètres plus loin.

D'un coup d'œil, le LV Ferlaud, qui a évalué tous ces éléments, donne l'ordre de se mettre en position pour ouvrir le feu. Le LV Berthon exécute, mais n'est pas autrement rassuré :

— Tu es sûr de toi ?

— Ne t'inquiète pas, ce sont bien des fellaghas !

Appelé à la radio pour l'avertir de la découverte, le PC ne répond pas, la cacophonie qui règne ne laisse pas placer un mot.

— Feu !

Le tir des canons de 20 mm se déchaîne. En quelques secondes les bandes de munitions sont terminées, l'hélicoptère vire de bord dans un mouchoir et met en batterie l'autre canon, pendant qu'on réapprovisionne le premier. La végétation est hachée exactement où il faut, les obus touchent au but. Les rebelles giclent en tous sens. S'il y avait encore un doute, il est maintenant dissipé, les fusils tirant de partout pour abattre l'appareil.

Dès les premières rafales de 20 mm un silence brutal s'est installé sur les ondes. Et puis une voix retentit soudain :

— Il tue mes enfants, il tue mes enfants ! Arrêtez, Rameur-Canon, je vous donne l'ordre d'arrêter ! Mais c'est un fou, il faut l'arrêter !

Le Piper est là, juste au-dessus, il interroge d'une petite voix remplie d'anxiété :

— Rameur-Canon, Rameur-Canon, que faites-vous donc ?... Les T 6 sont là...

Plus qu'une mince hésitation, et la Chasse va avoir le feu vert pour abattre l'hélicoptère à la mitrailleuse. Au loin, la voix reprend encore une fois :

— Il tue mes enfants, il tue mes enfants !

Agacé, le LV Ferlaud coupe la radio. Désormais le HSS armé est isolé et poursuit son action sans faiblir. Il force la cadence de son tir, sans aucun temps mort pour passer d'un canon à l'autre. Le plancher de la carlingue est jonché de centaines de douilles brûlantes.

Pendant ce temps, le PC affolé fait l'appel de ses unités. Aucun de ses enfants n'a été engagé par l'hélicoptère de la Marine. Un peu plus loin, les T 6 piquent et arrosent maintenant le tracé de l'oued : apparemment, les troupes commencent à croire à la présence de la katiba...

Puis la nuit tombe. Les fellaghas rescapés se diluent dans le maquis, pour sortir sans mal du bouclage pendant la nuit. L'hélicoptère armé atterrit au PC sans avoir rebranché sa radio. Le DIH est rentré à Saïda. Toute excitation semble avoir disparu. Chacun a l'air très affairé. Ici, on est plongé dans l'étude d'une carte, là, on rédige un message urgent.

Pendant que les mécaniciens et le mitrailleur refont le plein de l'appareil, les deux pilotes attendent qu'un officier vienne leur demander des explications ou peut-être s'excuser. Le plein terminé, et personne n'ayant rien dit, ils redécollent.

A Saïda, tous les appareils sont posés sur le terrain de football. Il n'y a plus qu'une toute petite place, juste derrière un rideau d'arbres. La nuit est noire, seules quelques lampes électriques brandies par les camarades indiquent approximativement la hauteur du sol. Fatigué par onze heures de vol, presque consécutives, accumulées dans la journée, énervé par les péripéties de l'opération, le LV Ferlaud ne se concentre pas suffisamment sur le pilotage. A proximité du point de poser, il réduit un peu trop sa vitesse, l'appareil s'enfonce, empalé sur un poteau électrique qui traverse la cabine...

— Sale journée, hein, remarque Berthon.

— Oui, sale journée, approuve Ferlaud.

***

Le DIH de la 32 F. étant en stationnement à Méchéria, une opération est montée en début d'après-midi pour tenter d'intercepter une petite bande de rebelles, qui aurait été aperçue à une trentaine de kilomètres dans l'est de cette ville.

Les opérations sur le haut plateau couvert de touffes d'alfa sont souvent décevantes. Les véhicules amenant les troupes à pied d'œuvre soulèvent d'énormes nuages de poussière, jalonnant leur approche avec autant de précision qu'avec des fumigènes. Les fellaghas alertés de loin ont ainsi tout le temps de cacher leurs armes, de se réfugier dans les rhaïmas des nomades, ou de grossir l'effectif des gardiens de troupeaux de moutons ou de chameaux.

Pendant que le bouclage de l'opération se met en place, le Rameur-Canon de la 32 F. reçoit l'ordre d'effectuer une RAV sur le secteur à fouiller. Soudain, le LV Ferlaud, chef de bord, croit discerner une silhouette kaki faisant corps avec une grosse touffe d'alfa. L'hélicoptère armé revient orbiter lentement, mais rien ne bouge.

— J'aurais pourtant juré avoir vu quelque chose !

Le HSS remonte à 200 mètres d'altitude et les canons de 20 mm ouvrent un feu dispersé sur les touffes d'alfa, les talus, les rigoles de ruissellement à sec, autant d'excellentes possibilités pour les djounoud de se cacher ou se défiler. La première bande de munitions n'est pas terminée que des hommes jaillissent de toutes parts. Le détachement rebelle est bien au milieu du cercle que décrit le HSS armé. Les fellaghas courent en zigzag dans tous les sens et les mitrailleurs, qui changent sans arrêt d'objectif, ne touchent personne.

Alors, les rebelles pointent à tour de rôle leurs fusils et tirent sur l'hélicoptère, mais le terrain faiblement accidenté ne leur laisse que peu de chances de sauver leur vie. Après deux ou trois minutes de ce ballet sol-air, ils jettent leurs armes et lèvent les bras.

— Halte au feu ! ordonne Ferlaud.

L'appareil descend tout en continuant à orbiter et le chef de bord indique du bras aux prisonniers la direction de l'ouest. Les hommes ont compris et se mettent en route lentement. Une rafale de 20 mm ajustée à quelques pas du serre-file les incite à accélérer le pas. Un homme, ayant vu une ouverture sur sa gauche, jaillit comme un demi de mêlée, mais il est abattu avant d'avoir parcouru dix mètres. Les autres ont compris, ils s'organisent en colonne par un et prennent le pas de course.

Après cinq ou six kilomètres, la jonction est faite avec les premiers éléments qui viennent de commencer le ratissage. A peine commencée, l'opération est terminée. Le Rameur-Canon a capturé à lui tout seul 22 hommes armés et en a ramené 21 au PC de l'opération.

L'appareil retourne sur les lieux pour guider la compagnie du 2ᵉ REI, venue d'Aïn-Séfra, afin de récupérer les armes restées sur le terrain. C'est à ce moment-là que le LV Ferlaud va être amené à faire un bien étrange geste.

— Cherchez dans la grosse touffe d'alfa qui se trouve à droite !

— Nous avons fouillé : il n'y a rien...

— Moi, je suis sûr d'avoir vu quelque chose de bizarre ! Les fells y ont sûrement planqué quelque chose ! Cherchez encore !

Rien ne ressemble plus à une touffe d'alfa qu'une autre touffe d'alfa. Ferlaud bougonne. Le HSS se pose en attendant l'arrivée des légionnaires. A terre, les marins fouillent à droite et à gauche, sans rien découvrir. Enfin, un gars de l'équipage trouve une cache, saisit une sacoche :

— Capitaine, regardez ça !

Le LV Ferlaud ouvre la sacoche, émet un sifflement. Puis il laisse tomber un peu tristement :

— Bah, je me demande ce qu'ils vont faire de tout cela au PC ! Ils ne sont pas toujours d'accord entre eux, alors de là à ce qu'ils reconnaissent nos mérites...

Le maître pilote Mazoyer demande :

— Alors, capitaine, qu'est-ce qu'on en fait ?

— Apportez-moi un jerrican d'essence...

Un silence atterré suit.

Enfin, l'essence est répandue sur la sacoche, une allumette...

— Je me demande si l'état-major en aurait fait bon usage, murmure encore le lieutenant de vaisseau d'un air pensif.

Les djounoud capturés escortaient un collecteur de fonds. Sa serviette était bourrée de liasses de billets de 10 000 francs, représentant une valeur de 50 à 60 millions [1].

Les cargos de la 32 F. regagnent Méchéria et le chef du dispositif prévient le HSS armé :

— Rameur-Canon, ne te pointe pas du côté du PC. Malgré la chaleur ambiante, il souffle par là une bise polaire.

A quelque temps de là, le colonel adjoint au général commandant le GATAC 2 fait savoir au LV Ferlaud qu'il a reçu un rapport du colonel commandant le secteur de Méchéria, mentionnant que le « malotru qui se permet de faire la guerre d'Algérie à lui tout seul est prié d'aller exercer ses talents ailleurs ». Ferlaud hoche la tête, puis :

— Là-bas, on ne m'a sans doute pas pardonné le coup des prisonniers.

---

1. Valeur de 1958. Vingt ans plus tard à Saint-Mandrier, à l'occasion de la fête d'adieu aux vieux HSS, Mazoyer avouera à Ferlaud : « Vous savez qu'il m'arrive encore d'en rêver la nuit ! — De quoi parlez-vous ? — Mais vous le savez bien, Monsieur Ferlaud, de tout cet argent que vous avez brûlé, là-bas, à Méchéria ! J'en suis encore malade... »

CHAPITRE VI

AVEC LE « CIRQUE GILLES »

Le 18 novembre 1958, le commandant Sagot décolle d'Oran-La Sénia avec treize H 34 à destination de l'Ouarsenis.

Là-bas, le « cirque Gilles » grenouille dans les djebels, des coins pourris où nos troupes n'ont pas été mettre les pieds depuis longtemps. Il est évident que le fellagha est chez lui.

Le « cirque Gilles », c'est le rouleau compresseur. Un nouveau plan pour gagner la guerre d'Algérie. Des centaines de camions, des milliers d'hommes qui avancent, on commence à un bout, on finit à l'autre, on boucle, on ratisse. Malheureusement, les camions sont faits pour rouler sur les routes et la poussière soulevée n'échappe pas aux « choufs ». Fluides, les djounoud échappent aux invincibles paras.

C'est un coup pour rien.

Mis à contribution, les hélicos viennent déplacer quelques billes. On saupoudre, on « désoriente » l'adversaire, on joue les rocades et les bandes. Mais le chien aboie et la caravane passe, et l'herbe finit un jour par repousser sur les pas d'Attila.

Les équipages des hélicos n'aiment pas travailler dans ces conditions floues, souvent à la limite de l'improvisation ou du coup de tête. Ils n'aiment pas faire dans la foucade et l'imprécision. L'ambiance générale s'en ressent. Gilles, pourtant, est un magnifique guerrier. « Neunœil » (il est borgne) a sauté à Diên Biên Phu. Il est solide, sympathique, pas très grand. Il vient de perdre son fils lieutenant dans une embuscade entre Géryville et Saïda, mais la guerre continue.

Sagot et les treize H 34 se posent.

Dès le début, les héliportages s'avèrent difficiles, 1 500 parachutistes sont largués sur des DZ impossibles. Les H 34 effectuent des poser acrobatiques, les deux roues effleurant à peine le sol, la queue de l'appareil faisant balancier au-dessus de précipices vertigineux.

Les nerfs des équipages sont tendus à se rompre, mais ce n'est que le début de la journée...

— Là-bas, regardez ! Sur la DZ, je vois un lion !

L'équipage du H 34 n'est pourtant pas en safari. Le sergent mitrailleur Potelle, celui qui a si magnifiquement fait la démonstration des possibilités de feu du Mammouth, n'en croit pas ses yeux. Il annonce à présent :

— Je vois un deuxième lion !

— Tu es sûr ?

— Ben, voyons !

On s'émeut sur le réseau radio, mais personne ne pourra jamais se vanter d'avoir aperçu comme lui ce mirage. D'ailleurs, les héliportages se poursuivent sans interruption, et les équipages n'ont pas le temps de déjeuner. A dix-sept heures, les hélicos sont de retour à La Sénia. « La Flèche » pousse un ouf de soulagement et commence à s'extraire de sa combinaison de vol, puante de sueur, raide de poussière collée.

Le téléphone sonne. Le commandant de l'escadre, le commandant Sagot, lui annonce :

— Allez, « La Flèche », tu repars !

— Quoi ? On vient à peine de se poser et...

— Discute pas, faut gicler !

— Bon ! Le temps de prendre ma brosse à dents, un slip, une paire de chaussettes de rechange...

— Laisse tomber, tu pars pour vingt-quatre heures maxi ! Décollage avec trois H 34 pour Aflou. Il y a eu un gros coup dur !

— Reçu...

« La Flèche » n'a rien pris de solide depuis la veille, à peine un café le matin aux aurores. Seuls ses nerfs le tiennent en éveil. A Sagot, il voudrait dire... Mais il n'y a rien à dire, c'est le patron et il sait ce qu'il fait. En plus, c'est un copain de lycée de Lorient.

Aflou, c'est un coin affreux que tous les pilotes d'hélicos détestent cordialement.

En novembre, il fait mauvais et froid sur les hauts plateaux. Le ventre creux, « La Flèche » ne décolère pas dans son for intérieur. En plus, un de ses H 34 bouffe autant d'huile que d'essence et il doit se poser au bout d'une heure en plein djebel pour refaire le niveau. Après une demi-heure de vol de nuit, il se pose au PC du « Cirque Gilles ».

Il fait noir, il fait froid.

— La salle « Opérations » ? demande « La Flèche ».

— La guitoune éclairée, là-bas...

Il croise des officiers et des sous-officiers aux mines allongées. Les gestes sont nerveux, les visages peu amènes, le bilan a dû être sévère.

— Ah, vous voilà ?

Dans la tente « Opérations », trois officiers para du 3ᵉ Bureau et l'aviateur du PCA mobile, le capitaine Van Wymeersch, un ancien pilote de chasse des FAFL en Angleterre. Ils jouent au bridge, la bouteille de whisky est sur la table. « La Flèche » salive un peu, mais l'instant n'est pas aux tournées amicales. Le point des positions amies est vite fait, ainsi que celui des indicatifs radio, du balisage des DZ.

— Dès que vos pleins sont terminés, vous décollez avec vos trois pièges.

— Négatif. Je ne décollerai qu'avec un seul H 34 : le mien !

— Pourquoi ?

— Mes deux autres équipages ne sont pas qualifiés de nuit !

Pas question pour « La Flèche » de réclamer un casse-croûte dans ce cas-là, le règlement de l'armée de l'Air prévoyant pourtant qu'un pilote doit absorber quelque chose toutes les six heures ! Enfin, « la Flèche » met son moteur en route et décolle.

Il ne lui faut que vingt minutes de vol pour rallier la DZ. Le ciel s'est dégagé : constellé d'étoiles, Saint-Exupéry l'aurait aimé ainsi pour son Petit Prince.

« Voici des feux au sol, ce sont les nôtres. Contact radio pris sur channel 16. Rien à craindre du côté des fellouzes, pense " La Flèche " : pendant que nos soldats se reposent des combats de la journée et se réchauffent, les rebelles droppent le djebel pour passer à travers les mailles du bouclage. Demain, tout sera à recommencer... »

— Attention, mon capitaine, il y a un grand feu sur la DZ !

— Vu.

Pour ce poser difficile, heureusement il fait noir ! Les pales du H 34 dispersent le foyer dans tous les azimuts. L'embarquement de six blessés est promptement mené, puis c'est le retour sur Aflou. « La Flèche » lutte contre le sommeil qui le gagne et cette faim au ventre.

Les ambulances sont sur le terrain, transbordement rapide, le piège est prêt à redécoller.

— Attendez ! Vous allez emporter des munitions de FM !

On charge des caisses, deuxième rotation. A l'atterrissage, personne ne veut de ces caisses de munitions : que pourrait-on en faire en pleine nuit ?... Furieux, « La Flèche » les fait mettre à terre par son mécano. Sept blessés sont enlevés et, de retour à Aflou, on apporte de nouvelles caisses de munitions :

— Vous pouvez vous les mettre où vous voudrez, personne n'en veut de vos cartouches !

A la place des caisses de munitions, un colonel de l'armée de Terre embarque dans le cargo pour aller en « inspection » ! De nuit ! Pourquoi n'a-t-il pas emporté ses jumelles ? Décidément, « La Flèche » commence à être d'une humeur vraiment massacrante.

Cinq nouveaux blessés sont ramenés.

Ensuite, c'est l'héliportage de 23 commandos : où peuvent-ils bien aller, à 1 heure du matin, dans un cirque pareil ?

Retour de son inspection, le colonel reparaît :

— Veuillez me déposer à mon PC d'Aflou !

— Merde !

— Pardon ?

« La Flèche » a soudain froid, très froid. Il n'a toujours rien mangé depuis l'avant-veille au soir. A son dernier poser, il a vu des tas de lumières danser devant ses yeux. C'est le signe qu'il est temps d'arrêter avant l'accident, après dix heures trente de vol dans la journée, dont plus de quatre en vol de nuit ! Et, toujours, ce creux à l'estomac.

Titubant un peu, il se dirige vers la tente « Opérations » pour rendre compte de sa mission. Les trois officiers para et Van Wymeersch sont là. Ce dernier attaque à deux trèfles, le niveau du whisky a baissé. Le PCA remercie le pilote :

— Bon OK, à tout à l'heure, « La Flèche ». Réveil à six heures pour vos pièges !

Dans la nuit, le froid s'est fait plus pénétrant. « La Flèche » se ratatine dans son blouson de vol, rentre les épaules. Parti pour « vingt-quatre heures maxi », il ne sait pas encore que son cirque va durer dix jours dans l'est de Djelfa. Sans brosse à dents, ni chaussettes de rechange.

A tâtons, il trouve la guitoune des pilotes. Son mécanicien s'affaire malgré la fatigue de la journée :

— Je vous ai préparé une petite soupe à l'oignon, mon capitaine Je sais que vous aimez ça. Asseyez-vous, mettez-vous à l'aise, ce petit quelque chose de chaud ne vous fera pas de mal... Mais ça ne va pas, mon capitaine, vous n'avez pas faim ?...

***

Ce sont les derniers jours de décembre et l'année 1958 s'achève. « La Flèche » décolle une nouvelle fois avec ses H 34 pour une opération-surprise, montée sur renseignement, à quinze kilomètres à peine d'Oran.

L'héliportage des commandos de l'Air se fait non loin des plages riantes, si fréquentées l'été.

L'accrochage est brutal, le combat rapide. De nombreux fellaghas sont tués, il y a des blessés chez les commandos. Demande d'évasan, routine de la guerre...

C'est un dimanche, le ciel est lumineux. La fin d'après-midi s'annonce. « La Flèche » emporte un commando de l'Air à son bord, direction l'hôpital Baudens d'Oran.

L'appareil survole la corniche, la mer est toute proche.

A basse altitude, l'œil exercé du pilote distingue le moindre détail. Sur la route qui longe le rivage, les Oranais rentrent de la plage sans hâte, l'anisette est au frais, la kémia déjà prête. Il y a quelques robes claires, malgré la saison. En somme la vie toute simple, la sérénité de la paix.

Quelques minutes plus tôt, un peu plus loin, c'était la guerre, l'affrontement, la mort. « La Flèche » quitte la corniche des yeux, s'efforce à regarder son tableau de bord. Dans son cargo, le jeune commando de l'Air est en train de mourir. La vue des morts lui est depuis toujours insupportable et les tués amis ou ennemis l'emplissent de tristesse.

Voler, ne pas penser. Se poser rapidement pour sauver le gars moribond. Voici bientôt la DZ, les secours alertés par radio. A l'hôpital, ils feront l'impossible. « La Flèche » commence l'approche du terrain, le grand « H » blanc est déjà visible sur le sol.

Les Oranais lèvent la tête : les militaires ont de la chance d'aller se promener ainsi en hélicoptère, le dimanche après-midi.

CHAPITRE VII

DEBUTS 1959

— Ecoutez, les gars, il faut faire rapidement quelque chose, les deux sticks de commandos déposés sur le Gontos ne peuvent pas rester seuls... Nous devons tenter un nouvel essai ! Il y a ceux qui ne peuvent pas se poser, et qui le savent. Ils doivent avoir le courage de le dire. Ce n'est pas la peine de chercher le pépin et de prendre des risques inutiles.

Avec ses 2 170 m d'altitude, à une trentaine de kilomètres à l'ouest de Batna, le djebel Rafaa est réputé pour son aérologie déplorable. Ce jour-là, malgré un temps particulièrement mauvais, le commandant de l'EHO 1 a balisé le Teniet-el-Gontos. Deux appareils ont réussi à se poser, les autres Bananes ayant effacé la DZ sont revenues se poser à Batna.

Le commandant de l'EHO 1 est très ennuyé. Les pilotes se regardent en silence. Il y a l'adjudant Bonnein, le lieutenant Bézamat, tous les camarades. Interrogés à tour de rôle, certains acceptent de redécoller pour le djebel Rafaa. Par contre, d'autres refusent de prendre le risque de se crasher et disent non. Pour décider cela, il faut un grand courage et beaucoup de lucidité, faire fi du respect humain et taire son amour-propre. La témérité est pourtant aussi dangereuse que la peur. Elle accroît même le danger, et la sagesse de l'homme apparaît seulement au moment où il commence à entrevoir ses limites.

Mais le combat des hélicoptères en Algérie ne pouvait se dérouler entre hommes sans qu'une femme ne fît son apparition dans le ciel des djebels : médecin et pilote d'avion et d'hélicoptère, Valérie André rejoint Boufarik en janvier 1959.

L'héroïne des évasan d'Indochine vient de passer cinq ans à Brétigny, terminant comme médecin des pilotes d'essai, mais aussi comme pilote à part entière. En Algérie, elle est affectée comme médecin-chef et pilote de l'EH 3 à Boufarik, puis à la Reghaïa.

Finies les missions individuelles, souvent dans les pires conditions d'isolement. Ici, ce sont à présent les vols de groupe et, une semaine par mois, Valérie André n'est plus médecin, elle redevient pilote. Elle mène la vie des DIH sur le terrain. Elle s'habitue au pilotage des cargos H 34 aux commandes assistées — moins difficiles à piloter, dit-elle, que les antiques Hiller.

Au cours d'un ravitaillement d'une compagnie méhariste en H 34, elle se sort d'un crash en se posant durement en autorotation au fond d'un oued.

— Vous n'êtes qu'une femme, lui fait-on un peu trop souvent remarquer.

— C'est vrai, reconnaît-elle. Mais j'ai la baraka...

L'Indo, l'Algérie, une femme qui traverse les guerres avec son sourire — mais aussi un médecin et un pilote aux 486 missions de guerre qui deviendra médecin général des armées !

⁂

Dans l'ALAT, les pilotes de Banane font régulièrement des vols sur Alouette, pour guider les formations de H 21 dont ils connaissent parfaitement les possibilités. A la fois officiers observateurs et marqueurs, ils choisissent le lieu idéal du poser et le font « traiter » *a priori* par la chasse.

Le 11 février 1959, le lieutenant Jammet décolle en Alouette, précédant un fort DIH. L'opération est importante, engageant deux régiments commandés par les colonels Ducourneau et Bréchignac. Elle a été montée sur renseignement afin d'encercler une katiba de la Wilaya 1 cachée dans un djebel tourmenté, au nord-ouest de Tébessa.

Sur le trajet, le paysage se présente comme une zone assez plate, coupée de ramifications d'oueds à sec, assez encaissés, très étroits. La terre est un peu ocre, couverte çà et là de buissons de lentisques, de petits épineux rabougris.

Jammet suit le chemin sur la carte. Et puis, il aperçoit un gars, puis deux, ça grenouille bientôt de partout, dans tous les coins, approchant l'effectif d'une katiba.

Les rebelles recherchés ne devraient pas se trouver là, mais qu'importe ! Jammet prend l'intiative de rameuter la Chasse en attente sur la zone, donne toutes les indications au capitaine Bernieau qui suit en tête du DIH. Le poser d'assaut s'effectue de manière à encercler les rebelles, le combat s'engage aussitôt.

Le succès est complet. Mais, pour Jammet, les ennuis commencent.

A court de carburant, il rentre au PC. Le colonel Ducourneau hurle à la mort :

— Qui a détourné mon opération ? Nom de Dieu, l'héliportage prévu pour...

Jammet se fait assez petit, il avoue :

— C'est moi, mon colonel.

— Mais enfin, lieutenant... lieutenant comment, au fait... ?

— Jammet, mon colonel.

— Bon, eh bien vous prenez des initiatives qui ne sont pas du tout de votre niveau ! Mais alors, pas du tout ! Vous avez détourné mon DIH !

En somme, on m'a volé mon os. Heureusement, arrivent peu après les résultats à la radio. Pris dans le feu de l'action, chacun part vers ce qu'il a à faire. Jammet redécolle puis rentre au PC. Au moment du repas, il se glisse dans la guitoune « casse-croûte » en tâchant de se faire un peu oublier. Mais Ducourneau l'aperçoit :

— Venez par ici, Jammet ! Asseyez-vous près de moi ! Bon... qu'est-ce que je vous disais tout à l'heure, hein ? Ah, oui ! Ça y est, je vous disais : vous avez vu mon opération ? Et ce bilan ?... Hum, on peut dire que vous avez de la chance !

Quelques semaines plus tard, le lieutenant Jammet quitte le GH 2. Qualifié chef de bord d'hélicoptère armé, il a passé le concours pour la Gendarmerie nationale, qu'il va rejoindre [1]. Avant son départ, le lieutenant Martin vole en doublon avec lui, profitant des opérations en cours pour s'entraîner et prendre la relève.

La Banane armée comporte deux paniers de roquettes de part et d'autre de l'appareil et une mitrailleuse installée sur la jambe de train avant [2].

Le 27 mars 1959, dans la région de Moadid, près de Bordj Rhédir, la première dépose de commandos ayant été faite, ils font réapprovisionner en munitions l'ensemble du système d'armes. Ils décollent, puis :

— Nous allons quitter le secteur de l'opération, propose Jammet. Nous allons nous trouver un petit coin tranquille, sans troupes amies en dessous. Arrivé là, tu pourras tirer à ta main, relax, comme un ancien.

— OK, répond Martin.

Ils sortent donc de la zone d'opération, font quelques kilomètres. Puis ils choisissent un objectif *a priori*, dans un paysage à l'aspect peu engageant :

— Vu le trou, là-bas ?

— Vu ! Je vais tirer dedans.

— Prends ton temps pour viser et réussir un beau carton.

— Ben voyons !

Martin fait un beau tir d'entraînement. Munitions épuisées, la Banane armée rejoint le reste de l'escadrille.

Le lendemain 28 mars, Amirouche, surnommé « le boucher de

1. Général, il commande aujourd'hui les formations d'hélicoptères de la gendarmerie.

2. Comme l'armée de l'Air et la Marine, l'armée de Terre s'est intéressée elle aussi à l'armement des hélicoptères. Voir en hors-texte les premières expériences faites à L'ALAT.

l'Akfadou » à cause des « purges » sanglantes faites au sein de ses troupes, est tué dans le djebel Tsameur par les paras du 6e RPC du colonel Ducasse. Dans l'opération, il y a quelques survivants. Interrogés, ils déclarent avoir été attaqués la veille par un hélicoptère armé. Recoupement fait, il ne peut s'agir que de la Banane de Jammet et Martin. Le chef de la Wilaya 3 a failli mourir un jour plus tôt d'une roquette mal placée, à l'occasion d'un tir d'entraînement.

Mais il est vrai qu'avec le nombre des hélicos qui s'accroît, la physionomie de cette guerre a rapidement évolué. Personne ne s'étonne plus de leur présence, ni de la rapidité de leurs interventions.

Décidément, l'hélicoptère est vraiment devenu omniprésent dans le ciel d'Algérie ! Mais ce nouvel outil de combat doit payer son tribut à la guerre, et les trois armées feront le compte de leurs morts.

— Pillivuyt est mort ! Il s'est crashé...

C'est un accident de pilotage. Certains accusent la malchance, le destin, d'autres encore la météo...

L'accident est survenu au décollage, au cours d'un héliportage dans l'Ouarsenis, le 5 mai 1959. La capitaine Jean-Louis Pillivuyt de la 22e Escadre était aux commandes d'un H 34. Il avait été fortement traumatisé par un saut en parachute au-dessus de l'Espagne au cours d'un convoyage d'avion. C'était un « vieux soldat », un bon camarade, et « La Flèche » le faisait voler de temps en temps comme copilote.

Que s'est-il passé au décollage ? Personne ne le saura jamais. Pillivuyt a péri dans son H 34 avec tout son équipage et les légionnaires du 5e REI qu'il transportait, dont l'adjudant-chef le plus décoré de la Légion étrangère.

Après la levée des corps, c'est le discours au cimetière, puis la minute de silence.

Aux Morts.

Il y a des drapeaux, des fleurs. La plus belle gerbe a été offerte par les entraîneuses d'une boîte de nuit d'Oran.

CHAPITRE VIII

LES MARINS DANS LE DJEBEL

La 31 F. de l'Aéronavale au complet, sous les ordres du LV Anger, arrive le 24 mai 1959 au matin à Aflou pour participer aux opérations de ratissage dans le cadre du plan Challe. Selon leur habitude, les marins commencent à installer leurs tentes, leurs lits Picot, ils organisent la popote.

C'est l'heure du repas, le LV Beau plonge sa cuillère dans le potage aux pâtes — des lettres qui surnagent dans de l'eau chaude — lorsque le responsable du PC Air annonce :

— Une Banane en l'air tout de suite !

Beau rafle un quart de « Vache qui Rit » sur la table, rameute son équipage et décolle. Il est aussitôt attaqué à la radio :

— Banane, direction Laghouat !

— Bien. Mission ?

— Une évasan.

— Bien. Et combien de blessés ?

— Nous faisons le point.

Un léger temps s'écoule, puis :

— Trente hommes environ à évacuer.

— Répétez !

— Une trentaine environ. Des morts et des blessés.

— Je suis trop petit pour faire tout ça d'un coup...

Beau reçoit en effet un nouveau message :

— Demi-tour, ralliez Aflou. Recomplétez vos pleins. Tout le DIH décolle !

— Bien.

A Aflou, tous les appareils s'apprêtent au décollage. Avec eux, se trouve la « Couleuvrine ». La Banane armée de Babot vient faire ici ses secondes armes, après avoir opéré dans le secteur de Saïda. L'OE Martelli, l'adaptateur du système, est au canon.

Le DIH décolle sur Laghouat avec à bord le commando Rose, issu d'un régiment du train. Quelques précisions sont données en vol, l'ordre de poser est fixé à proximité de Ksar-el-Hirane, à l'est de Laghouat.

Des troupes montées du sud viennent d'y arriver, venues de Ouargla pour étoffer le dispositif nécessaire aux opérations d'Aflou. Le colonel Devigny [1] commande l'ensemble.

La veille, un incident s'est produit à Ksar-el-Hirane. Deux gendarmes se sont présentés à ce ksar pour une mission de simple police. Le ksar est une énorme taupinière se dressant au milieu du désert. Çà et là, des palmeraies, du bush, des canaux d'irrigation. Les deux gendarmes, après s'être engagés dans un ruelle entre les mechtas entassées, se sont fait recevoir à coups de fusil.

Les autorités de Laghouat décident alors de monter une opération. Le ksar est bouclé dans la soirée du 23. Le 24 au matin, le ratissage des pentes commence. Un élément escalade au nord-ouest. Un gars en tenue camouflée émerge d'un buisson. Il fait de grands gestes et crie :

— Eh, oh ! Attention, ne tirez pas, nous sommes des copains !

Les Sahariens reprennent leur progression en toute confiance. Ils font quelques dizaines de mètres, puis un feu nourri se déclenche.

Le commando zonal rebelle les reçoit avec une MG 42, un FM, toutes ses armes de guerre, puis s'élance pour tenter la percée. Les Sahariens ont 15 morts et 15 blessés, ils refluent sous le choc, mais se ressaisissent et parviennent à contenir l'adversaire qui s'évanouit dans la végétation en quête d'un autre trou.

Tous les moyens Air sont hypothéqués dans le secteur de Laghouat. Un Piper de Laghouat décolle avec le PC Air, il est aussitôt mis au tapis. Un autre subit le même sort.

Dès leur arrivée, les Bananes sont disponibles avec le commando Rose. Les hommes et les équipages piaffent d'impatience. Rameuté avec un H 19, le LV Ghesquière de la 33 F. évacue les blessés sur un poste de secours. Le DIH obtient enfin l'autorisation de décoller avec ses sticks.

La formation orbite interminablement, attendant la fin d'une intervention à la roquette de bimoteurs Air, venus d'Ouargla. Les Bananes tournent toujours. Beau, leader, en a assez. Il signale par radio à Anger :

— Tel que je vois le terrain, l'axe de fuite des fells se fera en direction du sud-est. A cet endroit, il y a un trou dans le bouclage. Faut y aller, et vite !

— Négatif ! C'est trop dangereux, tu vas te faire allumer !

— Ecoute, je suis là, tu as ta Couleuvrine, tu me protèges ! Maintenant, moi, je pose, j'en ai marre !

---

1. Le fameux héros de *Un condamné à mort s'est échappé,* évadé de la prison de Montluc.

En terme de marine, cela s'appelle presque de la mutinerie. Qu'importe... Beau commence à prendre l'axe d'approche, suivi de trois appareils. La Couleuvrine entre en action, très efficacement. Dès le poser, le commando Rose gicle, 150 mètres plus loin il entre au contact. Il était temps, le commando zonal ayant repéré la faille dans le dispositif. Le combat se déroule dans un canal d'irrigation, 34 rebelles sont mis hors de combat, la MG 42 et le FM sont récupérés, ainsi que 18 fusils de guerre et 6 PM.

Le 9 juillet 1959, la 31 F. de l'Aéronavale est engagée avec ses hélicos dans l'opération du djebel Taméda. En fin de journée, l'une des Bananes de la flottille se couche sur le flanc par fracture du train, comme une bête fatiguée, sur la DZ de la palmeraie de Bou-Semghoun. Babot, devenu commandant de groupe, charge Beau, son « pont arrière » et adjoint, du dépannage dans son ensemble.

Beau remonte sur Sidi-bel-Abbès pour obtenir des semi-remorques, fait un saut à Lartigue. Le 13 juillet, il redescend sur Méchéria en H 19 avec le premier maître Zinderstein comme pilote. A Méchéria est implantée la base du Génie la plus proche. Il y trouvera une grue pour soulever la Banane accidentée. Mais le moment est mal choisi :

— Une grue ? fait le responsable du Génie. Pas de problème, mais vous ne pourrez l'avoir qu'après le 14...

— Le 14 ? Pourquoi cela ? Elle est sur un chantier ?

— Non. Elle va défiler avec les troupes le 14 juillet. Si vous en avez besoin après, évidemment...

Beau redécolle de Méchéria pour le sud, en espérant avoir sa grue après les fêtes.

Au loin, très au loin à l'ouest vers le Maroc, il aperçoit une colonne de fumée noire qui s'élève très haut dans le ciel. Elle est dense et abondante. Au même instant, le H 19 capte sur la VHF un appel. C'est un T 6 qui tente désespérément de contacter le PCA de Méchéria. La voix du pilote est angoissée, Beau prend de l'altitude et entre en liaison avec lui. Le T 6 annonce :

— A la verticale de la piste menant au saillant d'Ich, je viens de survoler un convoi de camions de chez nous. Ils sont tous en feu. Malgré mes passages à basse altitude, je n'ai décelé aucun mouvement : aucun signe de vie, ni de présence rebelle aux alentours !

— Reçu.

Beau retransmet le message au PCA de Méchéria et met aussitôt le cap sur la fumée.

Le convoi détruit est un élément du 30e Hussards qui patrouillait dans la zone du barrage, en tant que troupes de secteur venues en appoint des commandos et du 2e REI d'Aïn-Séfra. Une quinzaine de véhicules achèvent de brûler.

Au premier coup d'œil, il est facile de se rendre compte de ce qui s'est passé. C'est l'attaque de convoi classique, telle qu'ont appris à la faire les anciens sous-officiers des RTA passés au FLN au retour d'Indochine : une mine qui saute en avant, une autre en queue de convoi, feux croisés d'armes automatiques, assaut général, corps à corps, repli.

Immédiatement rameutées sur les lieux, les troupes ne peuvent que constater l'étendue du désastre. Il n'y a pas un seul survivant, toutes les armes ont disparu. La katiba a repassé la frontière pour rejoindre ses cantonnements au Maroc, emmenant avec elle une dizaine de prisonniers, blessés ou non.

L'odeur qui plane sur la piste est écœurante, un grand nombre de cadavres achèvent de brûler dans les véhicules incendiés. Pour identifier certains corps, on fait venir un dentiste avec les claviers dentaires.

Dans le djebel Taméda, les accrochages ont repris avec la 32 F., en relève de la 31 F., et le LV Renaud, chef de dispositif. La radio va bon train. On parle beaucoup d'un FM au tir fort gênant. Le soir tombe, Beau approche de Bou-Semghoun mais il croit à un mirage au crépuscule. La Banane accidentée ne se trouve plus couchée sur le flanc, à présent elle est debout.

Sans moyen de levage, la chose paraît impossible. Pourtant, après le poser, le patron de flottille, le premier maître Le Bris, explique :

— Eh bien vous voyez, capitaine, les quatre gars qui sont restés avec moi ici pour la garder avaient mal au cœur de voir cette Banane, comme ça, baraquée tel un chameau depuis deux jours. Alors nous avons décidé de la remettre sur pied avec les moyens du bord...

— Les moyens du bord ? Vous n'aviez qu'une pompe Japy !

— Nous avons coupé deux palmiers, fabriqué une bigue. Avec le câble d'un GMC, nous avons entouré le corps de la Banane, puis viré tout doucement au treuil. Nous avons ensuite posé une épontille pour lui faire un faux train. Mais le plus dur a été lorsque le taxi a failli verser de l'autre côté, mes quatre gars l'ont soutenu jusqu'au bout, prêts à se faire écraser...

⁂

Sous le commandement du LV Loyer, puis du LV Ghesquière, la 33 F. de l'Aéronavale entretient deux détachements de deux appareils à Tlemcen et Méchéria. Près de cette ville du Sud, deux équipages renforcés par un élément à terre sont installés dans une petite enclave « Marine », sur la base de l'armée de l'Air.

Lorsque l'on tourne le dos au djebel Antar, l'horizon est plutôt plat, d'une monotonie désespérante. Mais, en fin de journée, à l'heure qui approche de l'instant crépusculaire, il s'anime : c'est l'appel des mirages du Sud...

Des sortes de rectangles allongés semblent se profiler sur l'horizon, au-delà des brumes de chaleur, noyés dans les voiles atmosphériques. Ce sont, rapprochées par le mirage, les tabulaires de Brézina, formations géologiques assez particulières, plateaux érodés par les siècles, rappelant un peu les paysages de l'Ouest américain. Dans le Sud, ces montagnes à sommet tronqué portent le nom de gara.

Les marins de la 33 F. regardent et se taisent. Puis ils sortent leurs fauteuils relax et s'installent pour contempler le phénomène-spectacle de ces forces allongées et plates semblant se déplacer au loin.

C'est le recueillement. Et les camarades des hélicos de l'armée de l'Air ne manquent pas de ricaner dans leur dos :

— Ça y est, au-delà de la mer d'alfa, les marins regardent leurs porte-avions défiler sur l'horizon !

Mais les autres laissent dire et tirent sur leur pipe en plissant les paupières.

Le rêve passe.

CHAPITRE IX

DES SIKO POUR « BRUNO »

Véritablement, le secteur de Saïda est un secteur « pourri ».

En ce mois de janvier 1959, la charmante petite ville de Saïda (La Bienheureuse) serre ses maisons autour de la place Raymond-Poincaré ombragée de palmiers, où se dresse le monument aux Morts avec sa grille en fer forgé. C'est là que se disputent les interminables parties de boule, les équipes mixtes de musulmans et de colons européens allant ensuite boire l'anisette ou le jus d'orange à la terrasse des bistrots près de l'Hôtel de l'Orient. Bien malin serait celui qui découvrirait ici, dans la paix de cet aimable ville de province, le visage caché de la guerre.

Celle-ci est pourtant présente partout. Les bandes rebelles circulent impunément dans les djebels, terrorisant la population, paralysant les communications. L'OPA [1] est florissante, le FLN lève l'impôt et contrôle étroitement la masse des habitants. Dès que le besoin s'en fait sentir, elle a recours à l' « action psychologique ».

— Freine, nom de Dieu !

— Qu'est-ce que tu as vu ?

— Un bras...

Le sergent-chef Mahier de l'EHL 1/57 d'Oran a déjà fait des détachements à Tiaret, Mostaganem, Tlemcen. Son camarade Bourniquel est sergent. Chaque matin, les pilotes des deux hélicoptères de l'armée de l'Air détachés à Saïda quittent la ville pour aller chercher leurs appareils au terrain de Nazereg-Flinois, à 5 km au nord de Saïda.

A cinq heures du matin, il fait encore nuit et les phares de la jeep éclairent à peine la route. Le véhicule s'arrête brutalement. Le sergent-chef Mahier descend, trouve un bras coupé sur la chaussée.

1. Organisation Poltico-Administrative.

Plus loin, il y a une tête, plus loin encore une main, un tronc. C'était un musulman, découpé en rondelles pour l'exemple. Une semaine plus tôt, les pilotes ont découvert deux autres cadavres égorgés, à cent mètres à peine de la DZ. Ils signalent ces « incidents » au commandant Peretti, chef du PCA. Mahier avoue :

— Pour nous, aviateurs des hélicos, autant nous nous sentons courageux en l'air et prêts à faire n'importe quoi, autant au sol nous nous trouvons désarmés.

Les troupes du secteur ne le semblent pas moins : 5 000 hommes « tiennent » un territoire de 7 300 km², dispersés dans les fermes fortifiées pour « quadriller le terrain ». Des barbelés gardent les postes, des harkis gardent les barbelés et les soldats venus de France gardent les postes, les harkis et les barbelés ! Le 23ᵉ Spahis se déplace à cheval et le 454ᵉ GAA est une unité de défense... antiaérienne.

Oui, véritablement, le secteur de Saïda est un secteur « pourri ». Pour y mettre un peu d'ordre, un nouveau commandant est désigné et le général Allard annonce à Bigeard que ce sera à lui de jouer. Il est envoyé là en purgatoire après un court exil à Toul, ayant critiqué un peu plus tôt la tactique de quadrillage de Salan et « les troupes de secteurs inutilisées qui manquent de mobilité et qui se cantonnent dans des opérations secondaires ».

— Privé de ses paras dans ce coin du Sud oranais, il va se casser la gueule, se plaît-on à avancer dans certains états-majors.

Indiscutablement, c'est la peau de banane. Cette fois Bruno, ce « fellagha de l'autre bord », devra se débrouiller, ne pouvant disposer que de deux hélicos et de quelques Piper de l'ALAT dans son secteur. Mais Bigeard sait heureusement demander ce que l'on considère parfois comme le superflu, et il obtient l'indispensable. Dans le ciel de Saïda, le rodéo commence.

— *Prorata huit* de *Bruno :* position ?

— *Bruno* de *Prorata huit :* je viens d'atteindre l'oued à sec.

— Cinq sur cinq !

Il est treize heures.

Amenant des commandos de l'Air d'Oran, les six H 34 et le Mammouth piloté par « La Flèche » viennent de se poser à proximité du PC de Bigeard, à 170 km au sud-est d'Oran.

Pour « La Flèche », Bruno est une révélation. C'est l'éblouissement, surtout après les opérations de l'Ouarsenis, de Géryville. Bruno, c'est le copain de Félix et de Sagot. Des complices, pour se battre et gagner.

A peine arrivé dans le secteur de Saïda, Bigeard s'organise rapidement. Le FLN a proclamé cette région la « fierté de la Wilaya 5 », mais cela n'est pas pour le décourager, bien au contraire ! N'a-t-il pas combattu depuis la frontière de Tunisie jusqu'à celle du Maroc, traqué les bandes dans les Aurès, les Némentcha, l'Ouarsenis ? Il s'est mesuré avec les djounoud de Si Lakhdar à Agounennda, les tueurs d'Ali la Pointe et les poseurs de bombes de Mourad et Ramel à Alger, les feddaïn de Si Hacène à l'est de Tizi Ouzou, ceux d'Abdelaziz dans les égouts de Miliana. A Timimoun, il a réglé le sort des déserteurs du Touat, dans le Grand Erg occidental. Aussi, à Saïda, il a pris sa « boutique » en mains en quelques jours à peine, se transformant de colonel para en parfait commandant de secteur [1].

Ses moyens aériens se limitent à un avion d'observation et deux hélicos. Mais il trouve une compréhension et une aide totales auprès du commandant Peretti, aviateur, ancien d'Indochine. De PCA, il en fait aussi son adjoint et ils préparent ensemble toutes les opérations. La liaison avec les aviateurs est parfaite, sans faille. Pour démarrer son offensive il a obtenu du GATAC 2 les hélicos de Félix.

Une poignée de main à « La Flèche », quelques ordres. Pas de phrases, tout est clair. Le DIH du corps d'armée d'Oran est là, disponible.

⁂

Comme d'habitude, le PC de Bruno est perché sur le plus haut piton, au centre de son dispositif. Trois ou quatre postes radio, l'Alouette à quelques mètres, prête à décoller, sa flamme noire « croire et oser » flottant comme une manche à air, Bigeard décortique une Troupe, qu'il tasse dans sa pipe. Près de lui, son capitaine-chef du 2ᵉ Bureau et le commandant Peretti, son PCA.

— *Georges* de *Bruno :* où en es-tu ?

— Ici *Georges :* mon « tissal » (guide) est sur les traces d'un chef de « nahia » (région, subdivision de mintiqa).

— Reçu.

Georges, c'est le commando musulman, créé de toutes pièces à partir d'anciens fellaghas internés au « Centre de Transit » de Saïda. Le lieutenant Grillot, ancien fidèle du 3ᵉ RPC, donne ici toute sa mesure avec sa katiba.

— Ici *Georges :* ça commence à bouger devant moi...

— *Bruno à tous :* préparez-vous à rusher !

« La Flèche » regarde, il écoute.

— C'est prodigieux, pense-t-il, on dirait un chef de patrouille en l'air ! Le langage radio, qui en général est trop long dans l'armée de Terre, est concis, précis et direct. A tout les coups, Bigeard s'est inspiré du langage phonie de l'aviation...

A ce moment, accrochage. Tout va très vite. Chacun sait exactement ce qui se passe chez le voisin.

— *Bruno* de *Georges :* j'ai deux prisonniers.

— Compris !

Peretti a pigé lui aussi. Son Alouette tourne et il adore piloter.

---

1. Rôle du commandant de secteur : « C'est lui qui, à l'échelon exécution, mène le jeu. Les échelons supérieurs n'interviennent que pour orienter son action, pour l'aider et le renforcer avec des moyens réservés. » (Général Allard, *Revue de la D.N.*, janvier 1958.)

Quelques minutes plus tard, les deux prisonniers sont là, devant Bigeard et son capitaine du 2e Bureau.

L'exploitation immédiate est faite, sans torture, ni morgue [1]. Une conversation à voix presque basse, on se passe des cigarettes. En moins de cinq minutes, les deux malheureux djounoud ont fait le coup de feu, coupés de leurs chefs, ils sont tombés prisonniers, ont eu le baptême de l'air, grillent une cigarette amicale avec Bigeard, l'ennemi n° 1 des katibas. C'est trop d'un seul coup. Ils craquent :

— Notre chemin de repli et l'élément de recueil du commando...

Peretti sourit. Un signe à « La Flèche » :

— Maintenant, tu vas savoir ce que tu es venu faire d'Oran avec tes pièges ! Tu vas nous poser sur l'objectif, au mètre près....

Dans un secteur de 7 300 km².

Avec Bigeard, le secteur de Saïda ressuscite comme par enchantement. Les unités deviennent opérationnelles, légères, manœuvrières, fanatiques. Le commando « Cobra » du lieutenant Gaget fait de beaux bilans. Le commando musulman « Georges » devient plus fellouze que les rebelles eux-mêmes. Youssef, Bendida, Riguet, tous anciens fellaghas, emploient leurs propres ruses et trafiquent en direct à la radio avec la Chasse et les hélicos.

Chez « Bruno », le travail avec les aviateurs se fait toujours en parfaite liaison. Son adjoint opérationnel, le commandant Peretti, son PCA et son pilote d'Alouette, ne le quitte pas d'une semelle. « Bruno » aime le style rugueux et la totale franchise de l'aviateur.

— Bigeard ne demande jamais l'impossible, reconnaît de son côté « La Flèche », mais pour lui on le ferait !

En cinq mois d'opérations ininterrompues, cinq cents rebelles seront tués ou faits prisonniers, trois cents armes récupérées, mille cinq cents membres de l'OPA arrêtés.

Les équipages des avions et des hélicoptères du GATAC d'Oran aiment travailler avec Bigeard dans son secteur de Saïda, le « coin où l'on gagne ». Le même état d'esprit règne chez les marins de la 31 F. et les pilotes de Bananes de l'ALAT. Le 14 mars, sur exploitation immédiate d'un renseignement, une action particulièrement osée permet de détruire une katika au deux tiers avec trente-trois tués et seize prisonniers. Trois appareils de la 31 F., suivis de trois H 34 de l'armée de l'Air héliportent sous la protection d'un HSS canon à 100 mètres au plus près d'une mitrailleuse rebelle.

Avec sa tactique de harcèlement incessant, de jour comme de nuit, Bigeard gagne la guerre dans son secteur « pourri ». La région est assainie et le premier symptôme est de constater le soulagement de la population civile tant européenne que musulmane. Le colonel sait qu'il n'aurait jamais obtenu ces résultats sans le travail des hélicoptères. A l'issue de l'action où les trois armées se sont trouvées

1. Bigeard estime l'adversaire qui sait se battre dans les djebels : « pas l'égorgeur d'enfants, hein, mais le gars pur ».

mêlées dans le même combat, il adresse le télégramme suivant aux équipages :

« Je me permets de vous demander de bien vouloir transmettre les plus chaleureux remerciements du secteur de Saïda aux marins de la 31 F., ainsi qu'à tous les équipages de l'armée de l'Air et de l'ALAT qui ont contribué aux succès de l'opération du 14 mars 1959. Une fois de plus, grâce à eux, nos pertes sont nulles. »

Mais le combat ne se mène pas sans que l'entraîneur d'hommes paye de sa personne. Bigeard le sait et cela tourne parfois au western. Au cours d'un accrochage, les jeunes appelés du 8ᵉ Régiment flottent un peu. Il saute dans son Alouette, Peretti aux commandes. Porte enlevée, il rallie la zone, localise les rebelles, les voit progresser, ramper, se camoufler. Il demande à Peretti de descendre à 30 mètres à la verticale, les ajuste à la carabine US, puis les attaque à la grenade.

C'est gagné. Les appelés du 8ᵉ Régiment lui demandent à la radio de dégager rapidement car ils vont passer à l'assaut.

— On décroche, mon colonel ? interroge Peretti qui se croit dans la Chasse.

— Affirmatif ! Je crois qu'ici les gars n'ont plus besoin de nous.

L'Alouette rejoint son piton-PC. L'action individuelle de « Bruno » a transpiré sur les ondes.

— Personnellement, je trouve ce genre d'action idiot, reconnaît-il. Mais il faut bien de temps en temps payer d'exemple pour aguerrir cette jeunesse.

CHAPITRE X

LE COUP DE POING DE CHALLE

Le général Salan est parti. En fait, il n'y a jamais eu beaucoup d'atomes crochus entre « le mandarin » et l'armée.

En février 1959, voici Challe. Au haut commandement, un aviateur installé à ce poste, c'est une révolution. Pas très grand, large d'épaules, une gueule sympathique, simple, direct, franc, son éternelle pipe à la bouche, il restera le chef qui a réussi à démolir le fellagha sur son terrain. D'emblée, le général est admis par tous.

Dès son arrivée, il s'entoure d'officiers remarquables. Son adjoint opérationnel est le général Gracieux, parachutiste. Au 3e Bureau, le commandant Faulques, héros de la retraite de Cao Bang. Naturellement, Challe arrive avec des plans.

Maintenant, les opérations sont minutieusement préparées, le secret est absolu, on met le maximum de moyens en place, en particulier les réserves générales à base de paras et de légionnaires. L'action, démarrée en coup de poing, est menée au pas de charge. Les troupes restent sur un secteur jusqu'à écrasement total des rebelles.

Et puis, voici les fameux commandos de Chasse. Encore une idée de Challe, de la force d'une katiba, une centaine d'hommes vivent comme les rebelles sur le terrain. Très mobiles, discrets, ils tendent des embuscades de nuit dans les djebels. Ils sont chargés de déceler l'adversaire et de le débusquer, alertant en cas de besoin les autorités. Ils sont rapidement craints des fellaghas.

Challe attaque en force et en souplesse, comme l'a fait Bigeard depuis plusieurs années. Et jamais les hélicoptères d'assaut n'auront été si judicieusement employés — mais fallait-il pour cela que le général en chef fût un aviateur ?

⁂

Le décor dans lequel va se dérouler la première partie du plan Challe, c'est l'Ouarsenis, un massif montagneux entre Orléansville, Tiaret et Relizane. Ce coin de l'Oranais est considéré comme un sanctuaire par les fellaghas.

Un beau matin, tout le dispositif de Challe débarque, paras, légionnaires, troupes de secteur enfin galvanisées, aviateurs, marins. L'appui aérien est permanent, les hélicos sont partout.

Chez l'adversaire, la panique est complète, les pertes irremplaçables. De nombreuses caches sont découvertes, ainsi que des hôpitaux souterrains parfaitement aménagés.

L'émulation joue à fond. On sent que « l'aviateur Challe » a trouvé la bonne méthode. Tous les H 34 de l'armée de l'Air participent, ceux de l'EH 3 de la Reghaïa, ceux de l'EH 2 d'Oran. Les équipages se lèvent avant le jour, se couchent vers 23 heures ou minuit. L'enthousiasme est partout et les commandants des terrains de Tiaret, de Thiersville et d'Orléansville sont aux petits soins pour les équipages des hélicos. Le capitaine Le Gludic fait des prodiges à Tiaret, obtenant le maximum de tous ses personnels.

Cette première opération Challe s'achève par un très lourd bilan pour les rebelles. Cette région pourrie, complètement nettoyée, est confiée à des troupes de secteur. Les soldats du contingent viennent de s'apercevoir qu'ils pouvaient vaincre.

Puis les hélicos sont rameutés. Challe a décidé de frapper de nouveau vite et fort.

— Prochain objectif, la Kabylie ! Tous nos moyens...

Le nouveau round de Challe commence avec l'opération « Etincelle ». Curieux de connaître la région sur laquelle vont se porter tous les efforts, les fellaghas l'apprennent enfin par des « indiscrétions » : les katibas de Kabylie se préparent aussitôt au combat.

Et puis voici que brusquement tous les moyens se retrouvent dans le Hodna ! Les faux renseignements « donnés » aux rebelles les laissent dans une surprise complète, comme dans l'Ouarsenis.

Le Hodna, c'est un massif de 2 400 km², relais presque obligatoire pour les HLL venant des Aurès-Némentcha pour se rendre en Kabylie, dans l'Atlas blidéen ou vers Bou-Saada et le Sud oranais.

Exploitation immédiate, le commandant Pierrot est chef d'escadre à l'EH 2 d'Oran, « La Flèche » ne fait qu'une brève apparition pour convoyer un appareil, mais il en profite pour effectuer quelques héliportages, histoire de ne pas perdre la main.

Le fellagha moins dense est nettement moins bien organisé que dans l'Ouarsenis, par contre la chaleur est torride. Les hommes, la gorge sèche, souffrent dans le djebel. Avec des dénivellations de cinq cents mètres que l'on rencontre partout, le terrain les met à la torture. Après des mois d'opérations, les troupes ont besoin de repos.

Les hélicos, eux, continuent à tourner.

Bien sûr, ils ne sont pas assez nombreux et tout le monde se les arrache. Un commandant de secteur se sentirait déconsidéré à jamais s'il n'obtenait pas un DIH et son « Alouette personnelle » pour la moindre opération. Les équipages se dispersent d'un bout à l'autre de l'Algérie en guerre.

Le Hodna nettoyé, Challe fonce maintenant à toute vitesse sur la Kabylie.

En août 1959, le PC Artois est installé dans un coin idyllique à 170 mètres d'altitude. Le coup d'œil est splendide et une agréable fraîcheur règne, tranchant sur la touffeur de l'été algérien.

Sur les crêtes, les maisons kabyles aux tuiles rondes s'appuient les unes aux autres. Les villages sont nombreux. Beaucoup de chefs de famille travaillent en France et envoient tout leur argent à la maison. Pour le FLN, c'est une région charnière importante, à proximité d'Alger. Sa mainmise est complète et la région sera longtemps le fief du colonel Amirouche [1], chef de la Wilaya 3.

Le PC Artois ne comporte que quelques tentes : salle « Opérations », popote, dortoirs et le camion-PC de Challe. Les hélicos sont stationnés au pied du PC dans la vallée de la Soummam à Akbou. La vallée de la Soummam a abrité le fameux congrès rebelle qui porte son nom, créant le Comité de coordination et d'exécution et le Comité national de la révolution algérienne. Akbou n'est qu'un gros bourg kabyle avec sa mairie, son école, ses commerçants, ses cafés où chaque soir se côtoient pieds-noirs, Kabyles et militaires. Bon nombre de ces buveurs de thé à la menthe sont des fellaghas déguisés en paisibles paysans, tout le monde le sait, mais comment les reconnaître ?

Chaque matin à l'aube, c'est l'animation au camp des hélicos. Les mécanos s'affairent autour des pièges qui décollent dans la foulée, mis en place au PC Artois. Toute la journée, les héliportages se succèdent sans interruption. Pas de briefings inutiles et bavards, les équipages connaissent parfaitement la région et les troupes à héliporter. C'est une période enthousiasmante et tout le monde fonce, personne n'ayant le temps de se plaindre du travail ou de la fatigue. A présent, la technique des hélicoptères est parfaitement connue et ceux-ci sont employés au mieux. Les héliportages s'effectuent dans toute la Kabylie, la vallée de la Soummam, Bougie, la plupart du temps sur renseignement recueilli auprès des prisonniers, pour exploitation immédiate. Les résultats sont excellents, la guerre est en train d'être gagnée dans le djebel.

— « La Flèche », à toi de décoller !

Avec son H 34 armé, « La Flèche » s'en donne à cœur joie. Maintenant, l'indicatif « Mammouth » est connu et apprécié de tous les combattants d'Algérie. Son équipage se compose toujours d'un pilote, un copilote, un mécanicien, deux mitrailleurs commandos de l'Air. Le général Gracieux utilise le Mammouth de « La Flèche » comme un

1. Tué le 28 mars 1959 dans le djebel Tsameur ,région de Bou Saada.

véritable avion de chasse. Incontestablement, c'est l'outil le plus approprié pour ce genre de guerre où l'objectif, souvent, n'est qu'une poignée de combattants retranchés dans une grotte ou se déplaçant dans le fond d'un oued encaissé.

Le Mammouth est en alerte permanente avec décollage dans les cinq minutes. Les équipages sous tension se donnent à fond, rien ne saurait entraver leurs efforts. Une seule interdiction, mais elle est absolue : défense formelle de se faire descendre ! Car les consignes de sécurité-air sont draconiennes. Pourtant :

— Si l'état-major savait comment nous travaillons parfois avec le Mammouth, dit « La Flèche », nous serions bons pour le conseil de guerre !

L'état-major, heureusement, l'ignorera longtemps.

***

— Il y a sept fellouzes là-bas ! Ils dévalent la pente vers l'oued, vitesse grand V !

— Vu ! Je les prends à mon compte !

En plein héliportage des hommes du lieutenant-colonel de Seguin-Pazzis viennent de débusquer les rebelles. « La Flèche », aux commandes de son Mammouth, amorce un virage. Au canon de 20 mm, le sergent Potelle, comme d'habitude, est prêt à son poste.

— Feu !

Les coups partent. Ils encadrent les rebelles, au ras des fesses. Mais ils continuent de dévaler, utilisant le terrain au maximum.

— Alors, Potelle, qu'est-ce que tu fais ?

— Je crois que je les ai eus, mon capitaine !

— Des clous, oui ! Ils courent encore comme des lapins !

— Moi, je vous dis...

Les fellaghas disparaissent dans les rochers et les buissons. Retour au PC, le H 34 armé se pose :

— Potelle, tu as tiré comme un pied ! Tu n'as même pas touché un seul fell !

— ... comme un pied ?

— Parfaitement ! Un basier[1] aurait peut-être fait mieux à ta place !

— Je suis sûr d'avoir mis un gars au tapis ! D'ailleurs...

Potelle étouffe. « La Flèche » et lui sont bretons tous les deux. Ni l'un ni l'autre ne saurait céder, chacun tenant sa raison pour la seule valable.

— Ne me raconte pas d'histoire, Potelle ! je suis prêt à parier que ta vue baisse et j'ai bien envie de te renvoyer à Oran !

---

1. Aviateur appartenant au personnel non volant.

La passion n'est pas loin d'engendrer la mauvaise foi. Mais « La Flèche » veut en avoir le cœur net dès le lendemain matin :

— Bon, Potelle, on va aux résultats, tu viens avec moi au PC de Seguin-Pazzis.

Là, les torts s'avèrent partagés : Potelle a bien touché un fell, mais il n'a été que blessé. Ce sont les paras de Seguin-Pazzis qui l'ont tué par balle, juste après le passage du Mammouth. Au retour à Akbou, ils font escale dans le bistrot du coin.

— C'est moi qui paye, annonce Potelle.

— Pourquoi ?

— J'arrose mon départ pour Oran ! Ma vue baisse, mon capitaine, il faut que je me fasse soigner, paraît-il !

— Déconne pas...

— Il faut voir les choses en face ! Louper un paquet de fells au canon de 20...

— Ne t'excite pas ! Si j'ai parlé d'Oran, c'était sous le coup de la colère !

— Donc, c'est que vous m'en voulez...

— Sur le moment peut-être, mais je ne t'en veux plus ! Après tout, ton fell, tu l'as mis au tapis, oui ou non ?

— D'accord, mais il n'était que blessé : donc ma vue doit baisser d'un œil. A Oran...

— Bon, allez, ça va, bigleux ! Alors, qu'est-ce que tu prends ?

— Comme vous, mon capitaine. Un truc léger. Pour garder l'œil clair...

⁂

De Gaulle arrive en Kabylie. Il vient voir ses prétoriens aux marches de l'empire. Sur le terrain, il va découvrir comment se gagne la guerre sur une rébellion qui s'essouffle. Mais est-ce bien cela qu'il a voulu, est-ce là le sens de l'Histoire ?

Au PC de Challe, tout a été parfaitement organisé. C'est la trêve des combats avec passage en revue des troupes impeccables, remise de la croix de grand officier de la Légion d'honneur au général Gracieux. « La Flèche » profite de la venue de la suite officielle pour s'entretenir avec le colonel Bordas, du cabinet du général. Il en retire une impression de malaise, les politiciens de Paris et les militaires du djebel n'étant plus sur la même longueur d'onde.

Ensuite, c'est la messe en plein air. Au pied d'une grande croix de bois appuyée aux rochers, on se recueille. Puis une séance de travail réunit Delouvrier, le commandant en chef, le général Massu, le général Gracieux, le général Faure. Briefing magistral de Challe développant devant de Gaulle son offensive coup de poing, évoquant la mentalité de vainqueur de ses hommes, l'emploi des hélicoptères, les bilans, les perspectives. Le ventre en avant, de Gaulle semble écouter.

Puis il parle.

C'est la douche froide.

On lui parle guerre ? Il répond politique, sans détour, sans ambages. Il annonce sa détermination de « changer quelque chose » en Algérie... L'évolution prévue par le plan de Constantine... la nécessité d'une transformation morale... le contact des âmes... comment venir à beaucoup de compréhension et de libéralisme...

... Tous ces combats dans les djebels semblent bien dérisoires à côté... Déjà, à Karicha, le général a exposé avec netteté sa politique algérienne devant les officiers de la zone ouest algéroise, et le malaise a été total. Sur le PC Artois, l'effet n'est pas meilleur, bien qu'il soit « moins tranchant, plus nuancé dans l'énoncé de ses projets [1] » que dans son discours de l'Orléansvillois.

De Gaulle s'en va.

Les commentaires sur le speech du « Grand » sont désabusés. Challe essaie de remonter le moral de ses capitaines. Dès cet instant, y croit-il vraiment, ou fait-il semblant d'y croire encore ?

Après le pot offert par le général Gracieux, il fait nuit noire. « La Flèche » décolle avec ses six H 34 tous feux allumés. Le spectacle est grandiose et les équipages font un fantastique plongeon dans la vallée de la Soummam pour se poser à Akbou endormi.

« La Flèche » ne peut réprimer un sentiment de tristesse difficile à contenir. Que disait-on tout à l'heure, sur le PC Artois ?

Lucide, le verre de champagne en main au pot de Gracieux, le capitaine Faulques a laissé tomber :

— Messieurs, bientôt, c'est la valise !

Il sait de quoi il parle, il a fait le repli de la Route coloniale n° 4 au Tonkin.

1. Jacques Massu, *la Digue et le torrent,* Plon.

CHAPITRE XI

DURANT LE SECOND SEMESTRE 1959

C'est dimanche, l'après-midi s'étire lentement. Ce 30 août 1959, à Tiaret, les équipages de l'EH 2 d'Oran, du détachement EHL 1/57, jouent aux tarots pour tuer le temps. Autour de la table recouverte d'une couverture kaki, il y a les pilotes des deux Alouette : le sergent-chef Sourdais, chef du détachement, et le sergent Dupuis, ainsi que leurs mécanos, Gomes et Pelletier.

Le téléphone sonne, le PCA annonce une mission :

— Décollage immédiat, mission de reconnaissance pour le général Jarrot !

— Reçu.

— Mince, la partie de tarots !

— Tu y vas, ou j'y vais ?

— J'y vais !

— Non, c'est mon tour.

— Mais non, c'est à moi !

— Laisse tomber.

— Pas question, on tire ça à pile ou face !

— Comme tu voudras.

Le sergent Dupuis n'a pas de chance aujourd'hui, il perd la mission, et c'est Sourdais qui décolle.

— Bon, annonce celui-ci. Tu laisses les cartes retournées sur la table, nous reprendrons la partie au retour. Allez, Gomes, en route !

— OK.

Ce n'est qu'une simple mission de RAV, mais le destin est en marche, il vient de se jouer à pile ou face.

***

Dans le carré « chasse » 32, il y a beaucoup de végétation. C'est une zone interdite et le lieu de passages fréquents des bandes rebelles, et y trouver des caches relèverait d'un certain don de voyance. Malgré ses grosses lunettes, le général Jarrot commandant le secteur de Tiaret ne l'a pas, aussi a-t-il décidé d'employer d'autres moyens.

L'idée lui est venue lorsqu'il est allé trois jours plus tôt chez son voisin, le colonel Bigeard. C'était à l'occasion du passage de De Gaulle qui commençait sa tournée des popotes par Saïda, avant d'aller à Tébessa, Renault, Zammora, Bordj-bou-Arreridj et le PC Artois de l'opération « Jumelles ». Jarrot a été vivement impressionné par les résultats obtenus, l'efficacité des méthodes que « Bruno » emploie sur le terrain. Dans son exposé, Bigeard a déclaré en effet à de Gaulle :

— Depuis le 1er janvier, 359 rebelles armés ont été tués, 237 ont été capturés, 996 membres de l'organisation politique du FLN ont été arrêtés dans le secteur de Saïda. L'OPA est démantelée à 75 %. Les éléments de l'ALN qui restent encore dans le djebel seront traqués jusqu'au dernier.

Le général de Gaulle a aussi écouté les fellouzes ralliés du commando « Georges ». Bendida et Riguet ont parlé. Youssef lui a dit :

— Je les connais bien, moi, les colonels au Maroc, avec leurs villas, leurs voitures, Krim Belkacem et son coffre-fort en Suisse, les ravitailleurs qui gardent pour eux 100 F par paire de sandales de tennis, 600 F par kilo de café, les collecteurs qui gagnent 10, 20 et 50 % sur les impôts qu'ils lèvent.

Pour venir se rallier après ça, il faut de bonnes raisons, qui ne sont pas uniquement celles de croire en la France. Pour certains, c'est la misère, pour d'autres la haine ou le désespoir. Mais Jarrot en a découvert une autre, qui relève de la terre brûlée, le colonel Bigeard a incendié les monts de Saïda.

Dans l'hélicoptère à l'intérieur drapé de tissu blanc, le transportant de Berthelot à Saïda, de Gaulle s'en est rendu compte du haut du ciel malgré sa très mauvaise vue. Il demande à « Bruno » :

— Bigeard, pourquoi certaines parties de forêt sont-elles brûlées en dessous ?

— Mon général, ce sont les grenades incendiaires au cours des combats...

— Il faut éviter cela, mon jeune ami...

— Bien, mon général.

Malheureusement, le général Jarrot ne connaît pas ce dialogue. Il sait seulement que Bigeard a balancé lui-même les grenades en Alouette avec Peretti aux commandes. Maintenant, les derniers « éléments de l'ALN qui restent encore dans le djebel » du secteur de « Bruno » ne savent plus où se cacher — sauf peut-être dans la zone interdite du secteur de Tiaret. Et, en attendant que soient débloqués les crédits du plan de Constantine, les chômeurs de Saïda vont dans les collines ramasser du charbon de bois ! Décidément, Bigeard sait gagner sur tous les tableaux.

Aussi, ce dimanche-là, le général Jarrot a-t-il décidé d'aller incendier le carré 32 de sa zone interdite.

***

C'est peut-être une turbulence, ou une maladresse du capitaine Quentin. Personne ne le saura jamais.

A bord de l'Alouette, ils sont quatre hommes, le sergent-chef pilote Sourdais, son mécanicien Gomes, le général Jarrot et le capitaine Quentin de Tiaret. C'est lui qui dégoupille les grenades WP au phosphore, puis les largue par la porte enlevée. Soudain, une grenade dégoupillée vient se coincer entre une des structures de l'hélicoptère et le réservoir de kérosène. Celui-ci est isolé par un revêtement antifuite et le carburant ne s'enflamme pas facilement, mais l'engin incendiaire au phosphore ne laissera aucune chance aux quatre hommes.

D'emblée, le départ d'alimentation de kérosène est grillé, c'est la panne de turbine. Sourdais, excellent pilote, réussit à crasher son appareil en autorotation dans de bonnes conditions. Les passagers ne sont pas gravement blessés, mais ils restent choqués dans la cabine.

Le carburant s'est répandu à une vitesse folle et prend feu au contact du phosphore. Dès qu'il touche le sol, l'hélicoptère se transforme en brasier. Sourdais est indemne, ni choqué ni traumatisé, il réussit à s'éloigner du piège. Quant aux autres, ils sont bloqués dedans...

Alors, le pilote revient vers son appareil. Malgré les flammes et la chaleur infernale, il extrait un homme, le traîne sur le sol. Puis il revient, en sort un second. Tout le carburant est en flammes, la caisse de grenades incendiaires dégage une chaleur terrible. Sourdais revient pourtant une troisième fois, agrippe le dernier corps, le tire auprès des deux autres.

Le pilote est horriblement brûlé et il va devoir aller chercher du secours, bien que les autres soient condamnés. Sourdais se met en marche.

Il marchera un kilomètre, puis deux. Il en fera cinq, peut-être six. A bout de forces, il arrive enfin à une petite ferme. Il réussit à parler, donnant l'alerte, puis il s'écroule, inconscient.

Le médecin dira plus tard qu'il aurait pu survivre, s'il n'avait pas fourni ce dernier effort surhumain, s'il avait attendu les secours sur place. Il mourra le lendemain, sans avoir repris connaissance.

Au détachement EHL 1/57 de Tiaret, il n'y a plus qu'une seule Alouette. Le sergent Dupuis se demande encore pourquoi il n'a pas eu de chance à pile ou face, en perdant la mission et en gagnant de ce coup la vie. Sur la table recouverte de sa couverture kaki, les cartes de tarot retournées attendent. Personne n'y touche. Comme si la partie inachevée devait reprendre.

***

Une nouvelle bande de fellaghas entraînés au Maroc a passé la frontière. Une grosse opération est montée le 2 novembre 1959 pour les intercepter et les réduire dans le djebel Grouz. Décollage très tôt le matin, mise en place d'une dizaine de H 34 de l'EH 2 d'Oran. Egalement à pied d'œuvre, une Alouette armée pilotée par l'adjudant Joly, Félix, le commandant de l'appareil, et un tireur d'élite.

La première partie de la matinée est consacrée à la recherche des rebelles, puis bombardement par les Dassault 315 et straffing des T 6. Tout est prêt pour la phase héliportée avec les H 34 et les légionnaires. Félix décolle en tête du DIH pour repérer et marquer la DZ avec l'Alouette armée.

Le terrain est une région très rocailleuse, ravinée, désertique, mal pavée. Une grande vallée coupée d'énormes rochers remonte au loin, fermée par un djebel. L'héliportage doit s'effectuer au bord de la vallée, à proximité de l'endroit où a été repérée la bande rebelle. Félix ordonne au tireur :

— Essaye ta pétoire !

Ran, ran, ran ! Trois courtes rafales, puis Félix crie :

— Halte au feu ! Ne gaspille pas tes munitions !

Arrivée sur la zone, petit tour de 360° vite fait, l'Alouette se pose. Un fumigène est largué pour indiquer le sens du vent au DIH qui suit à une minute.

— On redécolle, mon colonel ? demande le pilote.

— Négatif !

— Ben...

— Négatif, je te dis ! Reste un moment ici sur place, on va voir si ça tire !

Joly hoche la tête, n'ayant pas très précisément saisi l'intérêt tactique de cette manœuvre : rester planté sur la DZ avec son Alouette, pratiquement sous le nez des fells.

Félix se rend compte des doutes assaillant le pilote. Pour un peu, il se mettrait presque en boule. Il explique :

— Mais enfin, tu ne te rends pas compte ? S'il y a des fellouzes, il vaut quand même mieux se faire tuer *à trois,* plutôt que de voir un DIH complet se faire allumer, non ?

***

— Félix est mort !

Un silence accablant tombe, puis :

— Comment ça ?

— A Colomb-Béchar. Le 5 décembre, dans son lit, d'une crise cardiaque. Une attaque l'avait frappé en plein vol.

Un groupe de copains des hélicos s'est retrouvé à la Coupole à Paris. « La Flèche » est là aussi, en permission. Les cœurs se serrent. Autour d'eux, la foule va, anonyme et terne, indifférente bien sûr.

— Oui, Félix est mort.

— Certains vont enfin pouvoir pousser un soupir de soulagement !

— Oui, les médiocres vivent souvent plus longtemps que les autres...

Car Félix Brunet n'a pas eu que des supporters ! Si ses amis étaient inconditionnels, ses ennemis étaient irréductibles.

En Algérie, la nouvelle de sa mort est durement ressentie. Averti par télégramme à Saïda, Bigeard catastrophé file à Béchar assister à la levée du corps. Mme Brunet le remercia en ces termes :

« Soyez à jamais remercié pour les magnifiques heures de camaraderie, les plus belles, que vous avez données à mon mari. Il vous aimait et vous admirait tellement depuis Timimoun. »

« Cher Félix, écrira Bigeard, mes sentiments étaient les mêmes pour vous, vous étiez un caïd, une exception, un exemple et, depuis cette date, j'aurai toujours, installée dans mon bureau, votre photo à côté de celle de Sentenac... deux hommes qui, à des degrés différents, auront marqué ma vie. »

Dès que sa mort est connue, un hebdomadaire écrit :

« Le colonel d'aviation Brunet est mort à Colomb-Béchar lundi dernier. Inconnu du grand public, le colonel Brunet détenait pourtant un singulier record du monde : celui des missions de guerre. Dix mille heures de vol, plus de quatre mille en combats. A quarante ans, il était Grand officier de la Légion d'honneur. Vingt-cinq citations. Inventeur de l'hélicoptère armé, ses faits d'armes ne se comptaient plus.

« Il était légendaire dans l'armée de l'Air, au même titre que Bigeard dans l'armée de Terre. Un tempérament à la mesure de sa légende avait retardé son avancement. Il n'avait jamais hésité à " tomber la veste " face à ses subordonnés (et quelquefois face à ses supérieurs) pour régler un litige. Il était, selon le cliché, « adoré de ses hommes », mais il inquiétait ses chefs. C'est une grande et belle figure de l'aviation française qui disparaît. »

— Il faut prévenir tous les copains de l'Air et les marins aussi, dit « La Flèche ». Je vais téléphoner au lieutenant de vaisseau Michel des hélicos de la Marine.

Le corps de Félix est ramené en France par avion et les obsèques ont lieu à Quiberon le 12 décembre. Des dizaines de généraux et d'amiraux sont venus. Le général Jouhaud prononce l'éloge funèbre. Avec ses hélicos et son Mammouth-canon, Félix entre dans l'Histoire [1].

1. Une promotion de l'Ecole de l'Air portera son nom, ainsi que la base aérienne de Brétigny-sur-Orge.

Grand officier de la Légion d'honneur, titulaire de la croix de guerre 39-45, de la croix de guerre TOE, de la grande médaille d'or de l'Aéro-Club de France, de la médaille d'honneur du Service de Santé, de l'Air Medal (USA), blessé quatre fois, le colonel Brunet avait fait l'objet de 25 citations dont 21 à l'ordre de l'Armée. Ce glorieux palmarès se clôt sur une 26ᵉ citation à titre posthume comprenant l'attribution de la croix de la valeur militaire avec palme.

Le général Jouhaud achève ainsi son oraison funèbre :

« ... Successivement commandant de groupe, commandant de groupement aérien, vous avez toujours, en tout temps, pris dans les opérations aériennes la place qui était la vôtre : la première... Rien ne peut vous arrêter, ni la fatigue d'un long séjour en Extrême-Orient ni le besoin d'un repos si durement acquis... Vous quittez l'aviation de chasse pour devenir le fondateur et le maître incontesté de la 2ᵉ Escadre d'hélicoptères que vous créez à Oran en 1956. En choisissant pour devise à cette remarquable unité : « Combattre et sauver », vous donnez une marque supplémentaire et de vos qualités de combattant et de vos qualités de cœur... Vous eussiez sans doute souhaité mourir au combat, à la tête de vos équipages, en pleine action. Vous méritiez ce sort. Vous avez été foudroyé comme un chêne... »

Le lendemain des obsèques, « La Flèche » décolle en Dakota du terrain de Lann-Bihoué avec des camarades en direction d'Oran-La Sénia.

En Algérie, la guerre continue.

CHAPITRE XII

COMBATS, MORT ET VIE QUOTIDIENNE

Dans le secteur d'El Milia, des soldats progressent le long de l'oued Kébir, en ce début de janvier 1960. Ils arrivent approximativement à l'endroit où s'est crashé le S 55 de l'ALAT, venu deux ans plus tôt pour évacuer les populations lors des inondations du secteur d'El Milia.

Des chaussures dépassent d'un banc de sable que les eaux déplacent insensiblement. Ce sont des souliers de pilote, et le corps du lieutenant Boscheron est retrouvé, bien conservé malgré le temps écoulé.

Le S 55 a dû être démantelé, car seule une roue pourra être découverte, loin, très loin, tout près de l'embouchure de l'oued El Kébir qui brasse ses eaux boueuses.

C'est le matin, de très bonne heure, le 3 janvier 1960, au sud-est de Batna, seize Bananes de l'ALAT se posent à Bou-Hamama, au pied du plus grand djebel d'Algérie, le djebel Aïdel, pour héliporter le 2e REP. Il y a là deux DIH de Sétif et un DIH de Tébessa avec le lieutenant Fournage et Rizzi. L'opération prévue sera terminée dans le courant de la journée, aussi les mécaniciens ont-ils délaissé leur « caisse à graille », ce qui permettra d'emporter un légionnaire de plus à chaque rotation. Par malchance, juste avant d'héliporter, le mauvais temps s'abat sur le secteur, rendant totalement impossible le décollage.

Une véritable crasse entoure tout, la pluie tombe à seaux. Les Bananes commencent à s'enfoncer dans la terre de labours détrempée qui leur sert de DZ. Les équipages s'embourbent jusqu'au-dessus des chevilles dans un véritable cloaque.

La journée se traîne, chacun partageant avec les autres les quelques vivres qu'il a eu l'idée d'emporter avec lui. Le soir tombe, les légionnaires bivouaquent sous la pluie. Les équipages, eux, dorment dans les Bananes. La nuit sera longue pour les uns comme pour les autres. Les rafales de vent secouent les appareils. A l'intérieur, les équipages, installés sur les sièges et les civières, glissent sans arrêt vers l'arrière : au sol, les Bananes ne sont pas à l'horizontale et ont le nez en l'air. Les légionnaires, eux, sont couchés dans l'eau qui envahit leurs toiles de tente. Le lendemain, ils décrochent pour continuer l'opération à pied, la météo demeurant inchangée.

— Bon ! tout le monde va s'y mettre, mais nous n'allons pas passer une autre nuit à dormir en pente !

Les équipages s'organisent. Avec des pelles, ils creusent dans la boue afin de faire un trou pour la roulette de nez. Malheureusement, la météo n'évolue pas et la faim commence à se faire sentir.

— Il faut faire quelque chose, dit le pilote Morin.

— Le marché le plus proche, ironise le mécanicien Bour, se trouve au moins à cinq heures de marche. Même en ne traînant pas en route...

— Ferme ça ! Nous allons simplement faire les poubelles...

Les légionnaires sont partis en laissant dans la boue quelques menues bricoles. Des emballages de rations, et puis quelques richesses, telles que paquets de biscuits entamés, boîtes de singe, du riz, des miettes de thon. En somme tout ce que l'homme en opération depuis des semaines ne peut plus avaler, à cause du manque de variété dans le menu.

En ramassant cela, les équipages salivent d'avance. C'est la promesse d'un banquet, d'une orgie grandiose. La cuisine de Bou-Hamama sera peut-être lourde, elle ne flattera sans doute pas l'œil autant que le palais, mais elle tiendra bien aux ventres creux.

Le pilote Morin, qui adore faire la cuisine, a été catégorique. Catégorique et intraitable :

— Avec tous ces trucs que nous avons récupérés dans la gadoue, on va faire une *soupe*. Seulement, pour ça, il faut une gamelle, de l'eau et du feu !

Une mechta abandonnée quelque trois cents mètres de gadoue plus loin livre son trésor, une cocotte en fonte culottée. Plusieurs millimètres de crasse, de beurre rance, de graisse de mouton, accumulés par des générations, la recouvrent. Morin apprécie en connaisseur, n'a-t-il pas fait l'Indo et même la Corée comme Bézama et Lefèvre, un mécano ? L'Orient est une école du palais qui sait faire savourer l'exotisme aux estomacs curieux. Morin décide :

— On enlèvera seulement le plus gros. Le reste relèvera le goût.

L'eau de ruissellement est puisée dans les trous, l'essence des mécaniciens activera le feu. Les ingrédients sont mélangés avec amour dans le récipient et mis à mijoter.

La recette n'a pas été notée dans les carnets de vol. Certains déclareront plus tard que cette soupe fut suprêmement ceci, extraordinairement cela. C'est possible. Ce qui est certain, c'est que l'équipage de Morin n'a jamais trouvé soupe aussi bonne que ce soir-là.

Au matin du troisième jour, le temps s'étant enfin levé, les seize Bananes s'arrachent à la gadoue pour rejoindre Batna. Le mécanicien de l'appareil « Bravo Echo Hôtel » a marqué Bou-Hamama sur la carte, au pied du djebel Aïdel. C'est un coin perdu qu'aucun touriste ne connaît, mais il lui a décerné trois fourchettes.

***

Non loin, dans ce secteur au sud-est de Batna, tous les équipages du Constantinois connaissent *Berthon-Airport*.

On pourrait croire que *Berthon-Airport* est une base aérienne ou un aéroport civil, mais il n'en est rien. Ce n'est qu'une ferme, tenue par un escadron du 18e Chasseurs à cheval. Seulement, il se trouve que le capitaine commandant ce poste nourrit quelques nostalgies. Ayant été observateur ALAT sur avions légers, il conserve intacte sa vocation aéronautique. Alors, il ne peut pas entendre passer un seul avion dans sa zone sans l'appeler aussitôt à la radio, dans un but d'ailleurs humanitaire :

— Ici, *Berthon-Airport,* terrain clair, la bière est au frais. Un détail qui vaut d'être signalé, à *Berthon-Airport,* on trouve douze marques de bière sélectionnées, ce qui n'est pas à la portée des zincs de certaines grandes tavernes d'Alger ou d'Oran. Que les connaisseurs saluent, *Berthon-Airport* mérite le détour !

Ce n'est pas le trafic d'Orly au moment des vacances, mais le capitaine de *Berthon-Airport* a rédigé des notes de service fixant toutes les consignes aéronautiques sur la manière de se poser sur son terrain. Son obsession est de penser que les avions ne passent jamais assez bas sur sa « base ». Un jour, une patrouille de T 6 se pique au jeu et fait un rase-poil sur la ferme. Le capitaine de *Berthon-Airport* salue les pilotes d'un magnifique bras d'honneur.

Las !

On ne saurait voler plus bas, et les roquettes accrochées sous l'un des appareils lui sectionnent un doigt ! Sans se démonter, notre capitaine cherche à ses pieds la phalange coupée, la retrouve. Il l'emporte au mess, demande au barman :

— Donnez-moi un verre !

— Un verre de quoi, mon capitaine ?

— De n'importe quoi, c'est pour faire un bocal ! Donnez-moi par exemple du whisky, c'est pour conserver ce doigt dans l'alcool.

Puis il le place bien en évidence sur une étagère du bar, où chacun pourra lire sur une belle étiquette : « Un doigt de capitaine dans deux doigts de whisky. »

*
* *

— Nous avons un blessé grave, pouvez-vous venir le chercher ? Nous allons vous guider... Voilà... bien ! Venez un peu plus sur la gauche, à droite, maintenant... Attention, vous arrivez sur nous, vous pouvez commencer à descendre... continuez...

— Quel est le mot de passe ?

— ...

— Je vous demande le mot de passe !

— ...

Silence : c'est un piège.

A présent, les rebelles ont des cartes avec les coordonnées « chasse ». Ils possèdent aussi des postes de radio et connaissent les fréquences employées par les troupes. Ils savent maintenant comment guider un hélicoptère, par exemple pour récupérer un blessé sur le terrain. Aussi, lorsqu'il aperçoivent un hélicoptère en l'air, ils l'appellent parfois sur la fréquence opérationnelle.

Pour éviter ces traquenards, l'état-major a décidé de donner aux équipages un mot de passe qui change chaque jour, de même que la couleur des foulards permettant d'identifier les troupes au sol.

*
* *

Au cours du mois de février 1960, la transformation de la flottille 31 F. de l'Aéronavale sur HSS 1 entre dans sa phase active. Trois appareils sont arrivés de métropole. L'un d'eux est opérationnel en fin de mois.

Tandis que certains pilotes volent sur des appareils des flottilles 32 F. et 33 F. participant aux divers mouvements des DH, les équipes maintenues sur H 21 continuent d'assurer les missions de liaison et de transport au départ de Sidi-bel-Abbès, ou en détachement auprès du secteur d'Aflou.

La 31 F. constitue un DIH du 15 au 18 février, qui opère au profit du secteur d'Aflou. Ce DIH est composé de 5 H 21 et d'un HSS 1 armé de la flottille 33 F. Après un quatrième HSS qui arrive de France le 25 mars en transit par l'Espagne, la 31 F. peut faire revenir deux Bananes détachées à Aflou sur Sidi-bel-Abbès, en vue de les restituer à l'ALAT. Fin mai, elle arme un HSS canon.

Le 5 février 1960, la Marine va réaliser, avec ses moyens propres, une opération d'une grande efficacité dans le cadre des actions de pacification se déroulant sans relâche en Oranie sous le haut commandement du général Gambiez.

Le groupement des commandos-marine, commandés par le capitaine de corvette Servent, est basé à la ferme « March », une propriété abandonnée à 7 km de Frenda, dans le centre oranais. Les commandos-marine effectuent des opérations monotones de ratissage, exploitent quelques vagues renseignements.

Et puis, le 2 février 1960, un Dakota équipé en gonio HF capte l'émission d'un poste radio rebelle. Plusieurs messages destinés à des correspondants stationnés au Maroc permettent de le localiser avec précision, successivement en KW 30-G 50 puis KW 30-E 61. Une opération est montée, baptisée « Sauterelle ». Le CC Babot, commandant le GHAN 1 arrive avec ses hélicos des flottilles 32 F. et 33 F. : dix cargos HSS 1, deux Bananes et trois hélicos armés. Voici le Barlu-canon 33 F3, pilote LV Ghesquière commandant la 33 F., tireur le PM Mériot, le Rameur-canon 32 F1, pilote le LV Quinio, tireur l'ingénieur mécanicien Boyer dit « Tintin », enfin le « Jules » du GHAN 1 de Babot, pilote Sacksteder, tireur OE Guinard.

— L'émission captée provient d'un poste AN GRC-9, celui de Zakaria, le chef de la wilaya V !

C'est un gros poisson. Zakaria, ancien sergent tirailleur déserteur de l'armée française à son retour d'Indochine, est recherché depuis longtemps. De son vrai nom Si Tayeb, originaire de Marnia et âgé de vingt-sept ans, il est plus connu sous le nom de Medjoub Zakaria sur les hauts plateaux oranais. Chassé par les unités de Bigeard de la région de Saïda dans le courant de l'été 1959, Medjoub Zakaria a reçu mission de réimplanter la rébellion dans les zones d'Oranie, nettoyées par l'offensive du général Challe, en février-mars 1959. Mais ses efforts pour réorganiser la rébellion dans les régions montagneuses de Saïda, de Tiaret et de l'Ouarsenis se sont heurtés à la résistance de la population et subissent les effets de rivalités nées du voisinage envahissant de la wilaya IV. Zakaria a pris ses fonctions de chef de wilaya en novembre 1959. Membre du CNRA, il n'a pas pu assister à la réunion récente des chefs rebelles, tenue à Tripoli, dont le communiqué final fait pourtant état de la présence des chefs de l'intérieur. Par ses messages lancés aux katibas entraînées au Maroc, il compte obtenir des renforts pour intensifier son action, mais...

Les hélicos de Babot décollent de nuit, une demi-heure après sa dernière vacation, qui confirme sa position à une centaine de kilomètres dans le sud-ouest de Frenda. Le terrain est vallonné, sablonneux, couvert d'alfa et bordé par l'étendue désertique du Chott Ech Chergui. Le chef fellagha doit se cacher dans quelque groupe de rhaïmas de nomades, seuls habitants de cette région.

La difficulté du vol de nuit en formation tous feux éteints oblige les cargos à faire demi-tour. Ils redécollent au petit matin à 7 h 50. Le plafond trop bas ne permet pas de franchir le col de Frenda qui est bouché, et la formation prend l'axe de Martimprey pour passer à basse altitude. Après quarante minutes de vol, c'est enfin l'objectif.

A 8 h 30, quarante hommes du commando « Jaubert » sont posés en KW 30-F 54 à proximité d'un groupe de rhaïmas. Le « Rameur-canon » de la 32 F. du LV Quinio annonce à la radio :

— Une rhaïma vient de s'écrouler juste au-dessous de moi ! Il y a une dizaine de gars qui giclent dans tous les sens !

— Reçu ! Je rameute les autres « canons » pour leur couper la route !

Les commandos courent au sol, les derniers cargos déposent les derniers sticks. Rapidement, c'est le contact. Zakaria, armé d'une mitraillette allemande MP 40, se défend avec acharnement. Son arme s'enraye, il la jette, prend une carabine américaine et fait face. Mais il est cerné par les hommes du commando « Jaubert ». Des rafales partent, il tombe, il agonise.

— Alors, Zakaria, où est ton poste radio ?

Mais l'homme ne répond pas et meurt en quelques minutes, courageusement.

Les hommes de son PC sont réduits les uns après les autres. Sept sont tués, trois faits prisonniers, huit armes de guerre récupérées, le poste de radio est découvert après deux heures de recherches.

— Regardez, commandant, il y a quelque chose écrit à l'intérieur de la veste de cuir noir de Zakaria...

Le chef de la wilaya V a écrit à la pointe Bic : « Je donne ma vie pour l'indépendance de mon pays. » D'un esprit vif, beau garçon, il a conservé aussi dans son portefeuille en guise de souvenirs de sa vie universitaire à Paris les photos d'une ravissante camarade. Au verso, il avait annoté des légendes témoignant d'une grande sensibilité et d'un lyrisme des plus romantiques.

Elles ne figurent pas dans l'inventaire des documents saisis.

***

Le 26 février 1960, et suite à l'affaire de Zakaria, les troupes ratissent le carré KX 50 à la recherche de la katiba 572. Dans le HSS armé du GHAN 1, l'OE 1 René Guinard et l'ingénieur mécanicien de 1re classe Boyer, dit « Tintin » survolent la zone avec deux commandos à bord. Soudain, Babot les appelle d'un autre appareil :

— Regardez en bas, il y a une troupe de sangliers ! Flinguez-en deux ou trois au canon et nous nous poserons pour les ramasser. Ça fera du bien pour la gamelle des commandos.

— Bien pris, commandant !

Guinard tire au canon de 20 mm et tue net deux sangliers qui s'écroulent sur place. Un gros mâle mortellement blessé est étendu sur la cime d'un arbre abattu.

L'appareil se pose pour ramasser les deux bêtes. « Tintin » qui a toujours son MAS va vers le gros sanglier pour voir s'il est bien mort. Mais celui-ci se redresse d'un bond et charge le marin. L'homme met un genou à terre, vise et tire : clic ! la cartouche rate. « Tintin » court vers l'hélico, poursuivi par le mâle qui vient taper rageusement dans la roue de l'appareil. Guinard, remonté lui aussi en vitesse, lui loge deux balles de MAC 50 dans la tête.

Mais cette histoire de chasse ne s'arrête pas là ! Quelque temps plus tard, Hadj Abdelkader le chef de la katiba 572 se rallie à la ferme « March » à Frenda. Les marins l'invitent à boire un pot. Dès qu'il les aperçoit, l'ancien fellagha désigne Guinard et « Tintin » :

— Toi et lui, je vous connais !

— Ça m'étonnerait ! Où nous as-tu vus ?

— Il y a quelque temps, dans le carré 50. Vous nous cherchiez et vous avez tiré au canon. J'étais caché avec ma katiba dans les fourrés avec une mitrailleuse en batterie. Vous vous êtes posés dans la clairière derrière les arbres et vous êtes descendus pour nous découvrir mais vous ne nous avez pas trouvés. Alors, vous êtes partis au bout de dix minutes, tandis qu'un autre hélicoptère survolait la zone où nous étions. C'est pour ça que nous n'avons pas tiré.

CHAPITRE XIII

LES HELICOS DANS LE VENT DE L'HISTOIRE

Le dimanche 24 janvier 1960, depuis 11 heures du matin, ce sont les barricades à Alger. Le rappel de Massu à Paris a servi de détonateur pour mettre le feu aux poudres. Ortiz et Lagaillarde sont passés à l'action, l'armée est déchirée.

Le 29 à 3 heures du matin, coup de téléphone du commandant d'escadre à « La Flèche » :

— Tu montes immédiatement au terrain !

— Que se passe-t-il ?

— Mission importante ! Rapplique aussi sec !

— Bien pris.

A l'escadre, c'est un briefing ultra-rapide :

— Bon. Tu décolles avec le H 34 armé pour Boufarik. A Alger, il y a de violentes manifestations. Les pieds-noirs de Lagaillarde sont retranchés dans les facultés et...

— Si on m'envoie là-bas pour les straffer, je...

— Qu'est-ce que j'en sais ? Tu vas te poser à Boufarik, je n'ai pas d'autre consigne particulière !

Le Pirate [1] atterrit à Boufarik au petit jour. Toute la base est en ébullition. Apparemment, personne n'est d'accord avec personne, certains sont pour les pieds-noirs, d'autres contre leur attitude extrémiste.

— Des FM installés sur les toits des facultés tirent sur les avions et les hélicos !

Les bruits les plus fantaisistes circulent, aucun n'est contrôlable.

« La Flèche » se rend aux ordres. De cœur, il est « Algérie française », sinon que fait-il ici à se battre ? Lui demandera-t-on de faire tirer le Pirate sur des Français d'Algérie ? Félix vivant n'aurait pas aimé voir cela.

L'atmosphère sur la base est à peine soutenable. Les responsables

1. Après son départ de l'EH 2 pour le PCA de Colomb-Béchar, le H 34 armé « Mammouth » fut débaptisé et prit le nouveau nom conventionnel de « Pirate ».

sont à bout de nerfs. Quelle est la situation à Alger ? Il est impossible de savoir exactement ce qui se passe sur le boulevard Michelet[1]. « La Flèche » a pris sa décision :

— Quelle que soit la mission qui me sera demandée, j'exige un ordre écrit avant de décoller. Et signé lisiblement par une autorité que je connaisse.

Le poids de la responsabilité pèsera-t-il dans les décisions à prendre ? « La Flèche » n'en sait rien. Mais rien d'irréparable ne sera commis avec l'hélicoptère : trois jours plus tard, l'hypothèque sur le H 34 armé est levée. Il rentre à Oran sans avoir eu à faire tirer sur les « insurgés ». Quoi qu'il en soit, les barricades tombent le 31 janvier.

A Reggane, la première bombe atomique française est prête. « La Flèche » décolle pour le Sud.

***

Trois H 34 décollent par un temps magnifique avec mission, en cas de coup dur à l'explosion de la bombe, de procéder aux évacuations sanitaires. En somme la routine, radiations en plus.

Escale à Méchéria, déjeuner à Aïn-Séfra, les équipages passent la nuit à Colomb-Béchar. Ici, la guerre semble bien loin. C'est presque l'atmosphère saharienne d'avant la guerre. On retrouve des copains, ignorants des soucis, des cas de conscience et des écartèlements de l'âme de « ceux du Nord ». Il est prudent de réserver à l'avance son heure de court de tennis, l'eau de la piscine est bonne.

Le lendemain, vol en formation en territoire inconnu, la navigation étant réduite à sa plus simple expression, l'œil sur l'unique piste plein sud. La circulation des camions y est aussi intense que sur une nationale !

Les hélicos se posent à Beni Abbès, une oasis de paix et de calme, dans un cadre enchanteur. Ce poste administratif contrôle une dizaine de milliers de nomades. Des palmeraies et des arbres fruitiers s'étalent le long de son oued. Il y a des murs de briques crues entourant des jardins. « La Fraternité », c'était ce petit ermitage qu'y installa de père de Foucauld, et d'où il partit le 3 mai 1905 pour évangéliser le Hoggar.

— *Salam Alekhoum,* le salut sur vous !

— *Houm Salam Alek !...*

Les trois équipages sont accueillis par le commandant du fort. Il porte le sarrouel bouffant et ses pieds sont glissés dans des naïls en fine peau d'oryx. C'est un spahi sympathique, grand seigneur régnant sur un territoire immense. Il offre un thé à la menthe sur la terrasse

1. La tragique fusillade du 24 janvier fit 19 tués et 141 blessés parmi les civils, 8 tués et 85 blessés dans les rangs des forces de police.

dominant le bordj, les chaouches qui servent en tenue blanche sont muets, mystérieux et stylés, impénétrables. C'est le même décor que celui de l'*Escadron Blanc,* le célèbre roman de Joseph Peyré.

Ici, le temps s'est arrêté.

L'escale d'Adrar apporte un changement dans l'architecture, toutes les maisons sont en terre rouge. Il fait très chaud, il y a beaucoup de poussière. Dernière étape Adrar-Reggane, les pleins sont refaits dans un petit poste perdu au milieu du désert.

On parle de la France. Surprise, dans un petit bassin nagent des poissons de la région. L'Atlantide n'est pas morte.

Heureux d'accueillir des aviateurs dans son coin perdu, le sous-officier qui commande le poste parle avec plaisir :

— Ma mission est de contrôler les caravanes de chameaux, à cause du trafic d'armes. Jusqu'à présent, c'est calme.

Oui, c'est calme. Et le temps ne semble avoir aucune prise sur les événements ou la passion des hommes. Un siècle sépare la sérénité du paysage et les arcanes tortueux de la politique élyséenne ou le bordel d'Alger.

— Et vous, vous venez pour quoi ?

— Notre mission, c'est la bombe atomique. Une idée du Grand Charles.

⁂

— Reggane !

C'est le XXIe siècle en plein désert. Un terrain d'aviation et une aérogare que beaucoup de villes importantes sont loin de posséder en France ont été construits de toutes pièces. En métropole on bricole avec du vieux, ici tout est neuf : bâtiments de trois étages avec air conditionné, hôpital ultra-moderne. On trouve beaucoup de monde, du civil, du militaire, du personnel féminin, des avions de chasse Vautour et Mistral. Des colonels, des généraux, des ingénieurs techniciens civils et militaires vont et viennent, font des briefings sur la radioactivité aux équipages, font visiter les installations et le point zéro, à Hamoudia, à soixante kilomètres au sud.

— Tu te rends compte, « La Flèche », nous avons perçu des équipements spéciaux antiradiations (blancs) sans signer de bon de perception ! De Gaulle a l'air de tenir à sa bombe plus qu'à l'Algérie...

La reconnaissance du site se fait en H 34. C'est impressionnant. La bombe A se trouve en haut d'une tour métallique de 107 mètres, pesant 107 tonnes. Des ingénieurs veillent 24 heures sur 24 en haut de la tour. Leur relève sera assurée toutes les 12 heures par les hélicos de « La Flèche » entre Reggane et Hamoudia.

Autour du point zéro, tout est prêt, trois zones représentant les trois armées sur le terrain.

Zone Terre, des mannequins bourrés de riz attendent dans toutes les positions du combat terrestre, debout, à plat ventre, retranchés Des chars sont à découvert ou enterrés, des canons tous calibres, pointés.

Zone Air, des Ouragan venus par la voie des airs de Châteaudun, sont parqués train sorti, train rentré, à découvert, abrités.

Zone Mer, se profilent des superstructures de bateaux de guerre grandeur nature, amenées au milieu du désert Dieu sait comment !

Enfin, une autre zone truffée d'animaux vivants, rats, etc. Beaucoup de choses ont été copiées sur les Américains, mais celle qui retient le plus l'attention des équipages nouvellement arrivés, c'est encore le self-service du mess, une nouveauté dans l'Armée !

Le jour « J » approche et chacun sent que de Gaulle pousse à la roue. Les responsables deviennent de plus en plus nerveux.

— Pourvu que la bombe, elle ne fasse pas *chouffa,* entend-on dire parfois avec l'accent pied-noir.

Dans le PC enterré à vingt kilomètres au nord du point zéro, le général Ailleret est prêt à appuyer sur le bouton. Les hélicos de « La Flèche » ont fait leurs pleins. Normalement, tout doit marcher parfaitement.

A tout hasard, dit-on, un Bréguet deux ponts s'est posé quelques jours plus tôt à Reggane, chargé de cercueils.

⁂

Le 13 février 1960, la météo est favorable, les conditions de tir sont réalisées. L'explosion est probable. Pour tout le monde, le réveil a lieu à 3 heures du matin. Tout est chronométré à la seconde près, les hélicos sont en alerte en piste. Les équipages ont reçu les dernières consignes de sécurité :

— Quelques minutes avant l'explosion, asseyez-vous par terre, le dos tourné à l'explosion, un bras replié sur les yeux fermés.

— Alors on ne pourra pas voir si elle a explosé ! ironise l'un.

— On vous tiendra au courant.

Un Mistral téléguidé décolle, sans pilote à bord, pour mesurer au sommet du champignon atomique la radioactivité. Les haut-parleurs commencent le compte à rebours : 5 - 4 - 3 - 2 - 1 - 0 !

Malgré ses yeux fermés, « La Flèche » perçoit une lueur fulgurante, puis, peu après, l'onde de choc fantastique qui sera ressentie jusqu'à 350 kilomètres de là. Dès son passage, tout le monde se lève et pousse un formidable hurrah. Spectacle grandiose, le champignon est déjà à 10 000 mètres de hauteur avec des lueurs rouges, orangées.

A Reggane, c'est l'euphorie. Le lendemain, un apéritif monstre rassemble tout le personnel. « La Flèche » est allé survoler le point zéro avec son H 34. C'est un succès complet.

La tour de 107 tonnes a disparu, au sol tout est volatilisé, les avions, les mannequins, les chars et les superstructures de bateaux sont tordus, cul par-dessus tête. Dans un rayon d'un kilomètre, l'effet thermique a tout anéanti.

A partir de ce jour, la France est devenue une grande puissance. Elle est prête à abandonner l'Algérie.

⁂

En attendant, les hélicos poursuivent leur action dans les djebels.

Un jour, le ministre des Armées Guillaumat est venu visiter les postes et les troupes dans l'Ouarsenis. Le LV Ferlaud de la 32 F. l'a piloté de djebels en pitons et le ramène avec son hélico jusqu'à l'avion. Avant d'embarquer, le ministre demande au pilote :

— Alors, que pensez-vous de la situation ?

Ferlaud répond sans ambages :

— Vous savez, monsieur le ministre, j'ai fait l'Indochine et je sais d'où peuvent venir les coups fourrés. Mais enfin, si vous, à l'état-major à Paris, vous pouvez tenir le coup, pour nous ici, cela ira.

« *Pourvu qu'ils tiennent... Qui ça ? Les civils !* » disait déjà Forain durant la drôle de guerre.

Le ministre tourne les talons et regagne son avion. Mais est-ce que tous les équipages des hélicos ont le même moral ?

⁂

Le général Lalande débarque un beau matin à Khenchela en Broussard. A l'est de Batna, il vient prendre le pouls des capitaines sur le terrain.

Dès son arrivée, conférence avec les officiers de la base, puis il annonce :

— Messieurs, je vais maintenant vous recevoir individuellement. Si vous avez quelque chose à me dire...

La grande confession commence, ronron des phrases et des mots. Puis c'est le tour de l'adjudant-chef Bazerque, second pilote de Banane, qui fait équipe avec son copain Lacarrière.

— Alors, ici, ça va bien dans les hélicos ? sonde Lalande.

— Non, mon général, c'est profondément dégueulasse !

— Pardon ?

— Oui, c'est franchement dégueulasse ! Vous nous avez trompés ! et quand je dis « vous », c'est surtout... l'Autre ! Vous vous êtes foutus de nous et on le paye actuellement ! Voyez-vous, mon général, il y a huit jours à peine, nous avons héliporté des gars dans le djebel et dix légionnaires ont encore été tués. Pour qui ? Pour quoi ? Cela durera-t-il jusqu'à la « Paix des Braves » ? Oui, vous vous êtes bien foutus de nous ! La première fois que vous êtes passés, qu'est-ce que vous nous avez dit, lors de la tournée des popotes avec la Grande

Zora ? Vous nous avez dit : on restera en Algérie, ne vous cassez pas la tête, on vous donnera les moyens, patati, patata... Nous avons marché comme un seul homme et combien y a-t-il eu de gus qui se sont laissé piéger à ça ? Une méga chiée, c'est sûr, et beaucoup en sont morts ! Et pour quel résultat ?

Le temps est à l'orage et le ciel se fait lourd. Les grands chefs n'ont pas l'habitude de se voir balancer les quatre vérités avec une telle franchise. En plus, la sincérité choque toujours, surtout en ce moment. D'un geste, le général Lalande éloigne son lieutenant porte-serviette.

Bazerque poursuit son grand déballage :

— A présent, avec tous les grands discours du Vieux, on voit enfin ce qui nous pend au nez, et il n'y a vraiment plus aucune raison de se défoncer, croyez-moi ! Quand on n'a plus la foi...

Pourtant, Bazerque a eu un jour la foi. C'était pendant la guerre et il se trouvait alors au maquis, chez les FTP. Il avait dix-sept ans. Une nuit, en août 1944, il s'est fait accrocher avec son groupe en déplacement, dans le petit village d'Olette sur la route de Prades à Montlouis. Pris avec un camarade, il a été mis au pied du mur, près de la poste, abattu d'une rafale de mitraillette. Il a vu les flammes jaillir vers lui. Epaule, bras, genou, jambe touchés, le nez emporté, il s'est écroulé dans le coma. Un Allemand lui a donné le coup de grâce. Entrée au-dessous de l'œil gauche, la balle est ressortie par l'oreille. Il a été laissé pour mort.

Dans la nuit, un vieux a osé sortir des maisons, il est venu ramasser les cadavres. Il a dit à son neveu :

— Mettons-les dans la charrette du cheval, cachons-les sous des jambes de maïs et partons par les montagnes pour retrouver le maquis.

Cela a duré trois jours, avec relais de chevaux, en plein mois d'août. Enfin, les corps ont été tirés de dessous le maïs. Saisi par les pieds et les bras, Bazerque, épaule et bras cassés, est revenu enfin à lui, il a gémi, puis hurlé de douleur. La stupéfaction passée, ses camarades l'ont transporté à l'hôpital le plus proche, les FTP se tenant en protection tout autour, cachés dans les maisons. Il a été remis sur pieds au bout de six mois. La guerre finie, il est parti pour l'Egypte, le Liban, la Syrie ; il a fait trois séjours successifs en Indochine. Mais aujourd'hui il est amer :

— Vous savez, mon général, j'ai vu brader tout l'Empire. Je suis allé partout où l'on mettait la clé sous le paillasson. Alors maintenant, c'est fini, moi je ne marche plus, c'est terminé ! Je ne crois plus en vous, ni en l'armée, ni en personne ! Vous nous avez eus, mais vous ne m'aurez pas plus longtemps. Je ne veux pas me faire tuer une nouvelle fois pour rien. A présent, vous pouvez me débarquer de ma Banane : crac, n'en parlons plus !

Le général Lalande ne se le fait pas suggérer deux fois. Screugneugneu, la pensée du Grand Charles est bafouée ! Délit d'opinion ?

Rébellion ? Sanction ! Quatre mois d'arrêts de rigueur, pour commencer.

Bazerque quitte aussitôt son détachement de Khenchela pour aller purger sa peine à Sétif. Ensuite, il doit être dirigé sur la France, interné à la Santé.

Il ne regrette rien.

En quittant les hélicos, il se gratte la joue, juste au-dessous de l'œil gauche, là où la balle allemande du coup de grâce est entrée. Et une question désabusée le fait soudain sourire :

— Est-ce qu'ils vont me fusiller, eux aussi, encore une fois ?

CHAPITRE XIV

LES HELICOS, D'UN SECTEUR L'AUTRE

Avertissez Castan, qu'il décolle avec son Djinn dès que possible !

Dans l'Ouarsenis, c'est un dimanche de septembre comme les autres, un dimanche de guerre.

Le maréchal des logis Castan s'affaire autour de son Djinn. Artilleur d'origine, il est venu dans les hélicoptères un peu « par hasard ». Avant, il était pilote ALAT de L 18, L 19 et L 21 au peloton Avions de la 21e DI, à Souk-Ahras. Durant une de ses permissions en France, une note de service a réclamé des volontaires pour suivre un stage de pilotes d'hélicoptère à Dax. Ses camarades de Souk-Ahras n'étant pas très chauds, ils ont décidé de lui faire une « petite blague », le désignant sans qu'il le sache comme volontaire. Retour de son stage de formation, le volontaire d'office a été affecté à Bouchekif près de Tiaret au 4e PMAH, le peloton ALAT de la 4e DIM, puis détaché auprès du colonel Puech.

A présent, il connaît bien le relief tourmenté de l'Ouarsenis et cetet région nord-est du secteur de Tiaret. Entre Molière et Vialar, il y a les postes de Sidi-Lahcène, Trebadj, Sidi-Abed, Cherraïch. Les soldats du 110e RIM encadrent des musulmans et tiennent la région. Ce jour-là, le colonel Puech commandant le secteur de Vialar vient d'être averti par radio qu'un de ses postes a été attaqué et pris pendant la nuit. Il a décidé de se rendre rapidement sur place.

Castan décolle avec son Djinn et le colonel à bord. L'un comme l'autre reste muré dans ses pensées, son silence.

Bientôt, c'est l'approche, l'arrivée à la verticale du poste. Celui-ci est perché sur son petit piton, avec son mur d'enceinte, ses barbelés. La garnison devait être de l'importance d'une section, à peine.

En bas, tout est immobile. Quelques silhouettes figées attendent à proximité de la DZ toute proche, ce sont les soldats du poste voisin alerté, venus « aux résultats ».

Au sol, c'est tout à coup le silence, un grand silence. Celui de la mort.

— C'est par ici, mon colonel...

Le colonel Puech et Castan entrent dans le poste. La vie semble l'avoir quitté d'un seul coup. Des détails laissent encore deviner les gestes quotidiens des êtres de ce petit univers un peu coupé du reste du monde, un serviette de toilette abandonnée près des douches, un livre et un casque posés sur un banc. Une porte de chambrée est restée entrouverte, où sont les hommes ?

Ils sont restés sur place, une vingtaine environ. Tous égorgés.

Les tirailleurs algériens devaient être en pourcentage un peu trop important dans le poste. Ils se sont laissé noyauter par le FLN. Au milieu de la nuit, ceux qui étaient de garde en sentinelles n'ont pas donné l'alerte, peut-être même ont-ils ouvert les portes ?

Il n'y a qu'un survivant ; au moment de l'attaque, il était aux W-C et tout le monde l'a oublié. D'ailleurs, tout à dû se passer très vite et, dans le poste, il n'y a pas trace de combat.

— Comment se fait-il que les hommes ne se soient pas défendus ? demande le colonel.

— Les armes étaient cadenassées aux râteliers pour la nuit. Par prudence, selon les consignes de sécurité, pour éviter les désertions. Les gars n'ont pas pu se défendre, vous comprenez, mon colonel ?

Castan en a assez vu, il regagne son Djinn.

Il repense aux Piper et aux Cessna de Souk-Ahras. Même en « flânant » en avion léger à basse altitude au-dessus des djebels, on ne voit pas les horreurs de la guerre d'aussi près. On ne sent pas l'odeur, non plus.

Castan hoche la tête en soupirant : vraiment, les petits copains de Souk-Ahras lui ont fait une sacrée blague, durant sa permission, en le désignant volontaire pour les hélicos...

⁂

Le lundi 21 novembre 1960, le commandant de la 32 F. de l'Aéronavale réussit à rassembler son personnel à Lartigue. Le hangar est gaiement décoré, pavillons aux couleurs chatoyantes, char enluminé, beaucoup de champagne, de verres. On fête aujourd'hui les 10 000 heures de vol de la formation. 10 000 heures de vol en trente-quatre mois, c'est un record et chacun en est fier. Le char confectionné par l'équipage représente un HSS sur un djebel escarpé. Des flammes multicolores donnent un aperçu des résultats obtenus : 56 335 commandos héliportés, 275 325 kg de ravitaillement transportés, 614 blessés évacués, 2 900 rebelles hors de combat.

Cela paraît beaucoup.

Mais ce qu'ils n'ont pas compté, les mécaniciens, ce sont les visites d'appareils nécessaires aux 10 000 heures de vol, les visites qu'ils ont faites la nuit, le dimanche, les réparations sous le soleil brûlant, dans le sable, la neige.

Ce qu'ils n'ont pas compté, les équipages, ce sont les fûts d'essence qu'il a fallu rouler et pomper dans les réservoirs, les longues journées d'attente au pied des appareils, dans le froid piquant ou la chaleur suffocante.

Tout cela, ils ne l'ont pas compté car leur peine, ils ne la comptent pas. Chaque jour a eu sa récompense, celle de voir la joie du soldat recevant des renforts, le sourire des blessés évacués qui remercient des yeux parce qu'ils parlent souvent musulman, la satisfaction des commandants d'unités dégagés de situations délicates.

Ce soir, par leurs rires et leurs chants, les marins de la 32 F. disent combien ils sont fiers de leur unité et de leur travail. Mais ils savent aussi que s'ils ont passé un cap, rien ne s'arrête pour autant. Demain, ils seront prêts à partir pour Colomb-Béchar, Laghouat, Aïn-Séfra, Sebdou, Tlemcen ou Molière, Tiaret ou Orléansville.

Pour attaquer les 20 000 heures de vol.

***

Dans la nuit, le groupe de compagnies portées du 2e REI quitte ses cantonnements d'Aïn-Séfra en direction du sud. L'opération montée a pour but de nettoyer la partie est du djebel Beni Smir, ainsi que le djebel Goursifane entre le barrage et la frontière. Plus de trois bataillons et d'importants moyens aériens sont mis en place, sous le commandement du lieutenant-colonel Romet, commandant en second le 2e REI.

Le 3 décembre 1960, dès le lever du jour, la 2e CP commandée par le capitaine de Tchaguine est héliportée sur les crêtes du Goursifane. Le commandant de l'opération est en l'air à bord d'un Broussard d'observation.

A 8 h 30, la reconnaissance aérienne découvre des traces dans la partie du Beni Smir, dominée par la cote 1641. Ces traces sont nombreuses et toutes fraîches. En vol, le lieutenant-colonel Romet décide d'exploiter immédiatement ce renseignement, la mission initiale du 1er GCP du 2e REI est annulée et le chef de bataillon Kopf disposera de ses trois compagnies, ainsi que du commando Cobra, venu de Saïda. Un héliportage est prévu au nord de 1641.

A 10 heures, après une préparation massive de la DZ, la première vague d'hélicoptères arrive en finale. Les passagers du leader sont le sergent Sanchez-Iglesias et cinq légionnaires. Plus que quelques mètres, puis c'est le poser. Soudain, un fort élément rebelle se dévoile sur la DZ même, déclenchant un feu extrêmement violent.

Sanchez-Iglesias et ses cinq légionnaires réussissent à sauter à terre. Mais trois H 34 de l'armée de l'Air sont touchés, le Mammouth armé est rendu inutilisable. L'héliportage d'assaut est interrompu, seuls les six hommes posés par le leader sont à terre.

Isolés au milieu des rebelles, encerclés par un effectif écrasant, ils commencent le combat qui les mènera jusqu'à leurs dernières cartouches. Comme à Camerone.

Vers midi, une nouvelle vague de 5 cargos tente de se poser, mais à 2 km au sud de 1641, pour mettre à terre la 1re CP avec une trentaine de légionnaires commandés par le capitaine Grosjean.

La réaction rebelle sur cette nouvelle DZ est à nouveau immédiate.

Le cargo leader termine son approche, il n'est plus qu'à quelques mètres du sol. A son bord, le lieutenant Cardonne est à la porte, il saute... une demi-seconde trop tôt. Le feu des rebelles se déclenche à cet instant précis, tout proche, dense et ajusté. Le H 34 remet les gaz. Deux légionnaires se penchent à la porte, agrippent Cardonne par ses bretelles d'équipement, le soulèvent, parviennent à le tirer à l'intérieur.

De son Broussard à la verticale, le chef du PCA a vu un fellagha se lever sous les roues d'un autre appareil, un légionnaire sauter à terre, le poursuivre et le « plaquer aux pattes » sous les roues d'un autre cargo.

Deux nouveaux appareils étant touchés, l'héliportage en cours est interrompu une nouvelle fois. Un deuxième Mammouth armé venu en renfort est mis hors de combat. L'aviation intervient avec ses appuis lourds au nord et au sud de 1641. Un quart d'heure plus tard, le peloton du lieutenant Cardonne parvient à se poser, ainsi que le capitaine Grosjean. Isolés durant deux heures sur la DZ, ils mènent un combat acharné, tuant vingt rebelles.

Mais voici la Marine. L'arrivée en renfort d'un détachement de l'Aéronavale permet de reprendre à 14 heures les héliportages sur la minuscule DZ tenue par les éléments de la 1re CP luttant contre un adversaire nettement supérieur en nombre.

Aucune liaison n'a encore pu être établie avec le sergent Sanchez-Iglesias et ses cinq légionnaires. Par les avions qui font des passages au-dessus d'eux, on sait seulement qu'ils sont couchés sur le sol, ne bougent plus, encerclés par de nombreux fellaghas.

Tout au long de l'après-midi, une noria incessante de neuf hélicoptères-cargos, appartenant à l'armée de l'Air et à la Marine, va assurer l'héliportage de la totalité des éléments à la disposition du chef de bataillon Kopf. L'aire d'atterrissage restée sous le feu des rebelles voit le poser successif de la 1re CP, de l'EMT 1, puis de la 4e CP, du commando Cobra, et enfin de la 2e CP retirée des hauts de la cuvette du Goursifane où elle se « rongeait les sangs » en entendant les autres se battre sans elle.

Entre 16 heures et 17 heures, la DZ est dégagée et la conquête du col au sud de 1641 est exécutée conjointement par la 1re CP, la 4e CP commandée par le lieutenant Danguy des Déserts et les premiers éléments du commando Cobra. Les combats sont menés jusqu'au corps à corps dans un terrain très difficile coupé de rochers et de falaises abruptes. L'adversaire y est solidement retranché et ne songe aucunement à se rendre. Le lieutenant Violot, un caporal et deux légionnaires de la 4ᵉ CP sont blessés.

Vers 17 h 30, l'engagement de la 2ᵉ CP permet à la 4ᵉ CP et au commando Cobra de progresser rapidement vers le nord, 1641 est enlevé de haute lutte puis dépassé. A nouveau de nombreux tués, prisonniers et un important armement tombent entre nos mains.

Mais cela n'empêche pas la résistance rebelle de se raidir une nouvelle fois à la tombée de la nuit, afin de tenter d'interdire à la 4ᵉ CP et au commando Cobra d'arriver jusqu'aux légionnaires isolés pour les dégager. De très durs combats sont menés en pleine obscurité. L'hélicoptère-canon de la Marine, resté sur la zone malgré la nuit, apporte un appui décisif. Vers 20 heures, les dernières résistances rebelles sont bousculées. La jonction est faite avec le sergent Sanchez-Iglesias et son petit groupe. Le combat des légionnaires a duré plus de dix heures. Groupés autour de leur sergent, ils ont repoussé de nombreux assauts, rejeté tous les ordres de reddition. Isolé de son groupe dès le poser sur la DZ, le légionnaire Paumart a réussi à traverser les lignes ennemies et à rejoindre avec son arme. Avec Sanchez-Iglesias, le caporal Galejski et les légionnaires Gerlich et Hortzkow n'avaient plus que cinq ou six cartouches, Dahmen a été blessé.

Les derniers coups de feu claquent vers 21 heures. Les rescapés de la katiba profitent de la nuit pour fuir vers le Maroc qui n'est qu'à 4 kilomètres à peine. Les rebelles ont perdu 63 tués, 16 prisonniers et 59 armes de guerre. Les légionnaires ont eu 2 tués et 9 blessés.

Les pilotes sortent de leur cabine de pilotage, déplient leurs jambes, font jouer leurs muscles ankylosés. Ils viennent de faire sept à huit heures de vol. Ils s'arrêtent enfin, allument une cigarette, vident une bière. Leurs mécaniciens refont les pleins, s'affairent à compter les trous dans les cargos. Pour eux, pas question de pause, ils doivent démonter les canons, les nettoyer, les graisser, refaire les bandes, s'occuper des pales des appareils, faire le graissage. Ils terminent vers minuit ou une heure du matin, s'installent comme ils peuvent pour dormir, abrutis de fatigue, pour se réveiller dans cinq heures.

CHAPITRE XV

LES FLOTTILLES DE L'AERONAVALE SUR LE TERRAIN

Six ans de guerre en Algérie, et des errements continuent de se pratiquer en opération, comme aux tout débuts de la rébellion !

Le 4 janvier 1961 sur le djebel Alouat dans le secteur de Géryville, les liaisons air-sol seront plus déplorables qu'elles ne l'ont jamais été.

Au départ, cela semble une opération bien montée, sur un renseignement sûr et rapidement exploité. Malheureusement les moyens air, quoique suffisants, seront paralysés par l'ignorance totale en matière d'appui aérien dont feront preuve les unités au sol.

La veille, au cours d'une opération héliportée menée dans les carrés KY 76 et 86, à 35 km à l'est/nord-est de Géryville, quatre fellaghas ont été faits prisonniers. Les renseignements obtenus permettent de supposer la présence le lendemain de la katiba 573 dans le djebel Alouat à proximité d'un merkez [1] dont la position reste à définir. Le 4 au matin, le stationnement présumé de la katiba est balisé par Broussard dans l'oued Souganne en KY 83 G 50.

Les troupes sont mises en place. Moyens aériens : Broussard, Alouette PC B 26, T 6, Piper. Une UIH [2] composée d'appareils de la 33 F. assure les différents héliportages. Le LV Beau, commandant la flottille à la suite de Ghesquière, assure le traitement rapproché des DZ à bord du HSS armé « Barlu-canon ».

Dès le début du ratissage, les méprises commencent et les amis se tirent dessus entre eux. A compter de cet instant, il sera régulièrement demandé — mais en vain — par l'un ou l'autre des moyens aériens présents d'obtenir le contact radio air-sol sur channel 16.

1. Dépôt, relais.
2. Unité d'intervention héliportée : 1 canon + 3 cargos.

Positions précises des unités, balisage ou panneautage, confirmation de présence rebelle ou non sont impossibles à obtenir. Les éléments aériens poursuivent leur fouille respective dans un silence radio total. Des compagnies modifient leur progression, d'autres sont stoppées sans qu'aucune agitation particulière ne le justifie. Quelques hommes seulement portent le signal d'identification convenu.

— C'est le foutoir le plus complet ! constate amèrement Beau, chef de dispositif de la 33 F.

Des erreurs tragiques sont évitées de justesse. Le PM mécanicien de bord Mériot, premier tireur du Barlu-canon, aperçoit dans un ensellement sur une crête des hommes en djellabas rayées marron, semblables à celles que portent les fellaghas. Ils se dissimulent sous des arbres. A l'instant où l'hélicoptère va ouvrir le feu, un homme se retourne : Beau et Mériot distinguent les deux galons brillants d'un lieutenant, bien affichés droit au cœur ! L'officier leur sourit au passage, inconscient d'avoir échappé à la mort à une demi-seconde près !

Au sommet du djebel Alouat couvert de neige, où se trouve le PC, le vent souffle à 80 nœuds. Au pied, la cuvette est en pleine turbulence. Piper, Broussard, T 6 ont dû abandonner. Seul le HSS étale la violence du rabattant et encaisse la tempête à grandes vibrations dans les rotors.

Depuis deux heures, on orbite, scrute, sans rien voir ni comprendre. C'est le grand silence blanc sur la liaison air-sol.

Et puis, à 13 h 25, le PC Terre demande une évasan sans autre précision que les coordonnées, au profit d'un blessé. L'appareil 33 F 4 décolle, pilotes maître Barbier et SM Menet, mécanicien SM Batier. Il appelle le Barlu-canon à la radio :

— Canon, intructions ?

— Stand by.

Le LV Beau largue un fumigène, puis :

— Attention, la situation ne me paraît pas claire du tout. Effectuez une approche haute. Et faites particulièrement gaffe au nord.

— Reçu.

Le Barlu-canon achève sa giration pour venir surplomber en protection le cargo au plus près. Pris dans le rabattant, il est très lourd, ayant encore presque tous ses obus. Tirant au maximum la puissance, Beau arrive à peine à se maintenir en vol horizontal, une cinquantaine de mètres derrière Barbier, qui se pose à l'endroit désigné.

Beau voit Batier sauter en veste fourrée du cargo 33 F 4 pour aider à l'embarquement du blessé. Simultanément et malgré le bruit du moteur, il entend nettement une rafale de MG 42 sur sa gauche. Son appareil est touché. Dans le cockpit, des morceaux de métal volent. Le LV Escano, second pilote au poste de droite, croyant Beau hors de combat, lui arrache les commandes des mains. Barbier annonce à la radio :

— On me tire dessus, je décolle ! Mon mécanicien est sur la DZ !

Dans l'interphone du Barlu-canon, Mériot jure de son côté :

— Nom de Dieu ! C'est la première fois qu'on me tire sur la gueule sans que j'aie pu voir d'où ça venait !

Batier a plongé pour se mettre à l'abri, son pied se prend entre deux pierres et il se foule la cheville. Lorsqu'il se remet debout, son appareil a redécollé et il se retrouve tout seul.

Le Barlu-canon, sorti du rabattant, a repris un peu d'altitude, et prend l'affaire à son compte. Il tire quatre cents coups dans l'oued prenant naissance en E 62, passe et repasse sur la crête de l'évasan devenue déserte. C'est alors que les tireurs signalent une odeur de brûlé laissant présager le pire. On se pose là-haut près du PC à la cote 1926. La visite de l'appareil révèle cinq impacts, dont un dans le longeron d'une pale, au point de rupture préférentiel. Celui-ci interdit de pouvoir continuer la mission.

Beau palabre âprement avec les autorités pour obtenir un autre HSS canon et la récupération de son mécanicien, puis :

— Bon, nous ne pouvons pas laisser l'appareil sur ce piton. Quitte à se tuer, il faut redécoller pour le descendre sur Géryville et le dépanner là-bas.

La chance permet à l'équipage de rallier pour dépannage. Mais qu'est devenu le mécanicien abandonné sur la DZ en pleine fusillade ?

Toutes les unités sont appelées à la radio. Aucune d'entre elles n'a récupéré ni même aperçu un marin. C'est l'anxiété. Beau et Mériot passent la nuit debout auprès des postes radio. Rien.

Le LV de la Villeglé, officier en second de la 31 F., a rallié avec son canon depuis Perrégaux. Barbier, qui a remplacé son mécanicien par un QM volontaire, et les autres pilotes réalisent des exploits en effectuant des évasan de nuit sous les tirs adverses. Les heures s'écoulent lentement. Enfin, à 6 heures du matin, on vient annoncer à Beau :

— Ça y est, on a retrouvé votre marin !

Barbier décolle aussitôt et récupère un Batier toujours aussi calme et souriant.

— Alors, comment ça s'est passé pour toi ? lui demande le pilote.

— Eh bien, lorsque je me suis retrouvé à terre, j'ai rejoint l'unité qui avait demandé l'évasan. A ce moment-là, les fells ont intensifié leur pression et les gars m'ont dit qu'ils allaient décrocher. Comme je n'aurais pas pu les suivre, ils m'ont conseillé de descendre le djebel jusqu'au fond de l'oued, là où je trouverais une unité amie. J'ai traîné ma jambe jusqu'en bas. Arrivé là, on m'a dit :

— Vous savez, nous, on ne peut pas vous garder ! Nous allons faire mouvement.

— Alors, qu'est-ce que je fais ?

— Ben... remontez. Oui, c'est ça, remontez d'où vous venez. Si les hélicos vous cherchent, ils pourront ainsi vous trouver...

Traînant toujours la jambe, je suis remonté. Je me suis arrêté à mi-pente, je me suis tassé dans un trou pour attendre. J'ai été récupéré en fin de journée.

— Tu aurais pu me faire avertir, non ?

— Les liaisons radio ne marchaient pas du tout.

Beau lui demande :

— Mais enfin, vous n'étiez pas fichu de me faire signe avec un mouchoir ? Je me faisais un souci fou...

— Mais moi aussi, capitaine, je m'en faisais pour vous ! Chaque fois que vous passiez la crête pour essayer de me découvrir, je ne pouvais même pas faire signe d'un mouchoir, parce que je peux vous dire que la MG 42 et le FM fellouze vous arrosaient drôlement ! A chaque instant, je m'attendais à vous voir aller au tapis...

A l'issue de l'action menée dans le djebel Alouat, les pertes amies s'élèvent à 3 tués dont un officier, 12 blessés. Une Alouette a reçu 5 impacts, Barlu-canon également. Les pertes rebelles sont de 7 tués, 2 prisonniers, 2 fusils de guerre. C'est un maigre bilan, peu élogieux pour les forces mises en œuvre !

Oui, les hélicos de la Marine ont assuré leur mission avec le calme que sait garder la Royale dans la tempête. Tradition oblige. Et le mécanicien Batier affichera quatre ans plus tard le même flegme qu'il sut conserver dans le djebel Alouat. Victime d'un accident en Super Frelon le 31 mai 1965 au large de Saint-Tropez, il sera recueilli par des plaisanciers, une jambe sectionnée au-dessous du genou. Quinze heures après qu'il aura été repêché, Beau lui rendra visite à l'hôpital. Que lui dire, quels mots trouver pour lui remonter le moral ? Dès l'entrée dans la chambre, Batier l'accueille avec un large sourire :

— Ce n'est pas possible, c'est vous, commandant ?

Puis, sans transition, il enchaîne :

— Vous voyez cette jambe avec sa cheville qui m'a tant embêté quand je jouais au volley-ball et que je m'étais foulée dans le djebel Alouat, eh bien, commandant, elle ne m'emmerdera plus ! A présent, elle est au fond de l'eau...

⁂

— Il faut mettre tous les appareils en état pour la prochaine pleine lune !

L'ordre donné à ses mécaniciens par le LV Beau, « pacha » de la 33 F., peut sembler insolite. Il ne l'est pas.

En ce premier semestre 1961, pour faire face aux franchissements massifs du barrage marocain, il est important d'avoir un maximum de disponibilités. Le tout, c'est encore de les prévoir !

A défaut d'une large anticipation dans le renseignement, le mieux est encore de se mettre à la place de l'adversaire pour évaluer ses contraintes. C'est ce qu'ont fait deux marins : le LV Le Deuff commandant le commando marine de Monfort du côté de Tlemcen, et le

LV Beau de la 33 F. avec ses appareils au Telagh et à Zarifete. Ils sont arrivés tous les deux à la même conclusion.

Les difficultés de franchissement du barrage par les fellaghas cantonnés au Maroc sont très grandes. Les risques sont énormes. Il leur faut réunir un certain nombre de conditions pour le réussir avec un minimum de pertes.

La première étape de marche de 3 à 4 heures en terrain connu au Maroc peut et doit se faire par nuit noire. Alors qu'au contraire, après avoir déjoué tous les pièges du barrage (radars, champs de mines, fils électrifiés), il faut foncer en terrain inconnu, avaler toute la distance permise, donc disposer d'un maximum de temps avant le lever du jour, mais cette fois avec le concours de la clarté lunaire.

En faisant le compte à rebours de tous ces impératifs, il s'avère que, pour réussir, il faut que la lune se lève à minuit. Or, l'événement se produit dans un créneau de deux jours, grosso modo tous les trente jours.

Point besoin d'éphémérides aéronautiques et de tables de logarithmes. Le calendrier des postes suffit et Beau a relevé les dates de ces créneaux favorables. Tous ses appareils seront visités en temps voulu.

Dans les camps du Maroc, les katibas se préparent au « grand passage ». Logique implacable, les hélicos de la 33 F. seront prêts pour les nuits du 4 mars, du 3 avril, du 30 mai, etc.

⁂

Le lieutenant de vaisseau Castaignos, officier en troisième de la 31 F. de l'Aéronavale, est en détachement avec son HSS armé 31 F 6 auprès du commando « Georges », dans le secteur de Saïda.

Le 17 janvier 1961, « Georges » manœuvre à sa main selon ses habitudes, seul dans son terrain de chasse. Ses fellouzes ralliés grenouillent en djellabas et casquettes Bigeard. Ils vont à pied, comme les djounoud. Auprès du commando, pas de cargo ; les hommes marchent avec une poignée de dattes dans la poche, vivent comme les hommes des maquis qu'ils traquent.

La mission du HSS armé est de suivre la progression de « Georges » et de l'appuyer de ses feux au moment du contact avec l'adversaire. Une Alouette est également détachée avec le capitaine Grégoire, chef du PC Air.

« Georges » recherche des éléments de la katiba 552 dans le triangle Tirman-Zégla-Berthelot, dans le djebel El Hadjar et Hamra, à l'ouest de Saïda. Le terrain est boisé, bahuté, difficile.

Vers 16 h 30, le HSS 31 F 6 de Castaignos, n'ayant qu'une heure d'autonomie, se pose auprès de l'Alouette PC, prêt à intervenir en cas d'accrochage. A 17 h 15, Castaignos pense pouvoir tenir l'air sur l'opération jusqu'à la tombée de la nuit. Il décolle avec son équipage au complet [1]. L'appareil reprend sa recherche sur l'ensemble du commando, sous la protection rapprochée de deux T 6.

Vers 17 h 30, le stick de pointe, sous le commandement du sous-lieutenant musulman Riguet, tombe sur deux fellaghas. Ce sont des hommes lâchés par la bande talonnée, abandonnés en éléments retardateurs. Ils sont vite neutralisés, Riguet annonce à la radio :

— Ça y est, nous ne sommes pas loin, en face, ils sont crevés.

Le commando « Georges » ne leur laisse en effet aucun répit, même dans ce terrain accidenté et très boisé ; « Georges » ratisse à 12 kilomètres à l'heure ! Pourchassés de toute part, c'est l'hallali, mais le soleil commence à baisser, il approche de l'horizon, c'est l'heure crépusculaire.

Le HSS canon est placé en orbite d'attente, les deux T 6 en protection.

Riguet stoppe sa section, heureusement au bon endroit, à vingt mètres à peine du dispositif rebelle qui vient de s'installer et qui le domine. Départ de grenades à fusil, Riguet fait mettre les dossards à ses hommes. Castaignos survient et annonce :

— Ne t'inquiète pas, Riguet, je vais ouvrir le feu, je vous ai parfaitement repérés !

Première passe de tir, au dos et par-dessus la tête des gars de « Georges » : les obus de 20 mm arrivent à proximité immédiate des HLL embusqués. Le lieutenant Mahfoud, chef de la nahia, fait aussitôt passer la consigne impérative [2] :

— Pas de panique : ne bougez pas. Surtout, ne bougez pas !

Il sait que le moindre mouvement les fera repérer par l'hélicoptère qui cherche à les lever.

Pour mieux distinguer dans les ombres portées de cette heure crépusculaire, Castaignos est amené à se rapprocher du sol. Nouvelle passe de tir, deux rebelles sont touchés. La panique commence à s'installer dans la bande traquée, composée de quarante-trois hommes étalés sur soixante-dix à quatre-vingts mètres. Le lieutenant Mahfoud réussit à maintenir le calme.

Castaignos avertit Riguet à la radio :

— Cette fois, je vais tirer un peu plus près, mais ne t'inquiète pas.

— Reçu.

La troisième passe de tir tombe en plein dans le dispositif rebelle. Grâce au couvert, les fellaghas n'ont que quelques blessés, mais leur chef lance à ce moment-là :

— Sauve qui peut ! Et feu partout sur l'hélicoptère !

Castaignos se représente pour sa quatrième passe de tir...

---

1. EV1 Baudoin copilote, SM1 Baurin et SM1 Blanchard mécaniciens et tireurs, tous de la 31 F.

2. Selon les déclarations de fellaghas faits prisonniers quelques jours plus tard dans une autre action réalisée à l'aide du HSS armé 33 F. (EV1 Sassolas), qui fut désigné pour remplacer dans la foulée le 31 F 6 abattu.

Dernier message en phonie, inachevé :

— « Georges », ici Marine-Canon... Haaa...

Vue de « Georges », une boule incandescente, extrêmement vive, aveuglante, éclate dans le ciel. Après une fraction de seconde, elle se résorbe. Les rotors tournent encore, l'hélicoptère semble voler normalement, puis descend, doucement, accélère son mouvement avant de plonger.

Interrogé quelques jours plus tard par le LV Beau chargé de l'enquête, l'infirmier de la katiba 552 fait prisonnier déclare :

— Je vois encore « el » Sikorsky arrivant. Ah, il était gros, il était gros, gros : il arrivait droit sur nous ! Et tous les frères ont tiré, en pleine panique, au jugé.

— Qu'aviez-vous comme armes ?

— Moi, rien du tout, je suis infirmier ! Les autres avaient des mitraillettes, des fusils Springfield, et un FM. C'était un 24/29, avec Miloud comme tireur, qui est très bon. Il a été tué, maintenant, avec le lieutenant Mahfoud. Oui, tout le monde a tiré à la fois, dans le ciel. A ce moment-là, il y a eu une énorme explosion. Sur le moment, on a cru que c'était la bombe atomique, c'était épouvantable. Alors, nous nous sommes mis à courir, chacun comme il pouvait, dans tous les sens, et il y avait des tas de choses en feu qui tombaient autour de nous.

L'enquête menée par Beau révélera que le 31 F 6 a reçu plusieurs impacts. L'un d'eux a touché la fusée de l'un des 1 050 obus explosifs du canon de 20 mm. Des tirs expérimentaux effectués ultérieurement confirmeront l'hypothèse : toute la bande d'obus lovée dans la boîte explose d'un seul coup — en dépit d'une protection que les experts avaient jugé suffisante.

Un renforcement du blindage des caisses à munitions s'impose. Après bien des tâtonnements, seul l'acier spécial US Navy des plaques de protection en provenance d'anciennes tourelles d'avions Neptune répond aux spécifications souhaitées. Mais le poids supplémentaire correspondant entraîne la suppression du canon auxiliaire et d'un tiers des munitions.

Désormais, le HSS armé ne disposera plus que d'une seule pièce avec sept cents coups, ce qui, en définitive, ne réduira pas son efficacité.

CHAPITRE XVI

DERNIERES MISSIONS

Entre El Milia et Constantine, les gorges du Rhumel forment un canyon très encaissé, propre aux embuscades. Les troupes du secteur, échaudées et prudentes, ne manquent heureusement pas de prendre les précautions d'usage. Chaque matin, l'ouverture de la route se fait avec des blindés, pour les convois de la journée. Pour un peu on se croirait revenu au bon vieux temps de l'Indo, sur la RC 4 ou la RC 1 :

Ceux qui pitonnent
Ceux qui bétonnent
Ceux qui déconnent
Ceux qui ouvrent la route et qui ont juste le droit de la fermer[1]*...*

Le 10 février 1961, un command-car quitte la route en corniche. Après plusieurs tonneaux, il se retrouve au fond du ravin dans les gravières de l'oued. Il y a trois blessés, une évasan par hélico est demandée.

La Banane pilotée par le sergent-chef Thiébeaud décolle de l'EHO 2 basée à El Milia. Arrivée sur les lieux, elle survole le convoi stoppé sur la route, plonge dans le canyon et se pose sur les gravières à proximité du lieu de l'accident. Dans l'oued, beaucoup de soldats sont descendus en curieux ou pour aider.

Le pilote Thiébeaud laisse tourner son moteur et Pruniaux, son mécano, débarque aussitôt. Celui-ci sait ce qu'il a à faire, diriger l'embarquement des blessés, éventuellement porter les civières. Lors des évasan en Banane, les gens qui tournent autour de l'appareil ne

1. Ecrit le 14 août 1952 par le lieutenant André Gaitte, tué au combat le 6 décembre 1952 à Yen Binh.

risquent pas de se faire décapiter, comme avec les Bell ou les Alouette, les rotors se trouvant très haut. Mais les mécaniciens doivent faire régner un peu d'ordre dans l'affolement général, accélérer les manœuvres, pousser parfois de grands coups de gueule que personne n'entend dans le hurlement du moteur.

A peine à terre, Pruniaux brancarde le premier blessé. Il tient la tête de la civière, marche à reculons vers l'appareil. Les quelques coups d'œil qu'il a eu le temps de lancer machinalement vont au visage du blessé, dans un piteux état. Arrivé à la porte de la Banane, le mécano pose le rebord de la civière sur le plancher de l'hélico, saute dans l'appareil. A ce moment, il se retourne vers le porteur qui l'a aidé au transport du blessé, pour coordonner leurs mouvements. Mais Pruniaux s'immobilise, muet de surprise : l'homme debout devant lui a tout le bas du visage sectionné. La mâchoire pend sur sa gorge et il saigne beaucoup. En état de choc, livide, les yeux hagards, il ne se rend pas compte de son état. Imperturbable, il attend que le mécanicien lui donne l'ordre de pousser la civière à l'intérieur du cargo. Pruniaux ne voit plus que cette mâchoire pendante, ce sang qui coule sur la veste de treillis. Autour d'eux, cinq ou six soldats s'affairent aussi, mais personne ne semble avoir remarqué l'état du brancardier ! Il n'est même pas compté dans le nombre des blessés à évacuer.

Alors, Pruniaux se secoue. Il dévisage l'homme dévoué, à la mâchoire pendante, qui lui fait face. Il lui fait un vague sourire d'encouragement, puis d'une voix que l'autre ne peut certainement pas entendre :

— Là... doucement, fais attention... c'est parfait.

A bord, il y a un médecin-sous-lieutenant appelé.

— Toubib, annonce Pruniaux, nous aurons quatre blessés. Je crois que celui-ci va avoir besoin de piqûres calmantes avant peu...

— Combien de temps faut-il pour rejoindre l'hôpital de Constantine ?

— Trente-cinq minutes. En attendant, nous allons le ficeler sur une civière.

⁂

« La Flèche » a quitté les hélicos. Il est passé commandant et nommé patron du PCA de Géryville. En mars 1961, il intervient à Boualam, à l'est de Géryville, deux GMC du 2ᵉ REI étant tombés dans une embuscade. Les légionnaires attaqués se défendent avec acharnement, les filles du BMC transportées avec eux font également le coup de feu. Lorsque les troupes arrivent pour les dégager, les fellaghas sont loin, courant encore.

Devenu le PCA du colonel Grall, « La Flèche » est passé de l' « autre côté de la barrière ». Mais il ne perd pas le contact avec tous les copains des hélicos et les opérations se succèdent dans les secteurs de Séfra, Géryville, Laghouat, Colomb-Béchar. Grall, breton comme lui, est un seigneur de la guerre, sa table est la meilleure d'Algérie, deux chevaux avec boys noirs le suivent partout en opérations. Le matin, dans le djebel, il caracole en pull rouge et pantalon de cheval. Les coins préférés de « La Flèche » restent Djenien et Brézina avec ses palmiers, l'eau et le sable qui annonce l'immensité du désert. Grall lui a procuré deux chameaux pour se déplacer, à défaut de piloter à présent ses vieux pièges.

⁂

Une katiba a franchi le barrage marocain, au sud de Tlemcen. Elle apporte de l'armement qu'attendent avec impatience les militants de l'intérieur : les Sturmgewehr [1] du *Bulgaria,* cargo d'armes affrété par les Polonais et déchargé dans le petit port marocain de Mellila [2], arrivent enfin dans les djebels.

La bande repérée est bouclée le 3 avril 1961 au col de Temassert. Le commando marine « Jaubert » est héliporté avec les cargos de la 33 F. C'est rapidement l'accrochage, la section du second maître Carré est au contact. Le LV Beau intervient au canon de 20 mm avec le Barlu-canon. Le combat se déroule dans un terrain extrêmement difficile, une falaise à 60°, très ravinée, encombrée de blocs énormes, couverte d'arbres et de buissons faisant un maquis dense. Le LV Champierre de Villeneuve, le commandant de « Jaubert », appelle à la radio :

— Nous avons un blessé grave à évacuer.

— Bien.

Beau tient ses cargos en stand by sur la crête, auprès du PC. Il donne l'ordre de faire décoller un Siko pour « Jaubert ». Nouvier est désigné.

Le maître pilote Nouvier est un géant. Un mètre quatre-vingt-dix, une masse. Son poids ? Zéro tonne cent trois. Durant son cours de pilotage, il a été interdit de l'épreuve de vol dit « décentré » sur Bell : le centre de gravité de l'ensemble eût été hors normes.

Nouvier se présente, orbite au ralenti, tâtonne. Le terrain paraît impraticable sauf un ressaut à flanc de falaise, une minuscule crête aiguë de rochers. Le pilote parvient à poser deux roues, l'une du train principal, soutenant l'appareil en équilibre instable au-dessus du vide.

---

1. Fusil d'assaut allemand, le Sturmgewehr 44 (StG 44) a une longueur totale de 93 cm, un canon de 40 cm, un poids de 5 kg. A mi-chemin entre le fusil et le PM, il peut tirer coup par coup ou par rafale à la cadence vertigineuse de 800 coups/minute. La copie soviétique du Sturmgewehr sera l'Automat Kalashnikov 1947, ou AK 47.

2. Son arraisonnement par la Marine Oran ne s'est pas fait, au tout dernier moment, sur ordre de Paris...

Mais pourra-t-il tenir assez longtemps, pieds en l'air, freinant de la pointe et jouant du talon pour maintenir l'appui ?

« Jaubert » appelle l'hélico en équilibre :

— Repartez, ici c'est trop long, nous en avons encore pour un quart d'heure ou vingt minutes à remonter le blessé... Vous pouvez redécoller !

— Négatif ! Je ne suis pas sûr de retrouver cet endroit et de pouvoir m'y reposer. J'y suis, j'y reste !

Le blessé est le second maître Carré. Dans le ravin, il a reçu une rafale de Sturmgewehr, une balle au milieu du front, une autre près de la carotide, une troisième que l'on retrouvera sept ans plus tard dans son épaule. Déjà, il est aveugle et le restera [1]. Le quartier-maître François le traîne par les pieds pour le remonter jusqu'à l'hélico, mais il est bien lourd avec ses quatre-vingt-deux kilos. Sa tête heurtant le sol, Carré hurle de douleur. Le combat, alentour, se déplace :

— Dépêchons-nous ! conseille l'infirmier, le Siko ne pourra pas tenir encore longtemps...

Heureusement, Nouvier a la placidité des géants. Au manche, tétanisé sur les commandes, il attend. Son énorme « paluche » remue à peine le manche cyclique « dans une pièce de quarante sous ». A côté de lui, le copilote, le second maître Menet qui se trouve en fin d'entraînement, n'ose bouger un poil. Le mécanicien de bord, Dieu sait comment, est à terre, paré à donner la main pour la prise en charge. Les fells invisibles sont juste en dessous. Ça tiraille de-ci de-là.

Les minutes passent. Le blessé n'arrive toujours pas.

Transporté la tête en bas, Carré s'est évanoui. «Jaubert » a d'autres blessés, des morts. Le tireur au Sturmgewehr est tué, son arme récupérée. Là-haut, le Siko attend toujours.

Il attendra ainsi vingt minutes !

Un siècle... Puis Carré une fois embarqué, Nouvier peut enfin agir. Doucement il enlève l'appareil. Alors, sans attendre une seconde de plus, il hurle à son copilote :

— Vite, vite, Menet ! prends ! Je n'en peux plus !...

Menet se saisit des commandes. A ce moment-là, les 103 kilos du corps de Nouvier se mettent à trembler comme une feuille au vent. Le géant vient de se permettre de craquer.

***

Le 11 août 1961, les HSS de la 31 F. effectuent un héliportage de commandos sur le djebel situé en LU 36 et E 30, dans le secteur d'Aflou. Au cours d'une rotation, arrive un message convoquant d'urgence à Lartigue l'officier en second de la flottille, le LV Verdery.

---

1. Plus tard, il se reconvertira dans la kinésithérapie.

L'intéressé fait répondre qu'on n'interrompt pas un héliportage, mais qu'il optempérera dès la dernière rotation achevée.

Arrivé à Lartigue le soir même, il se présente au commandant de formation, le LV Farand, qui lui annonce sans détour :

— Mon cher Verdery, eh bien voilà, dans les huit jours la flottille doit rentrer en France. Il faut préparer le rapatriement...

Un silence tombe dans le bureau.

C'est fini, c'est la retraite.

Alors, tout va très vite. Les appareils sont regroupés sur la base. Les équipages ont un poids gros comme ça sur le cœur. Ils sentent qu'ils sont en train de mettre une nouvelle fois la clé sous le paillasson, mais ils évitent d'en parler. Parfois, les mots que l'on ne dit pas sont les plus lourds de sens.

Cette campagne gagnée s'achève sur une guerre perdue. Mais la Marine continue. L'hélicoptère commence à devenir une arme pour elle, en particulier dans la lutte anti-sous-marine. Tout reste à faire en ce domaine. En changeant de continent, la flottille va changer de mission. Le 28 août, la 31 F. quitte Lartigue, pour rejoindre en deux groupes sa nouvelle base de Saint-Mandrier, près de Toulon.

Leader du premier groupe, le LV Verdery décolle, son copilote est le maître Laforgue, un ancien de la flottille [1]. Les seuls mots qu'ils échangent sont des paroles de procédure et de routine — et l'interphone déforme suffisamment les voix pour qu'on ne les sente pas oppressées.

⁂

Dans la région de Bénoud, la piste interminable s'étire au milieu de l'immensité, personne ne sait où elle va.

Ce 25 août 1961 entre Brézina et El Abiod Sidi Cheikh, c'est l'enfer. Qu'importe, après tout la guerre n'a jamais été le paradis...

Le LV Beau est avec le LV Crenn sur un HSS armé de la 33 F. de l'Aéronavale. Ils effectuent un vol de recherche, les pisteurs sont des Chaambas, commandés par un sous-lieutenant.

L'enfer c'est, en plus de la chaleur, la réverbération insoutenable des fonds d'oueds desséchés. Le sel s'étale en plaques, étincelle. Mais cela fait aussi parfois pour les yeux rougis de bien belles images qu'irise en contre-jour le soleil.

Somnolence aux commandes brûlantes dans la touffeur de l'air, temps qui passe, heures qui défilent. Enfin, à force de voletailler, c'est tout à coup la surprise de la découverte, un groupe de HLL commandé par un aspirant de la katiba 750, ayant éclaté sous la pression des troupes, se dévoile. La bande rebelle est rapidement neutralisée de quelques rafales de canon de 20 mm. Puis, le HSS armé se pose à

1. Affecté à la 23 S, il disparaîtra en mer avec son Alouette au sud du Lavandou quelques années plus tard. L'épave ne sera retrouvée que dix ans après.

proximité, l'aspirant fellagha est indemne. C'est un grand gaillard, jeune, beau, l'œil très clair. Impassible, détaché, hautain, il se laisse embarquer sans un mot.

Retour et poser à proximité du commando « Cobra » du capitaine Gaget. Venu de Saïda, il est en ce moment basé à Géryville pour les opérations en cours. L'aspirant prisonnier descend du HSS, un caporal de « Cobra », ancien fellagha rallié, l'aperçoit. Il bondit jusqu'à l'appareil et lance à Beau :

— Regarde celui-là, capitaine, c'est ce salopard qui m'a laissé tomber dans le djebel Taméda !

— Le... Taméda ?

— Oui, le Taméda !

— Ce n'était pas le 13 juillet 1959 ?

— Si, c'est ça, j'y étais avec mon FM. Et lui, il a foutu le camp, je suis resté tout seul avec mon pourvoyeur ! C'est un salopard, je te dis ! Et moi, avec mon FM, j'ai arrêté tout seul les soldats qui arrivaient pour nous donner l'assaut !

Le Taméda, pour Beau, ce sont encore des images très présentes à sa mémoire: le dépannage de la Banane accidentée, sa découverte du convoi de Ich détruit et incendié, la noria des appareils de la 32 F. venus en relève et jouant à cache-cache avec ce FM fellagha...

— C'est un salopard ! insiste le fellagha rallié.

Mais l'aspirant n'a pas une parole pour le déserteur du Front, il toise l'autre puis porte son regard au loin. L'équipage harassé s'assoit sur le sable, au pied de son appareil. Neuf heures de vol en pleine fournaise dans la même journée ont complètement vidé ces hommes. Le soir commence à tomber.

L'aspirant FLN est interrogé au pied d'une mechta, les poignets entravés avec son chèche beige. Il n'a rien perdu de sa dignité, ni de son impassibilité. Le soleil décline rapidement. Soudain, le prisonnier demande :

— Je voudrais être détaché.

— Pourquoi ? Tu veux parler ?

— Je veux faire ma prière.

L'instant de surprise passé, on le détache. L'aspirant s'éloigne alors de quelques pas, se tourne en direction de La Mecque, s'agenouille. Faute d'un tapis de prière, il lisse soigneusement le sable du plat des mains et se prosterne.

Au maquis depuis plus de cinq ans, il se retrouve d'un seul coup hors du temps. Il n'est plus un militant du Front, un soldat, ni un prisonnier.

C'est un homme qui prie.

Et, dans le soleil qui bascule, l'image de la foi qu'il offre s'impose avec une telle force qu'autour de lui tout se fige. Les soldats se taisent. Dans un silence minéral, rien ni personne ne viendra troubler sa prière...

CHAPITRE XVII

LA FIN DES COMBATS

Le 30 janvier 1962, la 32 F. passe sa dernière nuit de détachement à Aflou. Un message en graphie arrive par HF du poste d'Agneb, petit douar situé à environ 130 km d'Aflou. Une évasan est demandée pour le maire musulman d'Agneb, blessé par balle à la cuisse.

Le temps est épouvantable, l'obscurité totale. On échange en morse une suite de messages radio :

— La balle est-elle ressortie ?

— Non. Elle est restée dans l'aine.

La décision est prise de tenter coûte que coûte l'évacuation en pleine nuit, malgré les conditions météo.

Le LV Miget, officier en second de la formation, décolle d'Aflou avec son équipage, le maître pilote Maury, le PM mécanicien de bord Tasset, le SM1 mécanicien d'aéronautique Thibault-Lemaître, et le médecin-capitaine Mindus. Quelques minutes après avoir pris l'air, l'appareil entre dans un nuage. Le pilote tente d'en sortir, cherche à retrouver la vue du sol. En virage, sous un vent très fort, il se met en descente. Par malchance, le nuage s'étend jusqu'au col, l'appareil percute une petite crête à 5 h 05 et prend feu.

Dans le secteur d'Aflou, il n'y aura qu'un seul survivant à cette mission : le maire musulman d'Agneb évacué dès le lendemain matin, que l'on dit tremper un peu avec le FLN, et qui a reçu sa balle à l'occasion d'une simple scène de jalousie.

***

Le 19 mars 1962, c'est le cessez-le-feu bilatéral à midi.

Maintenant, c'est le dernier quart d'heure, le fameux référendum, l'indépendance toute proche.

Le 30 avril 1962 à Aïn-Séfra, les légionnaires du 2ᵉ REI commémorent la date anniversaire de Camerone. Personne ne l'évoque, mais chacun sait que ce sera la dernière sur cette terre d'Algérie. Les troupes doivent défiler le matin, ensuite ce sera la fête. « La Flèche » demande au colonel commandant le 2ᵉ REI l'autorisation de survoler le défilé des troupes pour leur rendre un dernier hommage. Il l'obtient et met aussitôt ses mécanos au travail.

Avec son camarade Guéguen, il ouvre le défilé sur deux modestes Broussard et, arrivés au-dessus des légionnaires, ils allument en même temps des fumigènes trafiqués par les mécanos, étirant dans le ciel des fumées rouges et vertes, aux couleurs de la Légion.

Le grand dégagement d'adieu au Sud oranais est grandiose. Tard dans la nuit, « La Flèche » rejoint sa base avec un képi de légionnaire sur la tête. En souvenir, un soldat du 2ᵉ REI a rangé dans son paquetage sa casquette de commandant aviateur. Peut-être se sont-ils déjà rencontrés dans le ciel d'Europe une guerre plus tôt, lorsqu'il était dans la Luftwaffe.

⁂

Le cessez-le-feu n'intéressant que les départements du nord de l'Algérie, le commandement a jugé bon d'envoyer les hélicoptères là où ils pourront encore servir, c'est-à-dire dans la région saharienne. un DIH composé de cinq cargos et d'un HSS canon de la 31 F. fait mouvement sur Metlili-les-Chaamba, après avoir transité par Laghouat et Ghardaïa. Le LV Galloy est chef du détachement, le chef de dispositif est le premier maître Lichty.

L'opération commandée par le colonel du secteur se déroule dans une région désertique légèrement accidentée, couverte de cailloux. Deux mille hommes encerclent une bande rebelle recherchée depuis très longtemps. Les cargos de la flottille vont être utilisés sur le terrain pour fixer la position en héliportant des petits groupes autour de cette bande. L'hélicoptère armé traitera ensuite l'objectif. Sur les DZ, la température est de 50 degrés.

Les rebelles n'ont pas d'arme automatique, mais ils vont atteindre en vol les hélicos de l'Aéronavale pour la dernière fois de cette guerre. L'appareil du LV Galloy recevra plusieurs impacts de balles de fusil, en particulier dans deux pales. A l'occasion de cette opération, un petit manuel du fellagha est saisi sur un corps. Un chapitre illustré enseigne « comment tirer sur un hélicoptère ». Le dessin qui l'accompagne représente l'appareil en vol, le djoundi couché sur le dos visant à la verticale, à une longueur environ en avant de l'hélicoptère. Comme pour le gibier à la chasse.

Deux mille hommes encerclant quarante rebelles, c'est un bilan sans casse. Un combat au rapport de forces disproportionné aussi, à cinquante contre un. Mais les fellaghas se battront courageusement jusqu'au bout. Tous seront tués ou blessés. Ces derniers sont évacués par les hélicos sur l'hôpital de Ghardaïa. Le médecin militaire qui les prend en charge fait remarquer à Galloy :

— Ils ont une résistance physique fantastique. Le dernier blessé que vous venez de m'amener a les reins criblés d'éclats d'obus. Il marchait comme vous et moi et je ne comprends pas comment il a seulement pu faire un pas !

Le soir tombe. A l'issue de ce dernier combat, les équipages de la 31 F. se retrouvent dans le petit bordj de Metlili-les-Chaamba. Mais maintenant, la guerre terminée, chacun va devoir penser à regagner le port.

Pour l'armée de l'Air, le rapatriement de la 23ᵉ Escadre se fait en deux voyages au cours du mois de juillet, par le porte-avions *Lafayette*. La 22ᵉ regagnera la métropole en novembre suivant. En six ans, ces deux unités ont effectué 315 000 heures de vol, dont 250 000 en opérations, évacué 40 000 blessés, malades ou accidentés, civils ou militaires. Au cours de leurs missions, elles ont héliporté un million de commandos...

De son côté, la 32 F. de l'Aéronavale doit oublier à présent le sable, l'alfa et les reliefs montagneux pour les profondeurs bathythermiques. Le 22 septembre 1962, le LV Debaecker fait ses adieux à la flottille, qu'il laisse au LV Pierres. En quittant sa formation, il confie à son successeur que « la plupart des pilotes ont tendance à accorder trop de confiance à leur capacité. Pilotant 50 heures par mois dans des conditions souvent difficiles, ils ont acquis trop d'habileté ». C'est un éloge, bien sûr, mais aussi une mise en garde pour la nouvelle mission qui va lui être donnée.

⁂

Le 19 octobre 1962 à 4 h 30, c'est le branle-bas de combat sur la base aérienne de la Reghaïa, près d'Alger. C'est le Jour « J » pour le détachement ALAT du capitaine Fileux : 6 Sikorsky et 12 Bananes doivent embarquer dès le lever du jour sur le porte-avions *Lafayette*, pour rentrer en métropole.

— Vous croyez que ça va bien se passer, mon capitaine ? demande un mécanicien avec un peu d'inquiétude dans la voix.

— J'espère que oui...

La Marine a royalement accordé deux heures pour l'embarquement des appareils. Aussi, tout doit être réglé comme un ballet : appontage, arrêt et déplumage des rotors, stockage des six pales dans l'appareil, saisinage. L'affaire doit être terminée en dix minutes pour chaque hélico. Les temps mis au cours des premières répétitions à terre ont été catastrophiques : 26 à 27 minutes ! Mais les bérets bleus ont amélioré leur score, et l'embarquement sur le porte-avions se fera dans le temps record moyen de 7 minutes, sans casse.

Au fond, il vaut mieux aller vite. Dès le lendemain, c'est l'appareillage. Les cœurs se serrent à l'instant où s'estompent les dernières images de la côte, où disparaît dans la brume de mer Alger-la-blanche.

Sur le pont, les hélicos privés de leurs ailes sont comme de gros scarabées épinglés, immobiles dans leurs saisines qui grincent à la houle du large.

EPILOGUE

Pour la première fois, il y a vingt-sept ans, des Sikorsky héliportaient une poignée de légionnaires sur le djebel Chélia. C'était hier et cela semble déjà remonter à un siècle. Alors que s'achève la guerre des Français en Algérie, le combat des Américains incendie le Vietnam. Le parachute employé en Indochine a été remplacé par l'hélico rodé dans les djebels. Les appareils à « voilure tournante » ont leur technique d'emploi bien au point. Après ce galop d'essai, l'US Air Force invente le terme d' « aéromobilité », et crée le *Sky Cavalry :* les Huey et les Chinook font la noria à Khe Sanh.

Aujourd'hui, chaque armée possède sa flotte d'hélicoptères. Le moindre plan d'attaque ou de défense est « pensé » en fonction de l'aide précieuse qu'ils apportent. Héritier du Mammouth de Félix Brunet, l'hélicoptère armé ne cesse de se viriliser en se dotant d'un armement de plus en plus redoutable : engins air-sol, lutte antichar, etc. L'éventail de ses missions s'accroît chaque jour davantage, répondant ainsi aux exigences sans limite du combat moderne. Ainsi le progrès technique n'est-il pas toujours mis au service de la sagesse humaine.

Tant que celle-ci ne prévaudra pas dans le monde, de nouveaux engins seront mis au point, des techniques nouvelles élaborées. Il y aura d'autres exploits, des efforts surhumains, des victoires remportées sur l'ennemi, la malchance ou soi-même. Le feu des combats fera naître des amitiés que l'on croyait impossibles, les difficultés souderont d'autres équipages. Il leur faudra de l'audace sans frein, une élémentaire raison dans l'affrontement des lois de la nature et des hommes. Energie sauvage, fureur, désespoir burineront leurs traits. Puis un sourire éclatant, né de grandes victoires, allumera leurs yeux de cent millions d'étoiles : celles qu'ils seront allés frôler de leurs pales, comme un défi aux dieux.

Bueil, décembre 1980, décembre 1981.

REMERCIEMENTS

L'auteur tient à exprimer une reconnaissance toute particulière aux anciens commandants d'unités, chefs de détachements, pilotes d'hélicoptères, mécaniciens de bord, infirmières et médecins des armées de Terre, de l'Air et de Mer qui ont bien voulu lui relater leurs souvenirs, porter témoignage, communiquer leurs notes, leurs documents et leurs collections photographiques.

Sans leur contribution, ce livre n'aurait pu voir le jour, pour tenter de servir l'Histoire des hélicoptères en Algérie.

ANNEXES

ANNEXE I

CARASTERISTIQUES PARTICULIERES DES HELICOPTERES EN SERVICE EN ALGERIE

Types	Léger	Moyens		Lourds	
	Le BELL	S. 55 — 600 C.V. SIKORSKY ou WESTLAND	S. 55 800 C.V.	S. 58	PIASECKI H. 21
Voilure	1 rotor et 1 hélice anticouple	1 rotor et 1 hélice anticouple	1 rotor et 1 hélice anticouple		Bi-rotor
Charge marchande maxima	1 passager et 2 blessés couchés	6 combattants ou 4 couchés et 2 assis, ou 600 kg.	8 combattants	12 combattants	21 combattants
Autonomie	250 km.	600 km.			800 km.
Vitesse	125 km./h. très variable avec le vent	130 km./h.		180 km./h.	150 km./h.

HELICOPTERE LEGER
BELL 47 D.I. (H. 13, appellation U.S.)

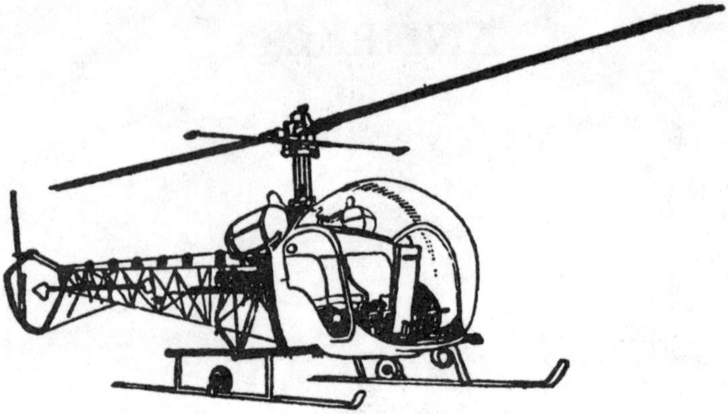

— Hélicoptère léger de 1 065 kg en charge.
— Cabine 3 places, en plexiglass. Double commande.
— Structure en série de tubes d'acier. Atterrisseur à patins.
— Moteur de 200 CV, refroidi par ventilateur.
— Rotor bipale de 10 m 72 de diamètre.
— Charge utile : 435 kg.
— Distance franchissable : 260 km à 127 km/h.

2 versions améliorées existent :

— Modèle 47 G : à réservoirs plus grands (autonomie : 340 km ; vitesse de croisière : 143 km/h).
— Modèle 47 H : caréné (vitesse de croisière sup. à 150 km/h).

S.O. 1221 (DJINN)

— Hélicoptère léger de 800 kg en charge.
— Biplace, monorotor.
— Moteur Turboméca Palouste IV.
— Vitesse maximale: 130 km/h.
— Distance franchissable : 180 km.
— Consommation : 125 l/h ; autonomie : 2 h.
— Premier hélicoptère produit en série ayant utilisé l'éjection d'air froid en bout de pale pour l'entraînement du rotor.

ALOUETTE II

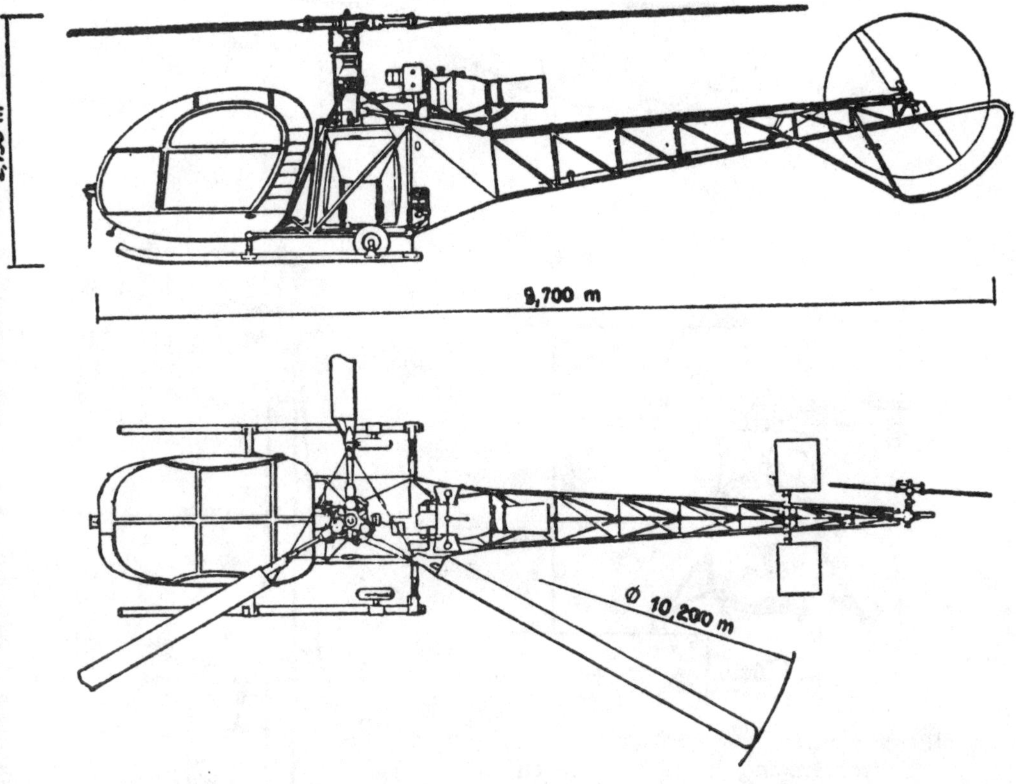

S.E. 3130 (Alouette II)

— Hélicoptère léger de 1 350 kg en charge, construit par la S.N.C.A.S.E.
— Envergure :
Longueur : 9 m 70.
Largeur : 2 m 25.
Hauteur : 2 m 75.
— Cabine 5 places. Double commande. Train à patins.
— Premier hélicoptère à turbomoteurs à grande réserve de puissance, fabriqué à partir de 1955.

HELICOPTERE MOYEN ET LOURD
SIKORSKY S. 55[1] (H. 19)
S. 58 (H. 34) - HHS 1 Marine

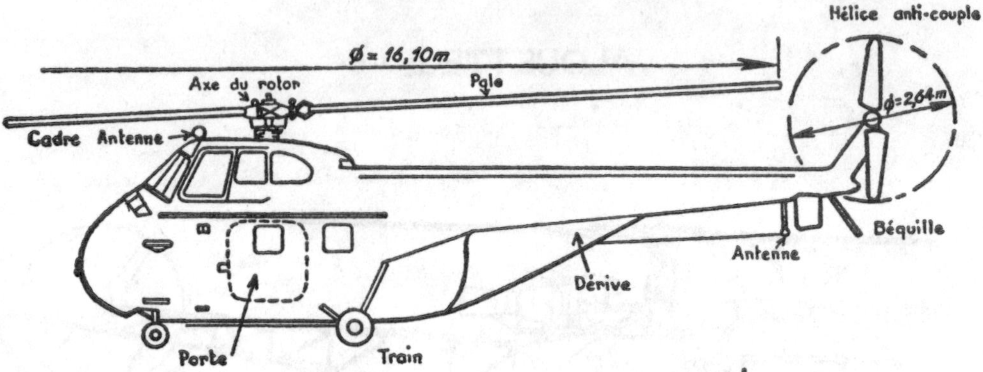

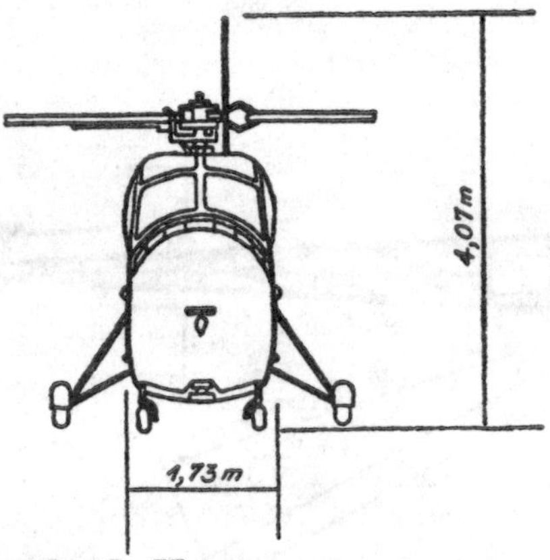

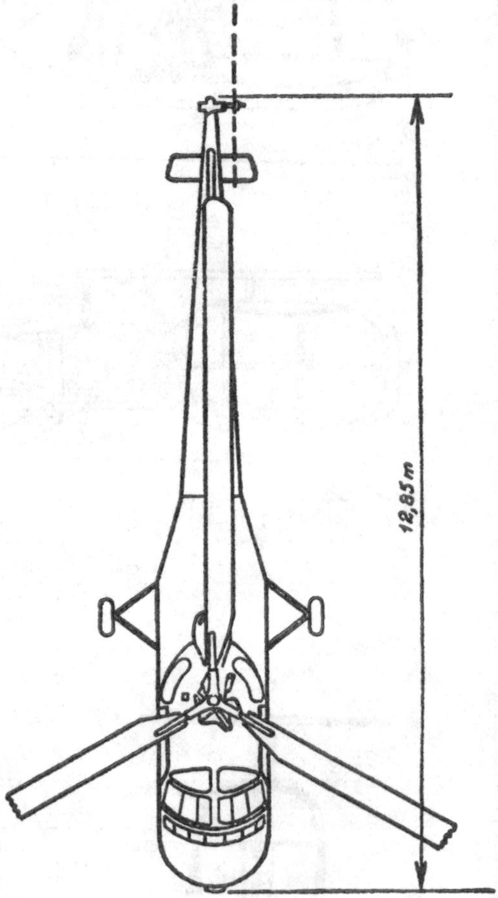

Sikorsky S. 55

— Hélicoptère moyen de 3 180 kg en charge, construit par les Sociétés Sikorsky ou Westland.

— Appareil de transport. Cabine centrale d'une capacité de 6 places (longueur : 3 m 05; largeur : 1 m 68; hauteur : 1 m 83).

— Moteur de 600 CV à l'avant. Poste de pilotage biplace surélevé placé sur le moteur. Train d'atterrissage quadricycle.

— Rotor à 3 pales de diamètre : 16 m 10.

— Charge utile : 1 065 kg.

— Distance franchissable : 650 km à 135 km/h.

Autre version :

Sikorsky S. 58 (H. 34 ou HSS)

— Masse maximale en charge : 5 760 kg. Capacité : 16 places.

— Moteur : Wright Cyclone R-1820-84 de 1 525 CV.

— Distance franchissable : 360 km.

— Vitesse maximale : 215 km/h.

— Pour faire face aux besoins de la guerre d'Algérie, Sud-Aviation assembla 135 de ces appareils. Plus tard, en 1960-61, 166 autres furent construits sous licence.

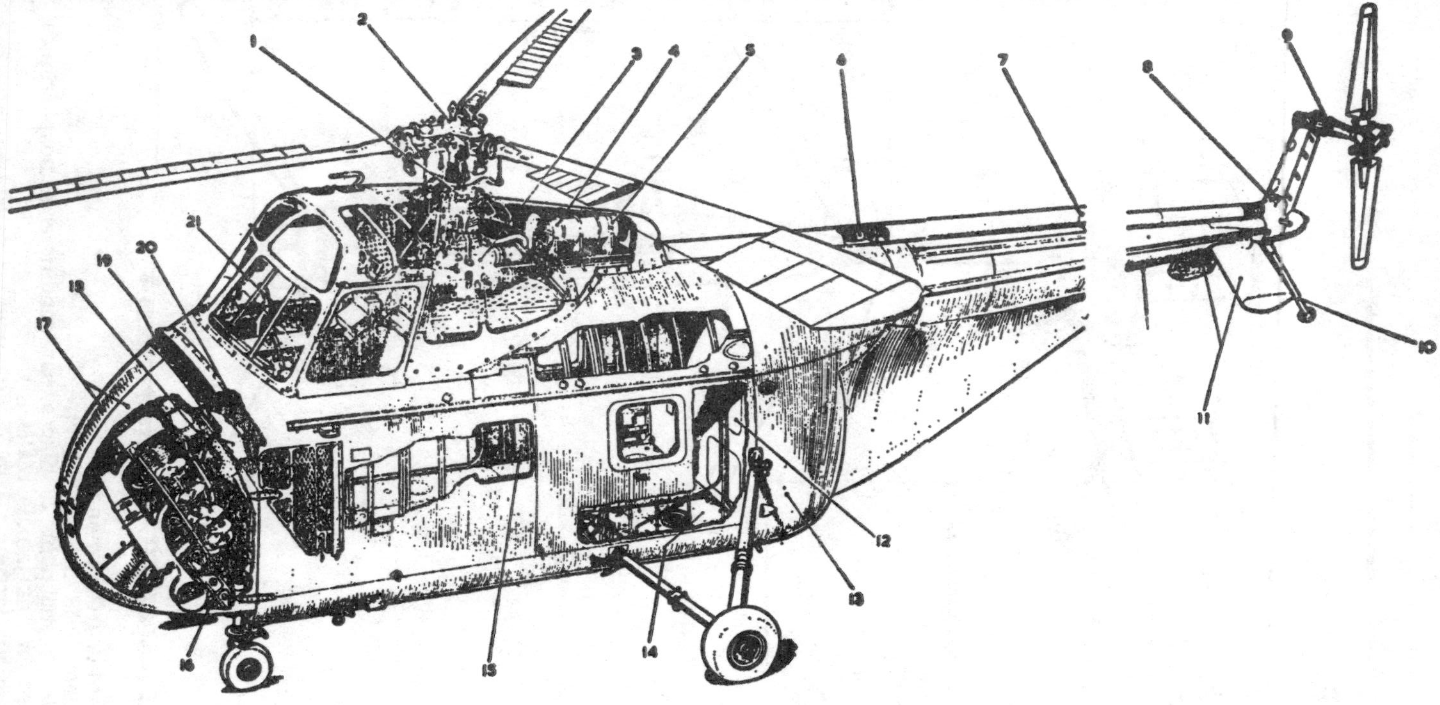

1 Plateau cyclique
2 Tête de rotor
3 Boite de transmission principale
4 Ventilateur du radiateur d'huile
5 Radiateur d'huile de la B.T.P.
6 Accouplement cannelé
7 Arbre de transmission
8 Carter de renvoi de transmission
9 Boitier du rotor de queue
10 Béquille
11 Stabilisateur
12 Compartiment des bagages
13 Compartiment de l'équipement radio
14 Réservoir de carburant
15 Cabine
16 Bati moteur
17 Porte de visite du compartiment moteur
18 Embrayage et ventilateur
19 Prise d'air de refroidissement
20 Arbre de transmission
21 Manche

Vue d'ensemble

Hélicoptère lourd

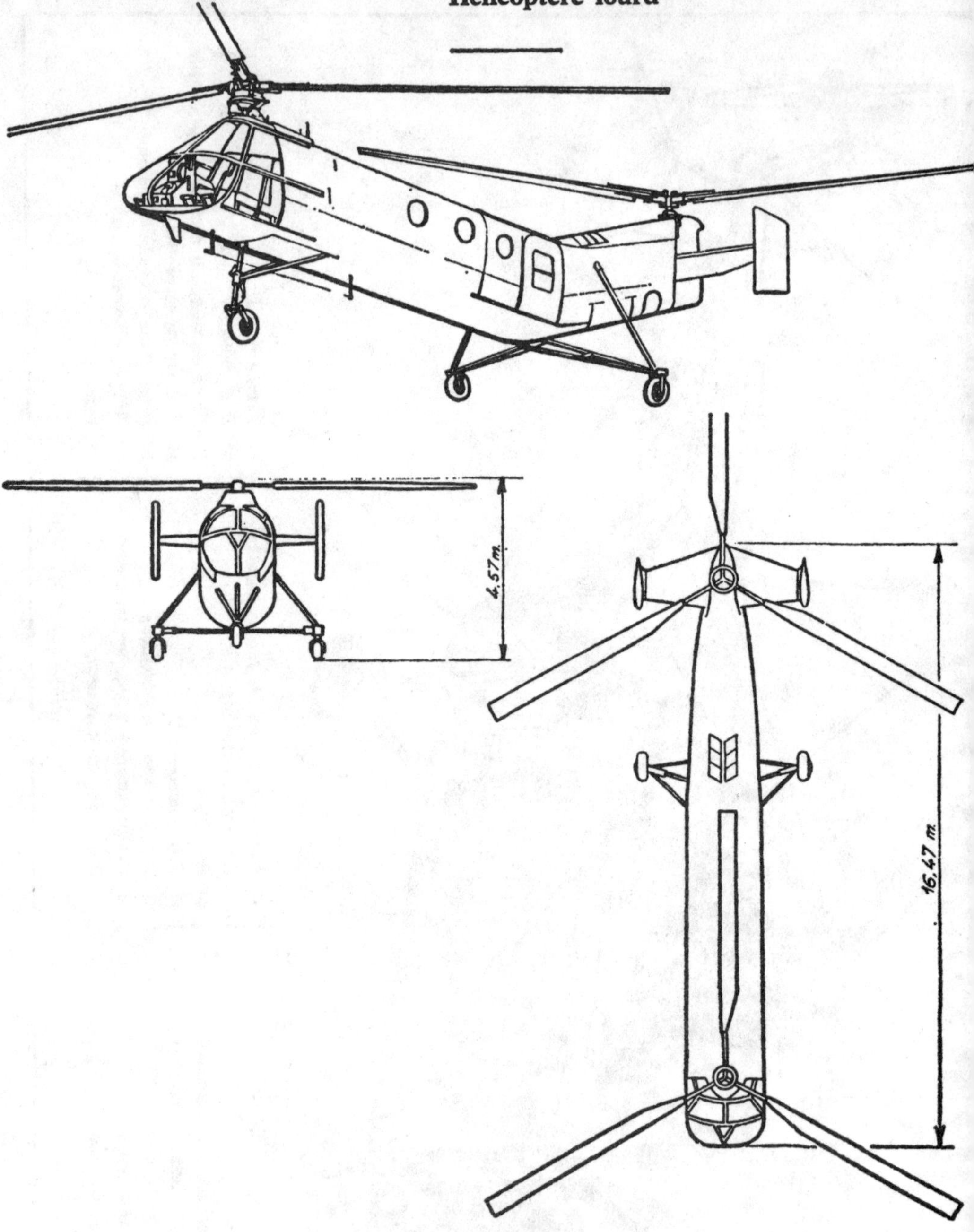

PIASECKI H. 21 « Work Horse »

— Hélicoptère lourd de 6 000 kg en charge.
— Birotor en tandem de 13 m 40 de diamètre.
— Cabine centrale prévue pour 20 places par conditions atmosphériques optimales (qui ne sont en fait jamais réalisées).
(Longueur : 6 m 50 ; largeur : 1 m 75 ; hauteur : 1 m 60.)
— Train tricycle. Moteur de 1 425 CV.
— Charge utile : 2 000 kg.
— Distance franchissable : 800 km à 155 km/h.

ANNEXE II

ARMEE DE L'AIR
TABLEAU DE FILIATION DES UNITES D'HELICOPTERES
de 1951 à 1962

(d'après « Air Actualités »)

Juin 1951	Section « Hélicos » du GATAC Nord		INDOCHINE
1952	Section « Voilures Tournantes » E.L.A. 52, 53 et 54		
fin 1953	65e ESCADRE D'HELICOPTERES		
Sept. 1954	Dissolution 65e E.H.		
Avril 1955	Escadrille d'hélicoptères légers 057		ALGÉRIE
Août 1955	Gpt MIXTE D'HÉLICOPTÈRES 057 e.H.I 57 e.H.M 57		
Juin 1956	G.M.H. 057 + E.H.L. 1/58		
Nov. 1956	Dissolution G.M.H. 057 Formation E.H. N° 2 et E.H. N° 3		
	E. H N° 2	E. H N° 3	
	e.H.I 4/57	e.H.I 1/57	
	e.H.M 3/57	e.H.M 2/57	
	E.H.L 2/58	E.H.L 1/58	
Mars 1957	E. H N° 2	E. H N° 3	
		+ e.H.I 1/57	
Nov. 1957	E. H N° 2	E. H N° 3	
	+ e.H.I 1/57	+ e.H.I 6/57	
Avril 1958	E. H N° 2	E. H N° 3	
	E.H.I 1/57	E.H.I 5/57	
	e.H.M 3/57	e.H.M 2/57	
	E.H.L 2/58	E.H.L 1/58	
Sept. 1959	E. H N° 2	E. H N° 3	
	E.H.I 1/57	E.H.I 5/57	
	E.H.L 2/58	e.H.L 1/58	
Janv. 1961	E. H N° 2	E. H N° 3	
	E.H.I	E.H.I	
	E.H.L	E.H.L	
Avril 1961	22e E.H	23e E.H.	
	E.H.I 1/22	E.H.I 1/23	
	E.H.L 2/22	E.H.L 2/23	
	E.H.L 3/22	E.H.L 2/23	

ABREVIATIONS : e = escadrille ; I = légers ; M = moyens ; L = lourds ; E.H. = Escadre d'Hélicoptères ; E = Escadron (E.H.M ou E.H.I ou E.H.L).

Implantation des unités

Les 22e et 23e escadres d'hélicoptères se partagent l'Algérie en deux. La zone d'action de la 22e escadre s'étend de la frontière marocaine à une ligne sensiblement nord-sud, passant par Blida, Paul-Cazelle, Djelfa. La 23e escadre, pour sa part, couvre l'Algérois et le Constantinois avec en pointe quelques appareils à Tamanrasset, avec une annexe de la S.V.R. à Talergma, la majorité de ses appareils étant engagés très à l'est, dans le Constantinois. Les hélicoptères des deux escadres, représentant un parc de 180 aéronefs, sont répartis sur tout le territoire. Ils sont groupés en détachements d'intervention héliportés (DIH) ou en unités d'intervention héliportées (UIH).

ANNEXE III

POINT DE VUE DU COLONEL BIGEARD SUR LES HELICOPTERES

En août 1957, après dix-huit mois d'utilisation des hélicoptères dans le djebel, le colonel Bigeard fait le point de son expérience. De la Kabylie au Nord constantinois, des Némentcha au Massif blidéen, ses paras du 3e RPC ont fait des centaines de poser sur les DZ les plus diverses. Aucun outil ne les aurait mieux servis que l'hélicoptère.

Dans son ouvrage *Contre-guérilla,* « Bruno » fait l'étude de trois opérations héliportées exécutées avec son régiment, illustrant parfaitement les possibilités d'emploi des hélicoptères. Il conclut ainsi :

« *Est-ce à dire que nous sommes en mesure de formuler une opinion définitive sur cet outil de combat, trop souvent considéré comme un moyen de transport destiné à affranchir le fantassin de sa raison même d'existence : la marche ?*

Nous avons déjà précédemment affirmé :

— que l'hélicoptère ne constituait pas la panacée universelle pour la manœuvre ;

— que le fellagha saurait trouver la parade devant cette nouvelle forme d'intervention ;

— qu'il convenait de ne pas gaspiller un moyen coûteux relativement fragile, et, en conséquence, de ne le confier qu'à une troupe de valeur.

A préconiser : le tandem hélicoptère-aéroportés.

Nombre d'opérations nous ont confirmé que, si l'hélicoptère est un moyen de combat précieux, il n'est pas toujours indispensable. En Indochine et tout spécialement en haute région tonkinoise, dans une nature aussi tourmentée que celle du djebel, contre un adversaire autrement sérieux, il a fallu se battre et se ravitailler sans hélicoptère, en obtenant cependant des bilans payants.

1° *La manœuvre.*

Au cours de nos dernières opérations, le déploiement des unités, dans la zone d'action, a été exécuté de nuit, en colonnes légères arrivant de plusieurs directions rifférentes, sans aucun moyen aérien ; l'effet de surprise a été total : les prisonniers nous l'ont confirmé. Par contre, l'arrivée a priori *des hélicoptères sur une zone fait éclater le rebelle, et le champ de bataille se trouve vide.*

En conclusion, si l'on veut obtenir l'effet de surprise et conserver la possibilité d'une manœuvre rapide, il faut :

— arriver dans la région, de nuit, de plusieurs directions différentes ;

— éclater rapidement dans la zone d'action ;

— suivant la situation, ne faire arriver les hélicoptères qu'après coup, quand les unités sont nettement engagées ou simplement sur demande, en cas de besoin. Cette dernière solution est préférable (économie des moyens).

2° *La logistique.*

L'hélicoptère est le moyen idéal pour le ravitaillement d'unités dispersées dans un terrain chaotique. Il est parfois indispensable. Néanmoins, la météo mauvaise, ou toute autre cause, peuvent empêcher les vols opérationnels. Il ne faut pas le perdre de vue. On n'emploiera jamais aussi bien l'hélicoptère que si l'on sait s'en passer, et si l'on sait que les circonstances peuvent nous obliger à en être privé.

3° *La liaison.*

Séduisant pour le chef, qui peut se porter au point le plus intéressant pour la manœuvre, l'hélicoptère de liaison ne doit pas faire oublier à celui-ci deux choses :

— on ne commande pas, à être sans cesse en déplacement ;

— on peut être tenté de satisfaire sa curiosité. Mais, plus notre expérience dans ce domaine se confirme, et plus nous pensons que tout emploi de moyens aériens, quels qu'ils soient, et tout particulièremeot l'hélicoptère, doit être étudié, pesé et entrepris à bon escient.

4° *Emplois particuliers.*

Les évacuations sanitaires, le transfert des prisonniers à exploiter d'urgence, le transport des armes lourdes et du matériel divers, sont autant de missions qui peuvent être demandées à l'hélicoptère.

L'hélicoptère est un moyen séduisant, simple et qui, bien employé, peut être de haut rendement.

Néanmoins, il demeure un moyen coûteux, relativement fragile et, de ce fait, ne doit pas être employé de façon inconsidérée. »

ANNEXE IV

ARMEMENT DES HELICOPTERES « H 34 ARME »

1) Canon MG 151/20 E

Arme automatique à culasse verrouillée au départ du coup et déverrouillée par recul du tube. Alimentation par bande à maillons amovibles.

Caractéristiques principales :
Calibre : 20 mm.
Poids : 42 kg.
Longueur de l'arme montée : 1,76 m.
Nombre de rayures : 8 à 6°30 à droite.
Vitesse initiale : 705 m/s.
Cadence théorique de tir : 700 coups/minute.
Durée théorique de tir (115 obus) : 10 secondes environ.
Portée théorique de tir (trajectoire) : 7 000 mètres.
Portée efficace de tir : 1 500 à 2 000 mètres.
Temps de rechargement de l'arme en vol : 30 secondes environ.
Portée du canon en fonction de l'altitude (avec l'ancien affût à trois visées de site) :

ALTITUDE (pieds)	ANGLE	PORTÉE OBJECTIF (pieds)
600	8°	4 285
1 000	15°	3 844
1 200	15°	4 615
1 500	15°	5 766

2) Mitrailleuse Browning - Calibre 50 (HB, M 2)

Arme à culasse calée tirant des bandes continues de cartouches de 12,7 mm.

Caractéristiques principales :
Calibre : 12,7 mm (50/100 de pouce).
Poids : 38 kg (modèle Terre) ; 28 kg (modèle Air).
Longueur de l'arme : 1,65 m.
Nombre de rayures : 8 au pas de 406,4 à droite.
Vitesse initiale : 850 m/s (modèle Air).
Cadence théorique de tir : 500 coups/minute (modèle Terre) refroidissement par eau ;
1 000 coups/minute (modèle Air) refroidissement par air.
Durée théorique de tir (80 cartouches) : 10 secondes (modèle Terre) ; 6 secondes (modèle Air).
Portée théorique de tir (trajectoire) : 7 000 mètres.
Portée efficace de tir : 1 200 à 1 500 mètres.
Temps de rechargement de l'arme en vol : 10 secondes.

3) Mitrailleuse MAC 52 de 7,5 mm

Arme automatique à tir continu à culasse non calée. Alimentation par bandes souples à maillons amovibles.

Caractéristiques principales :
Calibre : 7,5 mm.
Poids : 10 kg.
Longueur de l'arme : 0,99 m.
Nombre de rayures : 4 au pas de 270 m/m à gauche.
Vitesse initiale : 800 m/s.
Cadence théorique de tir : 750 coups/minute.
Durée théorique de tir (500 cartouches) : 45 secondes.
Portée théorique de tir (trajectoire) : 2 000 mètres environ.
Portée efficace de tir : 800 mètres.

ANNEXE V

ORGANISATION DES HELICOPTERES DE LA MARINE EN ALGERIE (1957-1962)

(GATAC n° 2 (Armée de l'Air - La Sénia)

COMMANDEMENT OPERATIONNEL
DU GROUPE D'HELICOPTERES
DE L'AERONAUTIQUE NAVALE N° 1
(GHAN 1)

Créé le 1/11/1957

Commandants successifs :
C.C. LEBARBIER
C.C. MONNIER
C.C. BABOT
C.C. RIGOULOT

Arrivé à Saint-Mandrier
le 26/7/62. Dissous le 1/4/66

31 F

Création : 22/6/55

Le « Work horse » (surnom US du H 21 « banane ») sur la croix d'Agadès

Flottille créée en 1956 (à Sidi-bel-Abbès jusqu'en 1957)

Appareils :
H 21, puis H SS 1

Indicatif radio :
« MARINE »

Commandants successifs :
LV BALLY
MICHEL
BABOT
ANGER
FARAND

Arrivée à St-Mandrier
le 1/9/61

32 F

Création : 1/1/58

« L'aigle sur son piton »

Flottille créée en février 1958 à Lartigue

Appareils :
H SS 1

Indicatif radio :
« RAMEUR »

Commandants successifs :
LV MICHEL
QUINIO
DEBAECKER

Arrivée à St-Mandrier
entre les 20 et 30/7/62

33 F

Création : 1/6/57

« La colombe de la paix sur l'éclair de la rébellion »

Flottille créée en 1959 à Lartigue

Appareils :
H 19 puis H SS 1

Indicatif radio :
« BISON MARINE » (H 19)
« BARLU » (H SS)

Commandants successifs :
† LV LOYER
GHESQUIERE
BEAU (Michel)

Arrivée à St-Raphaël
le 2/8/62

ANNEXE VI

MARINE NATIONALE
IVe REGION MARITIME G.H.A.N. n° 1

RELEVE DES HEURES DE VOL OPERATIONNELLES DES FLOTTILLES D'HELICOPTERES

31. F. :		
H. 21 (VERTOL) août 1956 à février 1960 :	8 903,6	heures de vol
HSS 1. (SIKORSKY) mars 1960 au 1er sept. 1961 :	4 702,4	»
TOTAL :	13 606	»
32. F. :		
HSS 1. (SIKORSKY) février 1958 à juillet 1962 :	15 260,4	»
33. F. :		
H. 19 D. juin 1957 à septembre 1959 :	5 472,8	»
HSS 1. octobre 1958 à juillet 1962 :	11 096,9	»
TOTAL :	16 569,7	»
Section Alouette :		
Février 1959 au 1er juin 1959 :	255,2	»

Total général hélicoptères en opération A.F.N. : 45 691,3 heures de vol.

ANNEXE VII

MARINE NATIONALE
IV° REGION MARITIME G.H.A.N. n° 1

ACTIVITE
DES FLOTTILLES D'HELICOPTERES 31 F. - 32 F. - 33 F.
pendant les opérations de maintien de l'ordre en Algérie :
(Août 1956 à juillet 1962)

Elles ont transporté :

27 517 passagers
3 560 blessés
1 240 prisonniers
278 883 commandos
1 322 015 kg de fret

ANNEXE VIII

MARINE NATIONALE
IVe REGION MARITIME G.H.A.N. n° 1

1958 : 4
1959 : 3
1960 : 0
1961 : 5
1962 : 1

RELEVE ACCIDENTS HELICOPTERES EN OPERATIONS

DATE ACCIDENT	TYPE HÉLICOPTÈRE N° FORMATION Nature - Mission	CAUSES DE L'ACCIDENT	CONSÉQUENCES DE L'ACCIDENT
6.05.58	H. 21 31 F. Liaison	Vol rasant sans ordres.	Appareil irréparable Equipage : 2 blessés 1 indemne Passagers : 1 blessé 1 indemne
15.06.58	H.S.S. 1 n° 58 689 32 F. Mission transport commandos	Phénomène de résonance sol (appui 2 roues, nature sol rocailleux).	Tous indemnes Cellule : 4e degré
4.09.58	H. 21 - FR. 20 31 F. Transport commandos	Erreur de jugement du chef de stick.	Matériel : néant Equipage : indemne Passagers : 6 indemnes 1 décédé
4.12.58	H. 19-D. 4 n° 55 1095 33 F. Transport personnel du génie et explosifs	Perte d'équilibre en vol : chute par porte ouverte.	Personnel : 1 tué (chute de l'appareil) Matériel : néant
7.01.59	H.S.S. 1. n° 58 681 32 F. Exercice d'héliportage	Eclatement de la casserole de ventilateur moteur.	1 blessé léger Cellule : 3e degré

DATE ACCIDENT	TYPE HÉLICOPTÈRE N° FORMATION Nature - Mission	CAUSES DE L'ACCIDENT	CONSÉQUENCES DE L'ACCIDENT
11.03.59	H.S.S. 1. n° 58 638 32 F. Appui de feu	Pilote fatigué par le combat n'a pu contrer les turbulences à l'atterrissage.	Personnel : néant Cellule : 4e degré
13.03.59	SE. 3130 n° 107 G.H.A.N. 1 Section liaison de la D.B.F.M. — guidage appui aérien en opérations	Mauvaise technique de pilotage.	Personnel : 2 indemnes 1 blessé grave Appareil détruit
17.01.61	H.S.S. 1. n° 58 445 31 F. Appui de feu troupes au sol	Abattu par tirs armes automatiques.	Personnel : 4 occupants tués Appareil détruit
22.04.61	H.S.S. 1. 32 F. Appui-feu	Tirs ennemis.	Commandant aéronef (pilote droite tué)
17.05.61	H.S.S. 1. n° 58 961 33 F. Mise en place à proximité d'une opération en cours	Erreur de jugement pilote approche dangereuse.	Personnel : néant Cellule et moteur : 4e degré
7.06.61	H.S.S. 1. n° 131 32 F. Liaison MARNIA SIDI HEDJAHED	Panne moteur (pompe essence).	Personnel : 2 blessés graves 1 blessé léger Cellule : détruite moteur : 4e degré
17.07.61	H.S.S. 1. n° 129 32 F. Appui-feu LE TELAGH	Phénomène de résonance sol (poids élevé, terrain inégal, balourd rotor).	Personnel : néant Cellule : 3e degré Moteur : 4e degré
30.01.62	H.S.S. 1. n° 133 32 F. Evacuation blessé du poste d'AGNEB	Non précisées : — nuit, — mauvaises conditions météo.	Personnel : 5 tués Appareil : détruit

TABLE DES MATIERES

PREMIÈRE PARTIE

UN NOUVEL OUTIL DE COMBAT
(1955-1958)

SECONDE PARTIE

LA NOUVELLE FACE DE LA GUERRE
(1958-1962)

Imprimé en France par la SOCIÉTÉ NOUVELLE FIRMIN-DIDOT
Dépôt légal : mai 1982
N° d'édition : 4597 – N° d'impression : 7444